Health diagnosis and improvement method of bus operating

公交运行健康诊断及改善方法研究

周雪梅 著

同济大学出版社 · 上海

内容提要

本书系统介绍了公交运行管理的基本理论方法和实践操作，全书分为六章，主要讲述了公交运行数据处理方法、公交运行健康诊断体系和方法、公交运行健康影响致因分析方法、公交运行状态预测方法和公交运行协同优化方法，是一本融公交运行管理知识体系介绍和操作能力培养为一体的书籍。

本书可作为高等院校交通运输工程相关专业的教学参考书，也可作为从事交通管理有关工作的政府人员、企业管理者、工程技术人员等的参考书。

图书在版编目(CIP)数据

公交运行健康诊断及改善方法研究 / 周雪梅著. -- 上海：同济大学出版社，2022.10

ISBN 978-7-5765-0380-7

Ⅰ.①公… Ⅱ.①周… Ⅲ.①城市交通系统-公共交通系统-安全管理-研究 Ⅳ.①U492.8

中国版本图书馆 CIP 数据核字(2022)第 173113 号

本研究由国家自然科学基金面上项目(61873190)资助

公交运行健康诊断及改善方法研究

周雪梅 著

责任编辑：陆克丽霞

责任校对：徐春莲

封面设计：陈益平

出版发行 同济大学出版社 www.tongjipress.com.cn
(上海市四平路 1239 号 邮编：200092 电话：021-65985622)
经 销 全国各地新华书店、建筑书店、网络书店
排版制作 南京月叶图文制作有限公司
印 刷 上海丽佳制版印刷有限公司
开 本 787mm×1 092mm 1/16
印 张 12.25
字 数 306 000
版 次 2022 年 10 月第 1 版
印 次 2022 年 10 月第 1 次印刷
书 号 ISBN 978-7-5765-0380-7
定 价 98.00 元

前　言

近年来，随着我国社会经济迅速发展，城市化进程大大加快，城市道路交通拥堵问题日益严峻，城市污染也有进一步恶化的趋势。公交作为城市公共交通系统中非常主要且十分常见的形式之一，已成为我国城市交通运输的主体。由于公交运行情况复杂，且受到的道路干扰因素较多，因此亟待先进的公交优化理论来指导公交运营管理。从这点来说，开展公交运行健康诊断、协同优化等方面的研究具有重要的理论和实际意义。

本书是国家自然科学基金面上项目“基于多源数据的单线路公共汽车交通运行健康诊断及改善方法研究”(61873190)的研究成果，内容从公交运行数据处理、公交运行健康诊断、公交运行健康致因分析、公交运行状态预测和公交运行协同优化等几方面展开，对于如何有效地诊断并科学治理“公交病”等科学技术问题进行了深入研究，并基于文献研究法、熵值法、机器学习方法、致因分析方法、BP神经网络、D-S证据理论方法、自适应驻站控制方法、车速诱导、ArcGIS数据处理等方法建立了相应的模型，同时采用仿真软件对不同场景进行了模拟分析。

本书共6章，第1章绪论，介绍了研究背景和意义，以及国内外研究现状；第2章公交运行数据处理方法，主要对公交运行多源数据类型和数据预处理方法做了详细阐述；第3章公交运行健康诊断体系和方法，提出了公交运行健康诊断指标、诊断体系和分级诊断标准，并研究了基于多源数据融合和机器学习的公交运行健康诊断方法；第4章公交运行健康影响致因分析方法，主要构建了基于随机森林算法的回归模型，得到各影响因素对公交运行健康状况的影响程度和公交运行瓶颈；第5章公交运行状态预测方法，主要建立了BP神经网络和D-S证据理论的组合模型，并对公交运行健康变化趋势进行了预测；第6章公交运行协同优化方法，主要基于智能网联环境下的多源数据和自动驾驶技术，对车辆运行进行实时控制，以实现公交运行健康改善策略的多层次、一体化组合优化。本书通过智能化健康诊断与优化来实现公交运行的协同控制，这对于提升公交运行的可靠性和稳定性、提高公交服务水平、增强公交吸引力具有非常重要的意义。

本书的研究成果可被广泛应用于城市公交运行管理之中，为开发公交智能化管理决策支持系统提供理论基础和技术支持，而在此基础上形成的交通管理和决策优化理论与方法，对于研究复杂交通系统问题具有广泛的借鉴作用。同时，本书也为后续研究打下了良好的基础，具有丰富的理论意义和实践价值。

未来，智能科技与公共交通发展将相互融合，如何将先进的理论技术与丰富的科技应用场景相结合来推动公共交通发展，并由要素驱动向创新驱动转变，以加强新型公共交通基础设施建设与公共交通数字化转型，是公共交通未来发展的一个重要方向。首先，要强化公共交通优先发展的战略地位；其次，将城市发展空间、设施、财政、土地等资源盘活，以引导市民出行优先选择公共交通，引导城市集约利用土地、节约能源，保护和改善出行环境，从而形成协同高效的城市公共交通综合治理体系。

"十四五"时期，"碳中和""碳达峰"目标被正式纳入国家战略。而公交行业正是践行"双碳"战略的重要载体之一，同时随着公众对美好出行需求的不断升级，公交行业进入新的发展阶段。面向未来，公交行业和企业在对车站、车辆等硬件设施升级转型的同时，应更加重视公交运行系统的优化；另外，在提供绿色、集约出行方式的同时，应全面提升城市公交的服务水平，提高公交的吸引力和竞争力，让公交真正成为人民群众出行的首选，实现客户价值最大化，从而让公交为实现"双碳"战略贡献一份力量。

参加本书研究的有：周雪梅、胡静洁、王晔涵、梁甲慧、席姣姣、林晓丹、关震、韦国辉、张韫博、王乾林和郭洹武。感谢国家自然科学基金委员会对本书的资助。同时，感谢同济大学杨晓光教授等给予的指导和帮助。

由于作者水平有限，书中难免存在不足，敬请广大读者批评指正。

周雪梅

2022 年秋于同济大学

目 录

第1章　绪　　论

随着中国城市化进程日益加快以及社会经济的飞速发展，人民的生活水平不断提高，城市人口数量及小汽车保有量也急剧增加，城市机动车数量呈快速增长态势。这便造成道路交通流量猛增，城市交通问题日益突出，交通拥堵已成为制约城市可持续发展的瓶颈之一。优先发展公共交通是缓解城市交通拥堵的重要途径，公共汽（电）车交通（以下简称“公交”）是我国大多数城市中公共交通的主要构成部分。如何合理地诠释公交运行过程这一复杂现象，并科学、客观地进行公交运行健康诊断和致因分析，进而提出有效的改善策略，对于推动我国城市公共交通发展和提升管理决策水平有着重要意义。本章首先介绍公交运行健康诊断及改善方法的研究背景、研究意义和研究框架，然后着重阐述国内外相关研究现状。

1.1　研究背景

现实需求。公交凭借其运量大、运输效率高、能耗低、污染少等优点，在缓解交通拥堵、提高道路资源利用率、提高居民出行效率等方面发挥着重要作用。同时，优先发展公共交通也有助于促进绿色生活方式、高效助力“碳中和”。为了实现智慧公交的发展目标，建设一个高标准的公交系统，各个城市的决策者都做了各种尝试，同时，各类先进技术也一一登场，无人驾驶公交车或者全 Wi-Fi 覆盖等服务也接踵而至，实时公交信息系统现已在很多城市投入使用。随着生活节奏的加快，人们对于了解公交实时运行动态的需求也日益增强。

然而，目前我国很多城市的公交运行处于“不健康”的状况，如高峰时段中心城区公交车辆行车速度慢、波动大，准点率低，公交出行时耗长，公交运行状态难以准确预测和控制等问题。从整体来看，我国公交发展还处于相对低的水平，且发展面临着严峻挑战。在公交运行管理层面，管理者在改善公交设施和提高软性服务的时候，却忽略了公交运营在时间、速度、客运功能方面的稳定性；在公交运行评价和功能改善层面，目前尚缺乏简单直观的综合评价指标和跟踪评价及发布的长效机制，以致不能及时反映公交的运行水平，公众对常规公交的运行状况缺乏了解，以致公交企业和相关交通管理部门无法采取有针对性的改善措施。

《交通强国建设纲要》指出，到 2035 年，基本形成都市区 1 小时通勤，城市交通拥堵基本缓解。优先发展城市公共交通，鼓励引导绿色公交出行。打造基于移动智能终端技术的服务系统，实现出行即服务。《国家综合立体交通网规划纲要》提出，高品质、多样化、个性化的需求不断增强。建设人民满意交通，不断增强人民群众的获得感、幸福感、安全感。2022年2月15日，交通运输部部长李小鹏在部务会上要求："持续完善城市公共交通政策制度体系，增强服务供给能力和精准性，坚持政府主导、部门协同、公众参与、人民满意的建设原则，深入推进'十四五'时期公交都市建设，以示范工程为引领，全面提升城市公共交通服务水平，让公共交通真正成为人民群众出行的首选。"由此，针对公交发展中的痛点和难点，有效提升公交的运行效率、竞争力和分担率，从根本上缓解交通拥堵，成为当前国民经济发展中亟须解决的重要问题。

有效地治理"公交病"（专指公交运行处于不健康状况），对于提升公交运行服务水平、增强公交吸引力具有重要的意义。就城市公交运行系统而言，健康诊断对于科学地治理"公交病"甚为关键，这也是广大的交通工程研究者和工程师需要长期面对的一个科学技术问题。

技术背景。以计算机、移动互联网、物联网、云计算、大数据和人工智能等为代表的新一代高科技的快速发展，以及公交自动车辆定位（Automatic Vehicle Location，AVL）/GPS、公交App、公交车轨迹、出租车浮动车、IC卡、手机信令和视频监控等数据的进一步完善，均为丰富复杂公交运行系统的监测乃至全息感知[1]提供了条件，也使得公交运行系统"体检"成为可能。同时，大数据概念和技术[2]的兴起与应用，进一步支撑了实验交通学[3]研究的不断发展，使之能够将基于基本原理自上而下与面向问题自下而上的方式结合起来以解析公交运行系统，从而对公交运行系统做全面的检查[4]。人工智能[5]的发展可以辅助同时实现健康诊断与致因分析，相当于医生对检查报告做出解读，从而为"公交病"的治疗提供系统性、精准化的依据。类比人体医学诊疗过程，我们进行了"身体检查→健康判断→疾病诊断→病因分析→疾病治疗"这一流程的"公交运行健康诊断"，与以往方法相比，该方法更加系统化，同时能够覆盖从"检查"到"治疗"的全过程，并能将各阶段内容关联起来。大数据和人工智能将有助于经典公交系统分析理论与研究方法的革新，基于多源异构数据的健康诊断和致因分析及相关应用基础问题已成为国际上的研究热点和学术前沿课题[6]。

理论背景。在公交运行健康改善策略建模时，面临着由公交系统内部潜在本质决定的不确定性、数据采集和处理过程中的噪声干扰、不确定的影响因素以及付诸实践时不断地进行各种修正等所造成的数据的不确定性。这些不确定性和影响因素可能会对优化模型的结构和参数产生影响，从而使得优化模型的解不再满足约束条件，相应地，优化模型的最优目标值也就不成立了。由于经典优化理论无法解决这些含有不确定信息的决策问题，因此，研究不确定条件下公交运行健康改善策略协同优化方法，从而有效地预防和消除"病症"是交通管理领域亟待解决的关键理论问题。同时，不确定条件下公交运行健康改善策略协同优化是优化理论研究的难点，迫切需要决策优化理论与研究方法的革新，因此，基于多源数据的健康判断与致因分析相结合的公交运行健康诊断方法，以及公交运行健康改善策略的相关研究和应用中不确定动态决策问题的建模，这些对于改善公交运行有着重要的理论意义和现实需求。

1.2 研究价值与意义

研究定位。诊断公交运行健康状况、探求“致病”机理，并对公交运行健康改善策略进行正确建模已成为成功实施最优改善策略组合的关键。本书着眼于单线路公交运行系统，面向行业和企业运行管理及乘客需求，研究公交运行健康诊断指标、体系及诊断标准，基于多源数据融合来诊断公交运行健康水平，识别关键影响因素，解析“致病”机理，揭示公交运行状态变化规律，构建公交运行健康改善策略协同优化模型，探讨可行的公交运行健康改善策略组合。

概念界定。在一些词典中，“健康”通常被简单扼要地定义为“机体处于正常运作状态，没有疾病”。健康诊断即评测健康的程度，通常用人体测量、体格检查和各种生理指标来衡量。世界卫生组织(World Health Organization, WHO)认为：亚健康状态是健康与疾病之间的一种临界状态，虽然各种仪器的检验结果为阴性，但人体会有各种各样的不适感。参考以上对于“健康”的定义，本书提出公交运行健康的定义：公交运行处于正常运作状态，用公交运行健康指标来衡量，结果没有异常。“公交运行健康诊断”是指面向一个城市的公交线路，基于多源数据，通过公交运行健康指标的关联和综合，分析其运行状况，形成公交运行状态时空和类别分布等分析结果，并进一步对城市公交运行健康状况(非常健康、比较健康、亚健康、不健康)做出诊断，最终给出一个城市公交运行“病症”致因分析结果，从而可为城市公交运行的有效改善提供科学依据。

本书具有以下研究意义和价值：

(1) 科学意义。本书的研究成果丰富和完善了现有公交系统分析理论和方法体系中关于健康诊断和致因的关联分析方法以及不确定动态决策问题的建模研究，特别是基于多源数据的公交运行健康诊断方法，以及在有限的时间和经济成本条件下选取最优的改善策略组合的建模研究，这也正是目前亟待攻克的交通领域基础性问题之一。同时，对于拓展交通管理基础理论的研究具有重要的科学意义和学术价值。

(2) 应用价值。本书通过深入挖掘公交运行规律，从而准确诊断公交运行状态，并提供相应的协同控制策略，既为乘客提供出行信息服务，又为公交运行调度人员实施调度、管理提供及时准确的基础数据和关键参数，这对于更准确地进行公交运行健康诊断和致因分析，从而制订更加有效的公交运行健康改善策略具有重要的现实意义。此外，如今采集实时的公交运行状态、公交客流变化、交通拥堵状况等数据变得更加容易，这使得人们想要更加系统、准确地诊断公交运行健康状况和分析致因成为可能；同时，也为实施考虑不确定因素的公交运行健康改善策略协同优化提供了机遇和挑战。本书的研究成果不仅能为我国城市公交运行智能化管理决策支持系统的研发提供理论依据，还能为综合改善城市公交服务提供科学依据，从而突破以往各类城市公交评价“只知病状、不知病因、无从治疗”的局限。这对于提高公交服务效率、吸引客流量、提高公交分担率、减少城市交通拥堵、推动我国城市公共交通发展和提升管理决策水平等有着实际的应用意义。

1.3 研究目标及框架

1. 研究目标

本书针对多源数据及人工智能环境，力图实现以下四点：①建立公交运行健康诊断指标体系及诊断标准，为诊断知识库和推理规则库的建立打下基础；②构建基于多源数据融合和决策树的公交运行健康诊断推理机，不仅诊断公交运行健康状况，还将揭示病症产生的原因和影响机制；③设计针对公交运行健康改善策略的多层次一体化优化方案，并进行仿真验证；④构建公交健康诊断及策略协同优化实验系统，为公交管理决策提供理论依据，为开发具备“公交病”预防和治疗功能的公交运行健康诊断决策支持系统提供理论与方法指导及实验基础。

2. 研究内容及关系

基于前述研究目标，本书以病人在医院的诊断和治疗过程为比拟，针对公交运行不健康问题，参照“身体检查→健康判断→疾病诊断→病因分析→疾病治疗”的思路展开研究。本书的主要内容如图 1-1 所示，该图中内容(1)是基础，内容(2)是对内容(1)的深化；内容

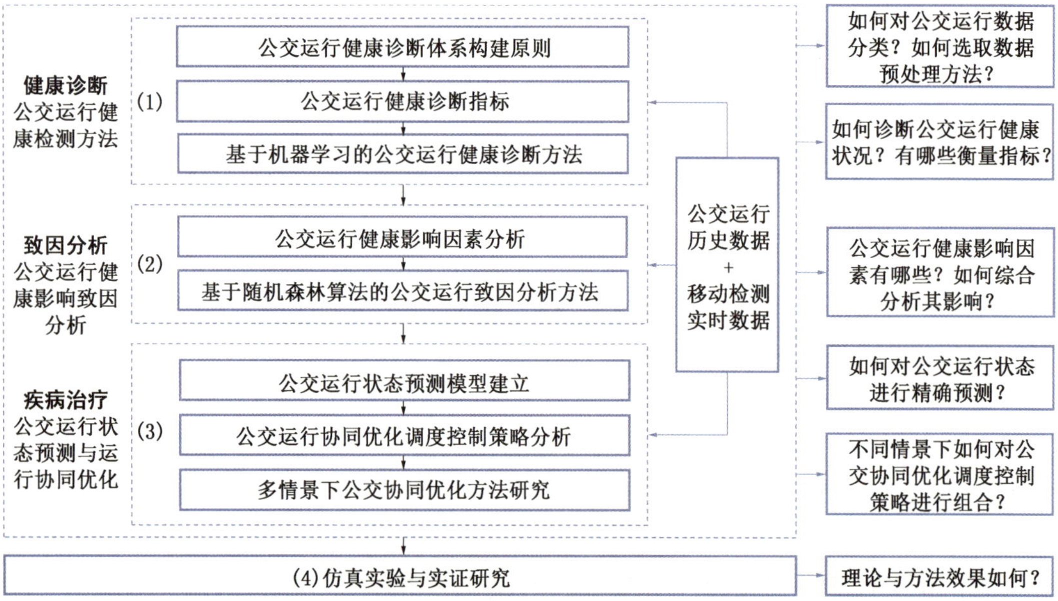

图 1-1　本书主要研究内容

(2)是内容(3)进行优化策略制订的依据，同时，二者也是相辅相成的两部分；内容(3)整合了内容(1)和(2)的研究成果；内容(4)提供了研究的实验平台以支撑研究的开展并给出了效果评估。

3. 总体技术路线

本书各部分内容按照“核心问题凝练—协同优化理论与健康诊断方法体系—评价与实证”的顺序组织研究。本书的总体技术路线如图1-2所示。

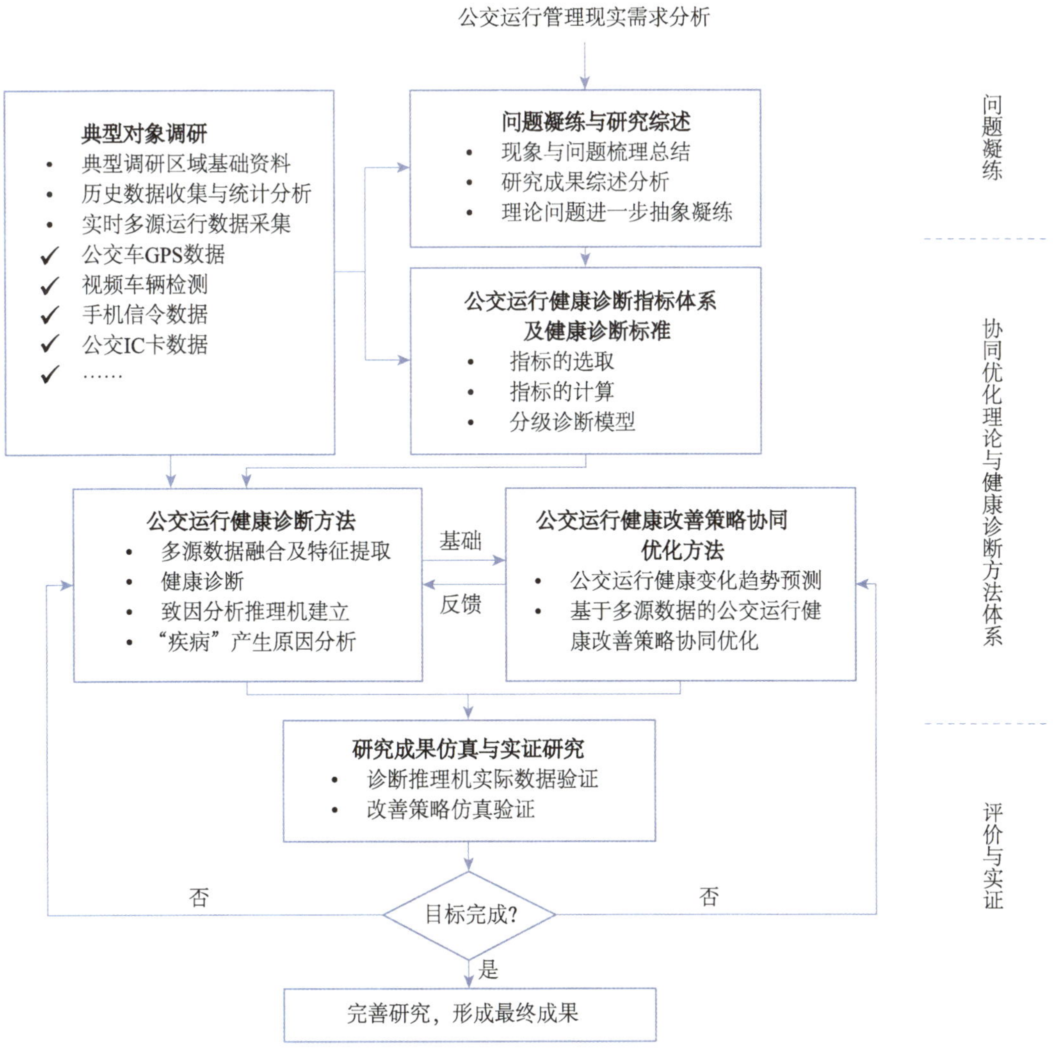

图1-2 总体技术路线

1.4 国内外研究现状

合理诠释公交运行过程这一复杂现象，并且科学客观地进行公交运行健康诊断和致因分析，是公交运行健康改善策略制订的基础。因此，与本书相关的研究内容包括以下三个方面：一是公交运行健康诊断方法，二是公交运行状态预测研究，三是公交调度及协同控制研究。

1.4.1 公交健康诊断研究现状

1. 多源数据在交通方面的应用

在公交数据分析方面，研究主要集中在基于IC卡数据来分析居民的出行特征与出行行为以及客流预测。利用IC卡数据进行公交OD推断，获得公交出行者的完整出行链，具体包括出行时间、换乘次数和交通工具等[7]。陆百川等[8]将IC数据与GPS数据相结合，建立了短时公交客流预测模型，通过实例验证，误差小于1.5%。郭湘等[9]探索了大数据时代基于互联网开放对城市公共交通进行服务评估的方法，利用高德地图API构建公交站点和线网评估模型，将公交线网服务能力与人群活动空间信息整合起来，从而评价公交服务的综合等级。

在多源数据融合方面，除了广泛应用的自动车辆定位（AVL）和自动车辆识别（Automatic Vehicle Identification, AVI）数据外，还有很多可利用的数据源，如自动乘客计数（Automatic Passenger Counter, APC）和乘客上下车调查数据、智能卡记录、智能手机数据等。但如果只是基于公交GPS数据开展研究，而不与其他数据融合，就会存在数据样本不足、空间分布不平衡、覆盖率不够等问题，从而影响公交运行评价的精度和可靠性，也不利于评价者全面掌握公交运行状况。因此，很多学者从不同角度提出了多种数据融合方法，如贝叶斯推理法、表决法、D-S证据理论法（Dempster-Shafer evidence theory）、神经网络融合法等，以及两种或两种以上方法相结合的遗传算法、模糊逻辑算法和小波变换等[10]。为提高车辆运行速度以及行程时间预测精度，研究时常用的融合数据包括线圈检测数据、视频监控数据、车牌识别数据、GPS数据和微波检测数据等[11-14]。随着大数据技术的发展，射频识别（Radio Frequency Identification, RFID）电子车牌数据被用来预测公交行程时间[15,16]。与单一数据相比，基于出租车和公交车两种浮动车数据融合的方法所进行的交通状态判别所得结果的准确率更高[17,18]。常用的数据融合方法包括BP神经网络数据融合模型[19]、贝叶斯推理法、支持向量机和D-S证据理论法[20]。其中，贝叶斯推理法有较为严格且完善的理论基础，现已发展得较为成熟，应用也较为广泛，因而可以更有效地对多源数据进行融合[21]。

2. 公交运行评价指标及影响因素分析

国内外关于公交运行评价指标的研究主要分为四类：基于公交运行效率、基于公交时刻表、基于公交运行可靠性和基于乘客感知。

公交运行效率评价在公交规划和管理中起着重要作用，国内外学者从公共交通运营者、公交乘客、公共交通管理者与决策者等不同角度出发，采用准点率、站点覆盖率、行程时间等多个评价指标[22-24]，从公交停靠站点数量、分布情况、线路规划和公交系统运行效果等不同方面对城市公交系统进行了评价[25,26]。除上述指标以外，也有学者采用运行速度等指标对公交运行效率进行评价[17]。还有学者对可靠性指标进行了研究，公交运行可靠性评价主要分为两类：一类以公交运行时间为标准，另一类则以公交运行车头时距为标准。基于公交运行时间的常用评价指标包括：加权延误指数（加权早到指数）、行程时间系数和公交运行时间变异系数[27,28]。基于车头时距的主要评价指标有车头时距稳定率[29]、车头时距变异系数[30]等。对于发车频率较低的公交线路来说，时刻表的执行水平被认为是量化服务可靠性最有意义的标尺。而对于高频率发车线路，车头时距被认为是量化服务水平最有意义的标尺[31-33]。另外，还有学者从乘客感受角度对公交可靠性进行了评价[34]；S.C.Hsu[35]给出了换乘时间的影响因素，并最终建立了换乘时间可靠性模型；基于此，冯树民等[36]分别从候车、换乘、行驶这三个方面进行了基于乘客感知的可靠性研究。综上所述，本书对公交运行评价指标进行综合分析后再分类，结果如表1-1所列。

表1-1 公交运行评价指标

类型	指标	定义
基于公交运行效率	全程运行速度	公交车行驶全程路线的平均速度
	站间运行速度	站间运行速度是指除去站点停靠时间后的公交车平均运行速度
	运行时间指数	实际运行时间与计划运行时间的比值
基于公交运行时刻表	准点率	在特定评价点上准时范围内到达的车辆百分比
	间隔	在评价点的最大到达间隔
基于公交运行可靠性	加权延误指数	某段时间内实际到站或发车时间与计划时刻表的延误时间和发生此迟到时间的概率乘积加和除以计划车头时距
	公交运行时间变异系数	公交运行时间的标准差与其均值的比，这是一个相对变异指标
	车头时距稳定率	连续车辆的实际车头时距与平均实际车头时距的接近程度（标准差）
	车头时距变异系数	连续车辆车头时距的标准差与其均值的比

（续表）

类型	指标	定义
基于乘客感知	候车时间可靠性	表示乘客能在规定候车时间内上车的概率
	换乘时间可靠性	这是一个表示公交枢纽换乘效率的指标，乘客在心理上能够承受的换乘时间内成功实现换乘的概率
	站点覆盖率	公交站点服务覆盖面积占城市建成区面积的百分比
	拥挤水平（车厢满载系数）	每趟次平均最大载客量除以座位数

3. 健康诊断方法

健康诊断主要应用在桥梁、隧道和交通等领域，尤其是桥梁、隧道领域的应用较为广泛，而在交通领域应用较少。

1）桥梁健康诊断方法

近年来，桥梁健康诊断的研究受到了全世界桥梁领域专家学者的高度关注，这也是目前研究较为深入的问题之一。各国学者相继研究出了各种桥梁健康诊断的方法，主要分为两类：非人工智能诊断方法和基于人工智能的诊断方法。

非人工智能诊断方法主要包括动力指纹法[37,38]、模型修正损伤识别法[39-41]、基于统计分析的识别方法[42-44]、遗传算法[45,46]和模糊方法[47-49]。其中，遗传算法的计算结果较为准确且运算十分高效，非常适用于桥梁损伤识别问题中参数量较大的情况。但是，在遗传算法计算过程中，并没有形成统一的、可靠度较高的遗传算子选取标准，研究者们只能通过平时积累的经验进行选取，从而造成算法求解时间过长，且结果精度偏低。模糊方法虽然处理数据时过程不够明确，但是因为其独特的模糊逻辑，对桥梁数据进行表达时比较易于理解，且能够解决事物的不确定性与算法的确定性之间的矛盾，有效地表达事物的本质特征，从而简明有效地对桥梁结构中单独的元件及桥梁综合运行状况进行评价，故在实际中有着广泛的应用。

现有研究中，基于人工智能（Artificial Intelligence，AI）的桥梁健康诊断方法主要有神经网络法[50,51]、支持向量机[52]等。因为神经网络算法不需要输入所研究系统的相关特性，所以其具有较高的容错性。在健康诊断中可以利用结构模型仿真方法或者采取人工试验的方法来构建输入参数和输出损伤之间的映射关系，通过多层次神经网络学习其内部规律，最终实现桥梁健康诊断。神经网络的训练必须拥有完整的数据，对样本量要求较高，但是在桥梁健康诊断领域，数据条件不容易满足，且在训练过程中，无法保证算法的稳定性和收敛性，容易产生过拟合现象，因此神经网络算法在桥梁健康诊断中的应用并不理想。此外，集成学习、深度学习、迁移学习等的进一步发展则为桥梁健康诊断提供了新的思路[53]。

2）隧道健康诊断方法

现有研究中，对于隧道健康诊断已有较完善的诊断标准，提出了健康状态诊断标准和病害诊断标准,包括定性、定量以及定性与定量相结合的判定标准[54]。隧道健康诊断方法是在分析隧道病害调查和检测结果的基础上,应用有限元模型[55]、剪切裂缝模型等数学力学方法建立隧道计算模型来分析隧道结构的健康状态。在诊断方法方面,隧道健康诊断与桥梁健康诊断类似,也是利用人工智能方法或非人工智能方法对隧道健康状态进行定量的诊断,并建立隧道健康状态诊断系统[56]。

3) 城市交通及公交健康诊断方法

在城市交通及公交健康诊断方法研究方面,需要构建评价指标体系,然后根据指标计算权重,而确定权重的方法有模糊综合评价法[57,58]、层次分析法、专家决策法[59,60]、数据包络分析(Data Envelopment Analysis, DEA)法[61]和熵值法[62]。其中,模糊综合评价法是解决模糊、难以量化的非确定性问题的一个很好的方法,同时,模糊综合评价法对于实际问题的适应性较好。然而,其也存在模糊矩阵的确定、隶属度的选取等参数选择较难的问题,且主观性太强。另外,层次分析法和专家决策法也是较为主观的评价方法,完全取决于评价者对问题的认识程度,不适合单独使用。DEA 法能够避免不同变量之间的单位转换,特别是对于无法用数值衡量的定性变量具有较好的效果。DEA 法实际上是通过构建线性规划模型来判断相同类型、作用相似的各决策单元对应点是否处于生产前沿面上。熵值法属于客观评价方法,能够充分利用现有数据,并根据数据的波动性来确定指标的权重。

4. 机器学习研究综述

机器学习是指通过计算机内部算法学习数据的内在规律性信息,以获得新的经验和知识,从而提高计算机的智能性,使计算机能够模拟人的思维,并做出决策[63]。其主要的应用领域有:医疗卫生专家系统、认知模拟、规划和问题求解、数据挖掘、网络信息服务、图像识别、故障诊断、自然语言理解等。机器学习作为一个以应用为驱动的领域,通过自动学习数据的模式进行智能判断,能够为数据分析工作提供科学的预测[64,65]。

根据学习方式的不同,机器学习主要分为两种类型:有监督学习和无监督学习。在有监督学习算法中,每组训练样本都有明确的特征信息和标签值,即训练样本中目标变量已有结果。有监督学习的过程就是根据现有特征值及目标值,从训练样本中通过学习找出合适的模型,并通过模型计算出目标值的可能结果。与有监督学习相对应的是无监督学习,其训练数据中没有类别信息,也不存在目标分类值,这种学习模式是为了推断出数据的一些内在结构,将具有相似特性的样本归为一类,这个归类过程被称作聚类,而寻找描述数据统计值的过程则被称作密度估计。机器学习不仅同与计算机相关的很多研究领域都有着紧密联系,机器学习技术的发展还促进了很多领域技术的进步,并且对人们的生活产生了深远影响[66]。

本书所使用的机器学习算法属于有监督学习类的,即首先需要构建训练集,从已有的训练样本中选取合适的模型,对公交运行健康状况进行判断。常用的有监督学习机器学习算法包括：支持向量机(Support Vector Machine，SVM)、K-近邻(K-Nearest Neighbors，KNN)、决策树(Decision Tree)、随机森林(Random Forest)、朴素贝叶斯(Naive Bayes)等算法，如表 1-2 所列。

表 1-2　机器学习算法研究综述

算法名称	算法描述
支持向量机[67,68]	属于分类算法。SVM 模型将实例表示为空间中的点，并使用一条直线分隔数据点。需要注意的是，SVM 需要对输入数据进行完全标记
K-近邻[69]	用最近的邻居(k)来预测未知数据点。k 值是预测精度的一个关键因素，不管是分类算法还是回归算法，邻居的权重都是一个非常重要的指标，较近邻居的权重比较远邻居的权重大，且需对数据进行规范化处理
决策树[70,71]	决策树算法主要用于解决分类问题，由一个决策图和可能的结果(如成本、风险)组成，用来辅助决策。机器学习中，决策树是一个预测模型，决策树中的每一个节点表示被分类的某一个对象，而每条分叉路径表示可能的属性，每个叶节点则对应从根节点到该叶节点经历的路径所表示的对象的值。决策树算法所需数据量小，计算效率高且较容易实现
随机森林[72,73]	随机森林可以看成决策树的一个集合。随机森林中的每棵决策树估计一个分类，这个过程称为“投票(vote)”。在理想情况下，根据每棵决策树的每个投票，选择最多投票的分类
朴素贝叶斯[74]	基于概率论的贝叶斯定理应用非常广泛，如文本分类、垃圾邮件过滤器、医疗诊断等

其中，支持向量机算法一般适用于二分类问题，朴素贝叶斯算法适用于特征值相互独立的数据集，决策树算法、K-近邻算法和随机森林算法都是对本书数据集较为有效的方法。K-近邻算法易理解，简单有效，对异常值相对不敏感，既能解决二分类问题，又能解决多分类问题。决策树算法有助于在不确定情况下做出决策，允许分析人员遍历前向和后向计算路径来帮助做出最佳的决策与判断，且决策树算法对缺失值和异常值不敏感，有助于节省数据处理的时间，对于公交运行健康状态的分类是一种有效的方法。而随机森林是一个决策树的集合，训练速度快，可以由随机森林回归算法得到变量重要性排序，以此分析影响公交运行健康的关键致因。因此，本书首先采用决策树和 K-近邻算法对公交运行健康状况进行诊断，并对比分析这两种方法的有效性，从中选取最优算法；然后，基于随机森林算法输出影响公交运行的关键致因。

1.4.2　公交运行状态预测研究现状

1. 公交运行状态表征指标研究

总结国内外研究成果发现，常用来表征公交运行状态的指标主要有四个指标：速度、流量、时间和客流。

1）速度

公交车速度是衡量公交服务水平的一个重要因素，它有助于判断公交车的预计到达时间，从而减少乘客的等候时间，减少乘客的等待焦虑。目前，对公交车速度的预测主要是某时刻的运行速度。周晓等[75]提出了一种基于卡尔曼滤波理论的预测模型，即利用路段上下游的车辆平均速度来预测未来时刻该路段的平均速度。肖思思和杨宏业[76]直接通过提取车速样本特征来预测公交的运行状态，该方法无须预测交通流。胡继华和梁嘉贤[77]建立了贝叶斯框架下基于多相站间车速的高斯混合模型，利用可逆跳跃马尔可夫链蒙特卡洛方法来推断快速公交的站间运行状态。

2）流量

若不考虑行人、非机动车、私家车、出租车等混合交通流的影响，可以认为城市道路中的公交车辆形成了独特的类似流体的公交流。由于公交车的发车时间、运行线路相对固定，因此公交流在城市道路网上运行状态的趋势变化也相对规律。陈功[78]以上海市浦东新区张杨路—枣庄路交叉口为例，利用上游路口的公交流运行状态，建立了下一个短时段预测交叉口处交通流的BP神经网络预测模型，并与常规预测模型进行对比测试，验证了所建模型具有良好的预测效果。张海鹏等[79]利用实时采集的公交车GPS数据提取公交车的速度，并基于长短期记忆网络进行短时交通流预测。

3）时间

道路上公交车的实时行驶状态主要有两种：一种是车辆正在该线路的两个站点间行驶，另一种是车辆停靠在当前线路的某个站点处。因此，公交车在运行过程中会出现三种时间：站点停靠时间、站间行程时间和下一站到站时间。

（1）站点停靠时间

S. Q. Wang和C. F. Shao[80]利用指数平滑模型和RBF神经网络模型对公交车在车站停留时间的序列特征及其在公交车站的信息进行了分析，并将两个模型结合起来形成一个组合预测模型。J. Ding等[81]分别使用ARIMA模型、SVM模型和混合模型来预测快速公交车的短暂停留时间。J. Xin和S. Chen[82]基于K-近邻算法，应用固定在公交车上的车载GPS系统收集的公交车辆历史数据和实时数据，构建了公交车停靠时间预测模型。

（2）站间行程时间

公交行程时间的长短会直接影响公众对出行交通方式的选择。对公众提供公交行程时间预测服务将会提升公交吸引力，从而提高公交出行分担率。B. Yu等[83]提出了基于近邻的随机森林方法(Random Forests based on Near Neighbors，RFNN)来预测公交行程时间，并与线性回归、K-近邻、支持向量机和经典随机森林四种方法进行了对比。A. Mansur等[84]应用人工神经网络和支持向量机两种方法在两个相邻公交站之间的不稳定间隔内预测公交车的行程时间。王芳杰等[85]建立了基于特征的Light GBM（Light Gradient Boosting Machine)公交行程时间预测模型。

(3) 下一站到站时间

目前,对下一站到站时间的预测主要为综合预测。H. Xu 和 J. Ying[86]首先建立了时间相关的路径截面图,其中路径截面是两个相邻公交车站之间的路段,以便对动态道路网络的属性进行建模。然后,设计一种聚类方法来估计不同时隙中每个路径部分的行进时间分布。最后,根据路径截面图和实时 GPS 信息来预测公交车的到站时间。T. Yin 等[87]提出一种基于支持向量机和人工神经网络的预测模型,以多路径预测目标站点的公交车到站时间。M. Čelan 和 M. Lep[88]提出了一种基于历史数据并根据公交网络数据模型来预测公交出行时间的方法。该方法比较了四个不同的数据模型(分为四个不同时间段)的观测和预测行驶时间结果。结果表明,数据网络选择和旅行时间段划分均会影响公交车到站时间的预测准确性。孙葛亮和邵永青[89]对实时响应模式下需求响应式公交车的到站时间预测进行了研究,提出了以时间序列法和 BP 神经网络算法为基础,利用最小二乘法进行求解的综合预测模型。

4) 客流

准确预测公交客流量是实现智能交通的前提,不仅能够解决公交公司与乘客之间的供需矛盾,还能帮助乘客调整出行路线和时间,节约运营成本且有利于提高城市公交服务水平。当前对客流的预测主要是针对一天中的时段客流和日客流总量进行预测。J. Zhang 等[90]首先依据历史数据建立了预测模型,以查看历史估计中哪个客流模式与当前最为相似。然后,将粗略预测结果用于扩展卡尔曼滤波器(Extended Kalman Filter, EKF)的状态传递函数,并应用 EKF 预测未来客流。王世兵[91]从城市公交客流量历史数据特征分析入手,通过灰色马尔可夫预测模型来预测城市公交客流量的变化趋势,从而提高公交运营效率。Z. Huang 等[92]基于长短期记忆(Long-Short Term Memory, LSTM)模型预测了未来的客流和公交到达时间。Y. Liu 等[93]从宏观和微观两个层面分析客流,并设计了包含四个模块(自动特征提取、特征重要性、全连接和数据融合)的卷积神经网络,以解决大规模公交客流预测问题。

2. 公交运行状态预测模型研究

国内外对于公交运行状态预测的研究已经有很长一段时间了,其中也出现了很多使用简便且通俗易懂的算法,但在面对复杂环境时预测效果却并不好,而一些过于复杂的算法容易花费大量的计算时间。因此,在公交运行状态变化趋势预测过程中,既要保证模型的精度,又要避免过长时间的计算。总结已有研究成果发现,公交预测模型大致可分为三类:统计模型、人工智能模型和组合模型,具体如图 1-3 所示。

1) 统计模型

统计模型主要是根据历史数据或调查数据,利用数理统计的方法来探究已有数据的变化规律,并进行预测。常用的统计模型包括历史数据模型、统计回归模型、时间序列模型、

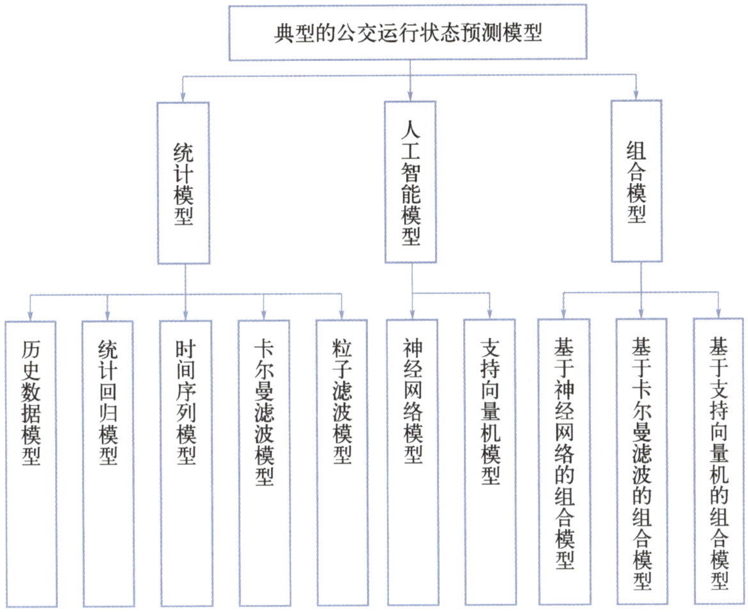

图 1-3　公交运行状态预测模型分类

卡尔曼滤波模型和粒子滤波模型。

(1) 历史数据模型

M. Chen 等[94]基于公交车运行历史数据，假设公交车在特定路段的当前行程时间和历史时间的比为一定值，结合实时车辆运行数据完成对公交到站时间的动态预测。D. Fagan 等[95]在模型中考虑驾驶员行为模式和交通流模式，并通过试验验证了此模型能提高预测精度。J. Gong 等[96]根据历史数据和实时 GPS 数据，分别基于特定的某一天和一周中随机的某一天每个路段的公交平均运行时间和车辆在每个站点的停靠时间的历史数据来获得统计模型，并基于此提出了混合动力预测模型以预测公交车到站时间。

通常，基于历史数据的模型只需根据大量历史数据，并假设未来一段时间公交运行状况和历史数据类似，当数据量足够大时，此类模型能达到所要求的预测精度，并且应用简便，但面对突发状况时，此类模型缺点明显，准确率较低。

(2) 统计回归模型

周雪梅等[97]将相邻站点间行程时间作为一个计算单元，利用公交运行 GPS 数据计算回归参数，从而建立了多元回归分析预测模型。Y. Ramakrishna 等[98]将当前公交车位置与目标站点之间的距离、当前公交车位置与目标站点之间的交叉口数、公交车全路段平均行驶速度以及剩余公交站点数作为预测模型的自变量，建立了四元线性回归的公交车到站时间预测模型。T. B. Glick 和 M. A. Figliozzi[99]面对残差分布中的异方差性，提出基于公交车站平均停留时间的替代方法，该方法同时使用了对数线性模型和分位数回归，改进了平均停留时间较少的公交车站模型,可在较低分位数下将相关性提高 2%~5%。

统计回归模型主要反映多个自变量与因变量之间的线性数学关系,其预测效果优于历史数据模型,但难以表达不同变量间的非线性关系,且泛化能力差,准确度仍难以保证。

(3) 时间序列模型

M. P. D'Angelo 等[100]利用非线性时间序列模型预测公交车在高速公路上的行程时间,并将以速度作为变量的单变量模型和以速度、车道占有率、交通流作为变量的多变量模型进行对比分析,结果表明单变量模型的精度更高。S. Ishak 等[101]研究了交通流数据的周期及局部变化特征,探讨了对非线性时间序列模型精度有显著影响的因素,通过改变模型参数和交通条件来测试模型性能,最终达到预期效果。

时间序列模型主要反映了自变量与因变量之间随时间变化的关系,模型的预测效果会受到历史数据随时间变化稳定性的影响[102],历史数据随时间的偏差越大,模型的预测误差越大。

(4) 卡尔曼滤波模型

Y. Zhu 等[103]基于卡尔曼滤波器开发了公交车速度预测模型,并根据 GPS 实时测量结果,设计了一个具体程序来预测车速并验证了该模型。结果表明,该模型具有较高的精度,可用于公交车速度预测。张欣环等[104]基于公交 IC 卡、自动车辆定位等数据,对路段行程时间和站点停靠时间分别构建了卡尔曼滤波预测模型,以实现对公交行程时间的预测。周帅帅[105]结合公交实时 GPS 数据,分别建立了基于卡尔曼滤波的路段、交叉口、停靠站公交到站时间预测模型。

卡尔曼滤波模型能够根据实时观测数据来动态修正由过去的系统状态得到的预测结果,因此在干扰因素尚不确定的环境中,该算法有着较好的预测准确性和实时性[106]。但当更新频率不够高时,预测结果存在滞后性。

(5) 粒子滤波模型

B. Dhivyabharathi 等[107]应用粒子滤波技术准确预测了公交行程时间,并开发了异构交通条件下的印度实时乘客信息系统,与历史平均法进行比较,结果优于后者。同时,他们还将粒子滤波算法应用于公交到站时间预测中,得到粒子滤波模型精度优于卡尔曼滤波模型的结论,且粒子滤波模型能够较好地捕捉不同的路况信息[108]。E. Hans 等[109]构建了基于粒子滤波和介观模拟的实时公交线路状态预测模型,并根据站点停留时间和站间行驶时间提出了几种公交预测模型,结果表明,只有考虑了公交车负载的模型才能在较大预测范围内提供公交线路的有效预测,尤其是对于公交车头时距变化的情况而言。

粒子滤波模型具有非线性、无须训练、高度灵活的特点,能够很好地适应复杂、快速变化的交通情况。但是,当使用粒子滤波模型预测公交到站时间时,若用上一路段的平均速度来预测后面所有路段的行程时间会使误差不断放大,导致预测结果失效[110]。

2）人工智能模型

（1）神经网络模型

J. Amita 等[111]应用人工神经网络，并结合 GPS 数据来预测公交行程时间，模型中包含了乘客上下车数量、平均直达行程时间及每个停靠点的停留次数，预测结果表明模型的准确性较高。C. Y. Kee 等[112]将公交到达时间预测转换为多标签分类问题，即把到达时间按四个目标标签来建模，从而构建了神经网络和集成模型，结果表明神经网络方法优于决策树、随机森林和朴素贝叶斯方法。J. Fei 等[113]采用 BP 神经网络模型和校正层对公交到达时间进行预测，并根据预测结果设计了基于最短时间优先级的动态转移方案。

与传统模型相比，人工神经网络模型的预测精度更高，现已成为通用的预测模型工具。但是，神经网络模型的训练、学习函数以及部分参数需要花费大量时间进行调试，所花费的时间较长。

（2）支持向量机模型

S. Moridpour 等[114]提出了一种最小二乘支持向量机方法，为确保预测结果的准确性，他们采用遗传算法来确定模型参数的最佳集合，与以往采用多个人工神经网络的方法进行对比，遗传算法所得结果的准确度更高。Y. Li 等[115]在对玉溪市智能交通系统特点进行分析的基础上，选择支持向量机作为预测模型，利用支持向量机模型的自适应性、鲁棒性和小样本预测能力，有效地解决了公交到站时间预测问题。熊浩和韩印[116]将公交行程时间分为行驶时间和站台停靠时间，应用遗传算法训练参数，采用支持向量机进行学习和预测，结果表明，基于遗传算法参数寻优的支持向量机模型与实际情况更加匹配。

支持向量机模型可以用不同的核函数来表达各个自变量与因变量之间线性或非线性关系，并且通过训练能够自动调节变量参数，具有较强的泛化能力，但在确定其核函数及相应参数时，较难计算且耗时较长。

3）组合模型

采用组合模型进行预测主要是将两种或两种以上不同类型的预测模型结合起来进行最终预测。该方法能够充分发挥各模型的优势，弥补不足，提高预测效果。现在应用较多的组合模型主要包括基于神经网络的组合模型、基于卡尔曼滤波的组合模型和基于支持向量机的组合模型。

（1）基于神经网络的组合模型

该类模型主要是把神经网络与模糊系统、粒子群算法、时间序列、遗传算法等方法相结合，例如彭新建和翁小雄[117]提出了一种应用萤火虫算法对 BP 神经网络模型进行优化的方法，以减少神经网络的训练时间并提高其预测的稳定性。将该优化算法与传统 BP 神经网络算法和卡尔曼滤波算法进行对比，所得结果验证了该算法预测公交行程时间的准确性和稳定性。李江伟[118]针对 BP 神经网络模型容易陷入局部最小值的问题，应用遗传模拟退火算法对模型进行优化，最终生成 GSA-BP 算法。使用该算法预测公交到站时间能提高计算效率。张晓阳等[119]以浮动车数据为基础，应用粒子群算法优化径向基函数(Radial Basis Function，RBF)神经网络并对其余车型车辆的速度进行预测，以粒子的维度分量作为 RBF 神经网络的权值和阈值，以神经网络均方误差的倒数作为粒子群算法的适应度函数，并训练神经网络使其均方误差最小化。

(2) 基于卡尔曼滤波的组合模型

该类模型主要是卡尔曼滤波与时间序列、统计回归等相结合的组合模型。例如，成佳磊[120]提供了一种结合非参数回归与卡尔曼滤波的公交到站时间预测算法，通过非参数回归方法得到基于历史数据的公交到站时间预测值，进而根据预测值和当前公交车实时运行结果的误差，通过不断更新最优到站时间估计和卡尔曼增益，实现对所预测的运行时间的修正。侯真超[106]应用融合多线路公交车信息的卡尔曼滤波与指数平滑法相结合的组合模型对公交站间行驶时间进行预测，并应用改进的 K 均值(K-means)聚类算法对公交车在站点停靠时间进行分析和聚类，得到相应时段的公交停靠时间预测值，最后提出了基于多线路融合的组合预测模型。

(3) 基于支持向量机的组合模型

这类模型主要是支持向量机与统计回归、时间序列等相结合的组合模型。例如，杨敏等[121]将快速公交(Bus Rapid Transit，BRT)车辆停站时间拆解成线性部分和非线性部分，分别采用差分自回归移动平均模型和支持向量机方法对这两部分进行预测，并将预测结果进行叠加，从而形成一种公交停站时间的组合预测方法。研究结果表明，该组合预测方法行之有效。陈东等[122]以支持向量机算法为核心，引入 K 均值聚类算法来增强预测能力，并通过仿真实验证明所提出的模型具有较好的预测性能。

综上所述，从模型的精确性、可靠性、复杂性等方面对几种模型的优缺点进行总结，如表 1-3 所列。

表 1-3　各类模型的优缺点比较

模型名称	优点	缺点
历史数据模型	模型简单，容易理解，计算速度快	使用范围小，误差大
统计回归模型	分析多个条件时简单方便	难以拟合变量间的非线性数学关系，泛化能力较差
时间序列模型	只需少量样本就能预测出结果	只适用于短期预测
卡尔曼滤波模型	由于是递推算法，故适合高维问题和平稳的过程	需一步步预测，算法速度慢
粒子滤波模型	非线性、无须训练、高度灵活，能够很好地适应复杂、快速变化的情况	使用上一路段上的平均速度来预测后面所有路段上车辆的行驶时间，这会使误差不断放大

（续表）

模型名称	优点	缺点
神经网络模型	能解决任何复杂非线性问题，概括推理能力强	容易陷入局部最优，样本过大时处理速度慢
支持向量机模型	拥有很强的自学习能力和很强的处理非线性问题的能力，适合大规模的计算	不适合多分类问题和多样本问题

1.4.3 公交调度及协同控制方法研究现状

目前，公交调度及协同控制方法主要有两类：公交静态调度和公交运行实时控制。

1. 公交静态调度

公交静态调度方案的优化可以从发车频率和时刻表两方面展开。对于高频率公交线路来说，需要根据客流分布特点来确定各运营时段（如早高峰、平峰、晚高峰等）的发车频率，并确定每个规划时段满足乘客需要所需的每小时发车数量。以往研究大多以乘客的总等待时间、出行时间最短为优化目标[123-126]，也有一部分学者以公交车辆的利用率、满载率最大化为优化目标[127,128]展开研究。对于低频率公交而言，则需要根据不同的目标来确定公交时刻表的优化方案。研究者多以乘客总等待时间最短[129-133]、换乘最便捷[134-139]为优化目标。

2. 公交运行实时控制

在公交调度阶段，通过制订合理的公交发车时刻表可以在一定程度上保证公交系统的运行均匀性。但在公交实际运营过程中，其运行时间、行驶速度、乘客的需求量等信息都是不确定的且难以准确预测。此外，公交车辆在运行过程中，还会受到天气状况、交通事故、其他社会车辆等因素的影响。随着以5G、车联网、大数据、人工智能等为代表的新一代科技的发展和普及，现在更多的研究致力于优化公交运行的实时控制策略。根据公交运行实时控制影响空间范围的不同，可以将其分为两类：站点控制和站间控制。

1）站点控制

站点控制是指在公交线路沿线的某些特定公交站点对公交车辆进行控制。常见的控制手段有两种：驻站控制和跃站控制。驻站控制常被用来提高公交服务的稳定性[140]或是减少不同线路之间的换乘时间[141,142]。其又可细分为基于车头时距的驻站控制和基于既定时刻表的驻站控制。跃站控制是指在车内没有乘客需要在某个站点下车的情况下，选择跳过一个或几个站点，即使在这些站点有乘客等待上车也不停车。

（1）驻站控制

基于车头时距的驻站控制方法主要适用于高频率公交，大多数基于车头时距的驻站控制策略是以乘客总等待时间最短为优化目标来建立模型。

例如，M. D. Abkowitz[143]在早期研究中就提出了一种以乘客等待时间最短为目标的实时驻站控制策略。A. Barnett[144]提出了一种在固定站点实施驻站策略的控制模型，该模型以车上乘客的总等待时间和延误时间最短为优化目标。X. J. Eberlein 等[145]也以乘客总等待时间最短为优化目标提出了一种驻站控制策略，并同时考虑车头时距的安全约束。J. Zhao 等[146]提出了一种同时考虑车上乘客和在站候车乘客的协同控制模型，在考虑随机到达车站客流的同时，以乘客总等待时间最短为目标求解模型。S. Zolfaghari 等[147]在最小化车站乘客候车时间的同时，加入了公交车辆容量限制约束，将由于客满而不得不等待下一班车的乘客候车时间也纳入其中考虑，但没有考虑由于驻站而额外产生的等待时间。在此基础上，A. Puong 和 N. H. M Wilson[148]假设所有车站的驻站时间为一个固定值，将驻站产生的额外等待时间加入目标函数，从而提出了一个非线性混合整数模型，利用启发式算法和剪枝混合策略快速求解。F. Delgado 等[149,150]将驻站策略和其他调度控制策略相结合，提出了一种确定性优化模型，该模型的优化目标为乘客总等待时间最短，并综合考虑了乘客在车站的候车时间、由于驻站而产生的附加等待时间，以及由于车辆容量限制或是上车人数限制而导致的额外等待时间。

在基于车头时距的驻站控制策略中，还有一些研究将车头时距变异系数最小化作为优化目标。L. Fu[151]提出了一种最小化车头时距变异系数的实时驻站控制策略，使乘客在各个站点的平均等待时间最短。A. Sun[152]把上述问题拆解成两个维度，即对多条线路进行驻站控制，但是仅在某几个固定的控制点实施驻站。研究发现，比起在单个站点实施驻站控制，在多个站点实施驻站控制可以更加有效地稳定车头时距、降低运营成本。

也有一些学者以提高运行速度为目标建立了驻站控制模型。C. F. Daganzo 等[153,154]基于公交车辆到站时间与虚拟时刻表的偏离程度提出了一组动态驻站控制策略，该控制策略不仅简单，而且需要的变量仅有一个，在保证公交车头时距均匀稳定的同时，还能提升公交的到站准时性。

近年来，有学者发现，基于车头时距制订驻站策略时，其车头时距不一定是固定值。J. J. Bartholdi Ⅲ等[155]没有采用既定的车头时距，他们提出了一种随系统状态变化的自适应驻站控制策略，驻站时间的计算与前车无关，从而减少了调度管理的工作量，简化了驾驶员的工作内容。O. Cats 等[156,157]计算了不同驻站策略对提升公交服务可靠性的影响，通过仿真实验发现，在制订驻站策略的时候，同时考虑前车和后续车辆的车头时距，即系统的运行状态，这对于改善公交服务水平能起到较好的效果，这也与 J. J. Bartholdi Ⅲ等[155]的研究结果相互印证。

此外，还有一些学者考虑了乘客换乘行为，以优化换乘衔接为目标，建立了驻站控制模型。R. Hall 等[141]建立了模型以确定在公交到站时间一般分布情况下，换乘站的最佳驻站时间。F. Delagdo 等[142]提出了一种驻站模型，考虑到那些在换乘公交线路时需要行走一段距离的乘客，利用梯形曲线来描述换乘客流的到达率，以乘客总等待时间最短为目标进行求解,模型中涉及的参数包括已经在换乘站的乘客等候时间、实时驻站的公交车辆上的乘客等候时间,以及步行换乘乘客的等候时间。

(2) 跃站控制

跃站控制策略通过不停车、跳过线路上某些站点的方式来提高运行效率。它需要根据不同的优化目标(如降低运营成本、缩短乘客等候时间等)来确定在哪些站点实施跃站策略。L. Fu 等[158]提出了一种实时控制策略,即每隔一班车就发出一辆实施跃站的公交车,从而将总等待时间成本降至最低。A. Sun 和 M. Hickman[159]以最小化乘客等待时间为目标提出了一种跃站策略,但该策略允许车上乘客在实施跃站的车站下车。M. M. O. Sidi 等[160]提出了一种基于跃站控制策略的多目标优化模型,优化目标包括出行频率、换乘时间、旅行时间、出行距离以及无法满足乘客需求的站点数;考虑的约束条件有车头时距约束、停车次数约束和车辆容量限制。C. E. Cortés 等[161,162]提出了一种混合预测控制方法,该方法在实施驻站控制或跃站控制的同时,还能预测公交车的运行速度。之后,J. C. Muñoz 等[163]通过针对不同场景的数值仿真实验,将上述 C. E. Gortés 和 D. Sáez 提出的方法与 F. Delgado 等提出的驻站控制模型进行对比,发现在考虑车辆容量限制的条件下,F. Delgado 等提出的控制方法表现更优。

郑思瑶[164]在车-车通信的条件下,以乘客的候车时间、跃站产生的额外等待时间、公交车站点停靠时间和公交公司停靠运营成本最小为优化目标,针对单线路公交,建立了实时跳站控制模型。尹婷婷[165]以车路协同环境为背景,提出了一种驻站和跃站组合的动态控制模型,该模型以车头时距均衡性为优化目标,把驻站系数和跃站系数作为实施控制策略的判断依据。

站点控制策略的缺点是会对某些乘客产生负面影响,不论是那些在车内想要下车的乘客还是在车站想要上车的乘客。此外,在许多城市或某些文化背景下,这种策略并不可行。因此,可以用站间控制策略来代替站点控制策略或采用二者相结合的方式。

2) 站间控制

随着智能网联等新技术的广泛应用,不仅可以从站点停靠方式上对公交车辆进行调度控制,还可以在公交车辆站间行驶过程中,通过采取公交运行车速诱导、交叉口公交信号优先控制等手段,对公交车辆进行动态调度。

(1) 公交运行车速诱导

C. F. Daganzo 等[166]提出了一种自适应控制的车速诱导方案,即基于公交车辆的前后间距来实时调整公交车的巡航车速,这不仅可以提升公交车辆的运行稳定性,还可以提升公交车辆的行驶速度。S. He[167]以提升公交系统服务水平为目标,提出了一种自适应控制策略,即通过动态调整公交车的驻站时间和站间诱导,保证公交车到站的均匀性和车头时距的稳定性。在该策略实施过程中,所需数据仅为当前车辆在当前站点的到站时间、前车在当前站点到站时间和前车在下一个站点到站时间。M. Estrada 等[168]基于公交车辆在公交站点的实时跟踪信息，提出了一种动态控制策略，在公交车辆发生明显延误的情况下，通过控制车辆在站间的行驶速度，并延长交叉口信号灯绿灯相位时间，可减小车头时距变异系数，从而提升公交的运行稳定性。

在国内，滕靖等[169]通过分析公交车辆自动定位数据，基于动态车头时距偏差，建立了区间车速优化模型，并以此为基础提出了车速引导控制方法。实验表明，该方法可以有效缓解公交车辆车头时距偏差随运行过程不断扩大的趋势。郑晨等[170]建立了一个公交车速诱导系统，可对运行中的公交车辆提供实时车速诱导，当公交车辆到达有站点的信号交叉口时，通过控制车辆加减速，便可利用等待红灯的时间来完成上下客服务；当公交车辆到达无站点的信号交叉口时，通过控制车辆加速，使其可以在绿灯结束前不停车地直接通过交叉口，从而减少公交车辆在行驶过程中的延误。陈春晓等[171]利用在智能公交系统环境下获取的公交实时运行数据，提出了一种基于模糊逻辑的单线路公交实时控制方法，通过驻站控制和动态调整站间行驶速度，以提升车头时距的均匀性，从而改善公交车辆的串车问题。

(2) 公交信号优先

公交信号优先是指通过绿灯提前亮起、绿灯延长、相位插入等手段，给予公交车辆在信号交叉口优先通行权，从而消除公交车辆在交叉口的延误，提升公交运行效率。但是，信号灯相位的改变会对经过该交叉口的其他社会车辆产生不利影响，因此公交信号优先策略会存在实际应用的限制[172]。P. Chandrasekar 等[173]以改善公交串车问题为目标，通过实时监控公交车辆的运行状态，采用公交信号优先和驻站控制相结合的策略，动态调节车头时距以使其达到较好的均匀性。W. Ma 等[174]建立了一个可为一组交叉口群生成最佳信号优先策略的模型，该模型在显著减少公交延误和车头时距偏差的同时，仅导致机动车总平均延误有微小增加。A. H. F Chow 等[175]提出了一个优化控制框架，基于交通流量和公交车预计到达时间，通过对交叉口信号灯相位计时进行优化以提升公交系统的可靠性，同时该方法也可以有效减少对其他机动车造成的延误。L. Head 等[176]基于优先级图提出了一种交叉口信号控制模型，该模型可以生成多优先级请求策略，相比传统的先到先服务策略，能更有效地减少交叉口延误。M. Yang 等[177]针对快速公交(BRT)，提出了一种在主干道交叉口和次干道交叉口之间协调控制的信号优先策略，基于对公交车辆到达主干道交叉口的预估时间，协同调整各交叉口的信号时序，从而显著减少公交车辆在交叉口的延误，并减少可能产生的负面影响。P. Anderson 等[178]基于布朗运动提出了一种有条件的公交信号优先控制模型，即只有在所提出的公交优先请求能够提高公交线路可靠性的条件下才予以实施，结果表明，该模型在提升公交系统稳定性的同时，减少了近一半的公交优先请求。

1.4.4 综合评述

随着我国城市化和机动化的快速发展，公交运行条件不断恶化，导致“公交病”愈加严重，如何有效地对公交进行健康诊断并采取相关改善措施是一个迫切需要研究的问题。虽然，众多学者在健康诊断方法及改善策略等方面取得了相当多的研究成果，但是诸如以下这些基础理论问题尚待进一步深入研究，而这恰恰是主动预防“公交病”、提升公交运行健康水平、防止公交服务水平和公交分担率下降的关键所在。

1. 多源数据特征信息提取及健康诊断

针对全时空全要素观测的公交自动车辆定位(AVL)/GPS、公交 App、公交车轨迹、出租车浮动车、IC 卡、手机信令和视频监控等多源数据，划分数据集合并进行数据关联，统一数据的时空表达，提取特征信息，进而得到公交运行健康指标的值，从而建立健康分级量化标准来对公交运行健康状况进行诊断，是“公交病”致病机理解析的前提与基础。

2. 公交运行健康影响因素组合作用机制揭示及致因分析

公交运行改善策略失效的关键原因之一是未能将“公交病”诊断与影响因素结合起来分析，以解析其作用机理。如何正确评估公交服务设施、调度措施和路面行驶条件等的调整对公交运行健康状况的影响，解析各影响因素对公交运行健康状况的组合作用机制，揭示其互动规律，聚焦致病原因，是公交运行健康改善过程中亟待解决的关键问题。

3. 公交运行协同优化方法

对于公交运行健康改善，目前主要依赖于营运企业运营调度控制措施的优化，其实施效果由于受到行驶条件的约束，因而难以得到有效保障，且需要综合考虑内外部因素对公交运行健康的综合作用。现有的公交动态控制研究大多是采用某种单一的控制手段来改善公交运行健康状况，且考虑的因素不够全面，通常以与前车的车头时距为依据建立优化模型，而忽略了公交线路上前后车之间的联动影响；另外，鲜见针对结构性优化变量(如公交服务设施和优先设施，其不能频繁调整)和非结构性优化变量(如实时调度策略和信号优先，其可连续变化)的组合优化方法。

随着以 5G、车联网、大数据和人工智能等为代表的新一代科技逐渐在公交领域普及，人们实现了公交多源数据的实时采集和传输，同时自动驾驶技术也在不断成熟。那么如何紧跟时代和技术发展，利用智能网联环境的优势，通过不同层面策略的协同优化，统筹考虑各种调控手段来弥补传统静态公交调度的不足，从而对公交运行健康改善策略进行多层次、一体化的组合优化是本书需要解决的关键问题。

基于上述原因，本书针对“基于多源数据的公交运行健康诊断及协同优化”进行了研究。相比已有研究，本书更加重视公交运行健康与致病原因的结合，强调改善策略的协同优化以及时空资源的组合优化，希望能为推动公交运行管理研究做出贡献。

1.4.5 应用前景

在有限的时间和经济成本等多约束条件下，本书的研究成果可以被广泛地应用于城市公交运行管理之中，还可以为开发公交智能化管理决策支持系统、提高公交运行服务水平提供理论基础和技术支持。另外，在此基础上所形成的交通管理和决策优化理论与方法，对于研究复杂交通系统问题具有一定的借鉴作用。

1.5 本章小结

本章主要对研究背景、研究内容、研究目标及框架、国内外研究现状进行了详细介绍，并分析了公交运行健康诊断的研究价值和必要性。

第2章　公交运行数据处理方法

采集公交运行多源数据，对公交运行数据进行预处理，从中提取有用的数据，并通过对不同数据的融合处理使之转化为研究所需的信息构建和数据格式，是公交运行健康诊断体系构建、公交运行健康诊断指标选择和计算以及为后续分类算法提供训练样本的前提。为此，本章主要对公交运行多源数据类型和数据预处理方法进行详细阐述，从而为本书后续内容提供研究基础。

2.1　公交运行数据类型

1. GPS 数据

GPS 数据是本研究所采用的最主要的一类数据。GPS 是全球卫星定位系统（Globe Positing System）的简称，它具有良好的抗干扰性和保密性，也是一个全球性、全天候、连续的卫星无线电导航系统，可以实时为用户提供位置信息、速度信息和高精度的时间信息[179]。GPS 作为在车辆定位导航和交通数据采集领域中应用最为普遍的技术，其已发展得较为成熟且技术灵活性大，它的优势主要表现为：覆盖面广、精度高、功能强大、数据统计处理方便快捷、效率高、费用低。

目前，在我国公交运营调度中，为了实现实时公交调度，公交运营调度系统中均采用 GPS 系统，从而使得信息传递更规范、更准确、更及时，也更统一。GPS 系统是目前智能公交的核心，通过其采集到的公交运行数据也是智能公交系统的主要数据来源。

2. 公交 IC 卡数据

IC 卡是集成电路卡（Integrated Circuit Card）的简称。公交 IC 卡是非接触 IC 卡的一种，当靠近刷卡机时，卡内线圈产生感应电压，从而可以对卡与外部数据库之间的数据进行传输。由于公交 IC 卡反应时间短，故节省了乘客上车的时间。公交 IC 卡系统的作用是乘客上车时在车载收费机上刷卡即可自动扣除公交车费，同时收集公交运营数据，建立供财务和运营管理分析所使用的数据库。目前，IC 卡数据被广泛应用于 OD 推算、线网规划等研究领域。

3. GIS 数据

地理信息系统（Geographic Information System，GIS）是分析海量交通空间数据时常用的一个计算机软件，具有数据采集、数据存储、数据管理与分析和数据可视化等功能。

GIS 主要承担属性数据管理、空间数据显示以及拓扑结构分析管理的任务，其功能强大，在交通规划和城市规划领域应用广泛，同时，由于 GIS 内置了较为复杂的数学模型，因此能为分析相关交通数据提供非常完备的解决方案。交通网络中各种实体的位置关系、拓扑关系等主要通过 GIS 中的空间数据来表示。道路网、公交线网等这类矢量数据在 GIS 中能够非常直观地显示出来，故分析其网络结构也就变得非常方便，同时，其存储数据的轻量化格式还能节省大量的存储空间，因此，基于上述优点，通常用 GIS 来描述道路网与公交线网的特性。

4. 其他数据

其他公交运行相关数据主要有公交站的布置形式、公交站的几何长度等，这些数据可以通过实地调查或百度地图的全景地图获取。

2.2 数据预处理方法

1. 运行数据匹配

通常，在得到公交线路与车牌号的映射关系后，可通过车牌数据提取单条线路的运行 GPS 数据。一般有两种方法可以得到公交线路与车牌号的对应关系：①根据现有的运营计划；②根据 IC 卡刷卡数据。

公交运营企业会制订运营时间表，每条线路都有相应的配车计划，各个运营企业的运营时间表也都有其自己的表达风格和习惯，因此通过整理各个公交运营企业的运营时间表并进行标准化处理，即用统一的格式来表达当天公交线路与车牌号的映射情况，以便于后续对数据的批量处理。另外，对于运营时间表有缺失的情况，利用公交 IC 卡数据也能得到公交线路与车牌号的映射关系。

2. GPS 数据处理

GPS 数据在传输过程中会存在一些误差，主要包括：空间卫星的误差、信号传播中的误差、与 GPS 接收机有关的误差和多普勒频移测量误差等。对于公交 GPS 数据而言，不仅受到以上误差的影响，还受到公交车特殊性以及传输要求等因素的影响，具体包括：由于传输线路以及信号盲区引起的 GPS 数据缺失、GPS 定位点漂移等。因此，需要对 GPS 数据进行预处理，以提高其可靠性。

GPS 数据的清洗过程主要是针对完全重复数据、部分重复数据、偏移数据、错误数据等问题数据进行删除或者修改。通常，公交 GPS 数据主要存在以下质量问题：

(1) 重复数据。在 GPS 数据采集过程中会出现大量的重复数据，而重复数据在各个特征上均呈现出完全一致的信息，例如有时可能间隔出现或连续出现很多条一模一样的数据。虽然重复数据并不会对 GPS 数据处理的精度产生影响，但是由于数量庞大，因此会导致数据处理效率严重下降，甚至可能会造成计算机内存不足，这无疑加大了数据处理的难度。对于完全重复的数据，予以剔除，仅保留初次出现的数据。

(2) 偏移数据。根据地图匹配原理将公交 GPS 数据与 GIS 获取的公交线网数据进行匹配，采用 ArcGIS 中的近邻分析方法将偏移的 GPS 数据匹配至最近的路网上，并计算偏移后的坐标，如图 2-1 所示。

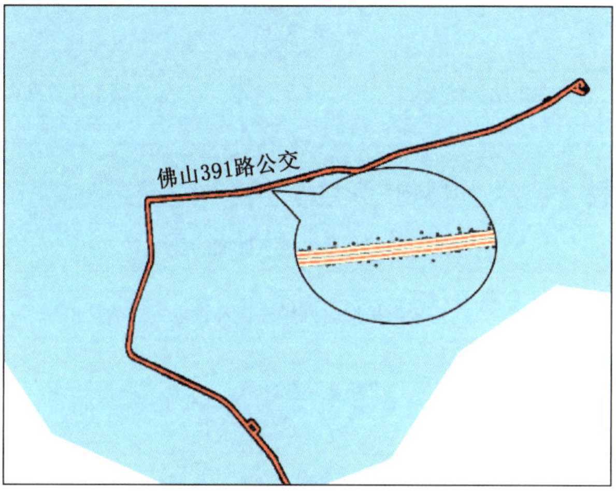

图 2-1　偏移 GPS 数据示意

3. GPS 数据获取

1) 公交运行上下行判断

将公交运行 GPS 数据按时间序列排序，如图 2-2 所示。

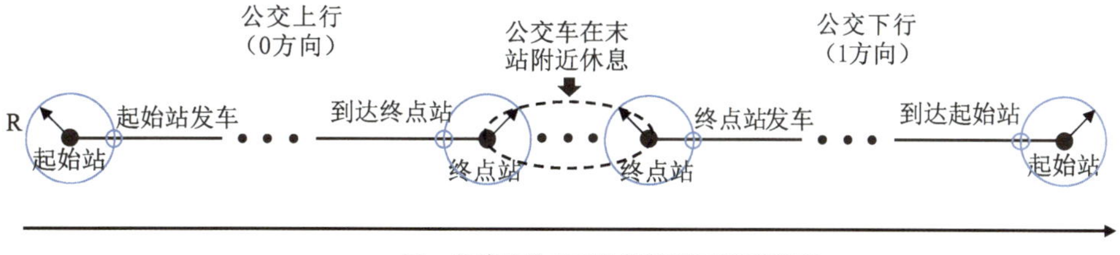

图 2-2　公交 GPS 数据按时间序列排序

计算所有 GPS 数据点距离公交首发站的距离，先判断数据点是在首末站点还是在运行区间内，以站点 50 m 半径范围作为判断标准。循环读取 GPS 数据点，判断公交运行上下行，而此判断主要是通过 GPS 数据点与首/末站的距离来识别出首/末站，具体的判断流程如图2-3 所示。

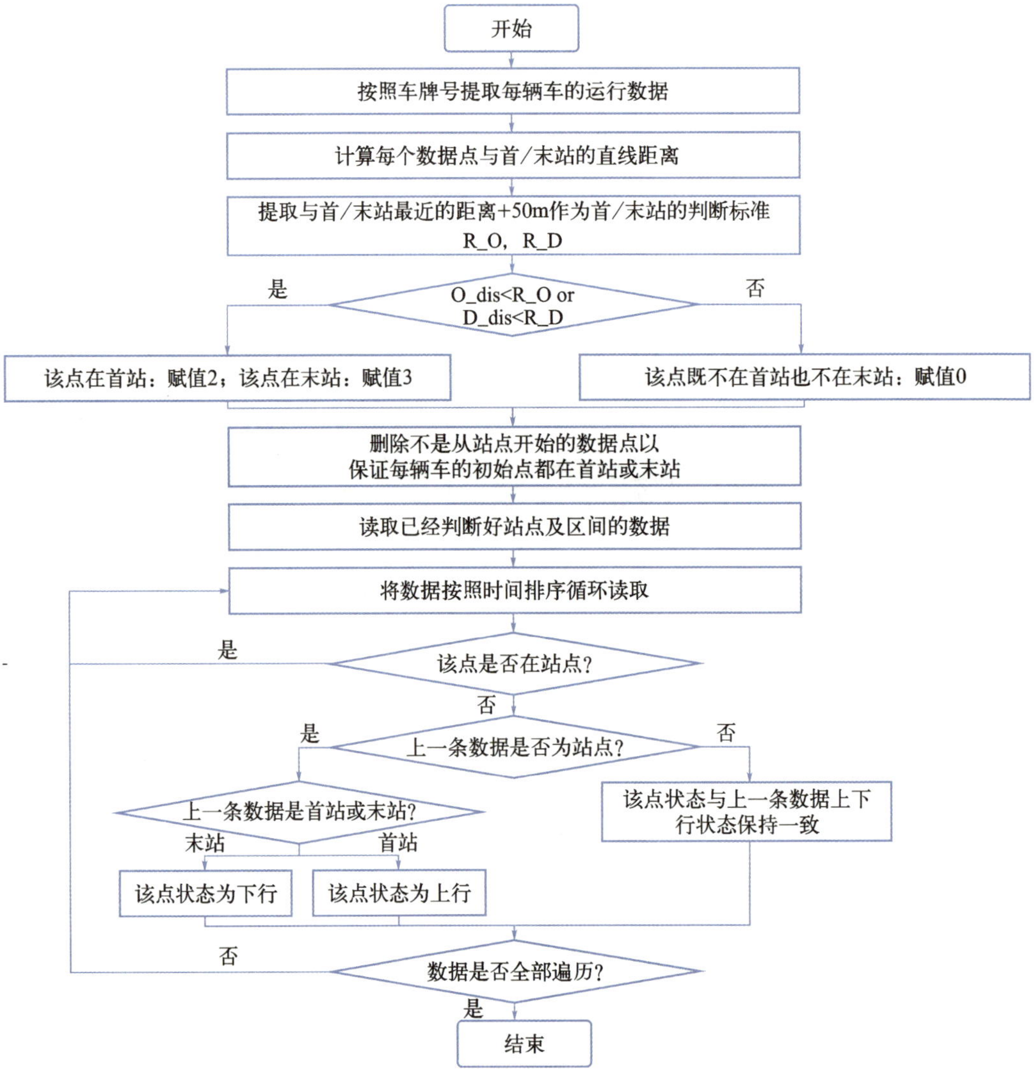

图 2-3　公交运行上下行判断流程

公交运行上下行判断完成后，分别存储每趟车的公交运行数据。其中，两个 GPS 点之间的距离采用式(2-1)计算：

$$S = 2R \times \arcsin\sqrt{\sin^2\frac{a}{2} + \cos(Lat1) \times \cos(Lat2) \times \sin^2\frac{b}{2}} \tag{2-1}$$

式中　R——地球半径，这里取 $R = 6\ 378\ 137$ m；

$Lat1$，$Lat2$——两个点的经度。

$$\left.\begin{aligned} a &= Lat1 - Lat2 \\ b &= Lon1 - Lon2 \end{aligned}\right\} \tag{2-2}$$

式中，$Lon1$ 和 $Lon2$ 分别为两个点的纬度。

2）公交实际运行距离计算

公交车实际运行时是沿着现有道路的，而现有道路大多是弯曲的，并非直线，因此公交车的运行距离与道路线形有关。本书在计算公交车实际运行距离时采用了累积加和的方法，即把每辆公交车的运行 GPS 数据按照时间序列排序，计算两点间的距离，将距离相加得到公交车的实际运行距离，最终得到每一趟车实际运行距离与时间的关系。

站点间距离以及公交线路长度按同理计算，根据公交站点的 GPS 数据计算公交站间距，以及公交站点与首站的距离，在得到各站点与首站的距离后，通过将相邻两个站点与首站的距离相减，即可获得相邻两个站点之间的距离，即站距，见式(2-3)。

$$l_{i,\ i+1} = l_{i+1} - l_i \quad (i = 0,\ 1,\ 2,\ \cdots) \tag{2-3}$$

式中　$l_{i,\ i+1}$ ——第 i 站与第($i+1$) 站之间的距离，km；

l_i ——第 i 站与首站之间的距离，km。

4. 数据标准化

公交车在站点的停靠时间有时只有短短几秒，如果停靠站点恰好在两个 GPS 点之间，则可能存在识别不到的情况。为了提高停站时间的精确性，需要对 GPS 数据进行标准化处理。标准化前，数据采集频率为 3～10 s；标准化后，数据更新时间为 1 s，采用拉格朗日插值法对数据进行标准化处理，其原理如图 2-4 所示。

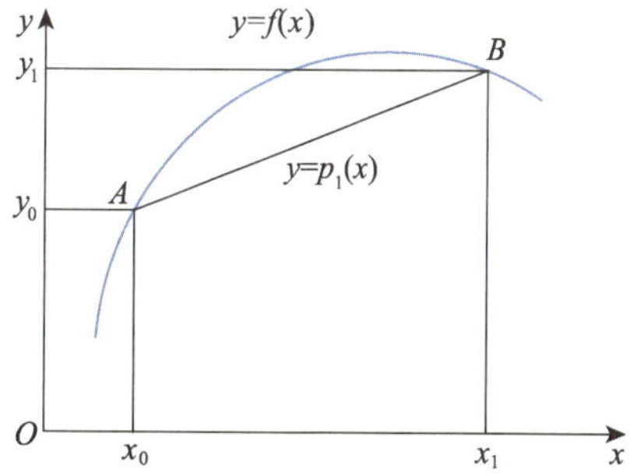

图 2-4　拉格朗日插值法原理

对于公交 GPS 数据来说，

$$x_{t_j} = \frac{(t_j - t_i)x_{t_k} + (t_k - t_j)x_{t_i}}{t_k - t_i} \tag{2-4}$$

同理，

$$y_{t_j} = \frac{(t_j - t_i)y_{t_k} + (t_k - t_j)y_{t_i}}{t_k - t_i} \tag{2-5}$$

式中　x_{t_j}，y_{t_j} ——数据标准化处理后的经度和纬度；

x_{t_k}，y_{t_k}，x_{t_i}，y_{t_i} —— t_k 时刻和 t_i 时刻的经度和纬度；

t_i ——右邻时间点；

t_k ——左邻时间点；

t_j ——插值时间点。

5. IC 卡数据处理及站点刷卡人数估计

对 IC 卡数据实施降噪处理，主要包括选择有效字段、删除无效或重复数据等。其中，有效字段指驾驶员工号、乘客刷卡时间及车牌号；无效或重复数据指重复上传的刷卡数据及其排序信息。

参照公交线路和车牌号的映射关系，提取佛山市单条公交线路的 IC 卡刷卡数据。首先，依据时间顺序实现排序；其次，结合获取的离站时间和到站时间，实现 IC 卡数据与 GPS 数据的匹配，从而获取每一站点的刷卡人次。

2.3 本章小结

本章主要对公交多源数据做了基本处理，获得所需的信息和数据格式以供后续研究使用。首先，从所有数据中提取出公交线路数据单独保存以减少后续处理的计算量；同时，为了提高数据处理结果的准确性，对公交 GPS 数据和路网地图进行预处理，并对误差数据进行修正。其次，提取单个车次的公交 GPS 数据，并结合地图数据将公交 GPS 数据进行地图匹配，从而获取公交车在道路上的运行轨迹。再次，基于得到的公交轨迹结果，结合公交站点信息，算出公交的离/到站时间、公交运行时间等参数。最后，结合公交 IC 卡数据和公交离/到站数据，对公交 IC 卡数据进行处理，以获取每辆公交车的每个车次在不同站点的刷卡数据。

第 3 章　公交运行健康诊断体系和方法

犹如通过多个反映人体健康的指标来衡量其健康状况一样，我们可以基于“病理”分析，研究选取能够反映公交运行系统健康状况的指标，从而构建多维公交运行健康诊断指标体系及计算模型。通常，医院的检查报告会列出每个指标对应的健康参考值，当指标值超出此范围时，一般被认为是有问题的。在确定了评价指标后，还要确定健康诊断标准。犹如医生阅读了检查报告单，发现某些指标异常后，会凭借个人的综合知识和经验来诊断就医者是否患有疾病以及是什么疾病。与之相似，当公交运行系统的某个“健康”指标超出正常标准，就需要判定系统是否存在问题，以及问题的严重程度。然而，有时虽然某个指标超出健康范围，但所呈现的表象与我们的一般认识并不具有显著的相关性，此时就需要医生给出综合诊断乃至会诊方法。医术高超且富有经验的医生在确诊了病人的疾病后，通常会通过检测结果和询问并加以逻辑推理等手段来进一步分析确定致病的原因，从而实施精准治疗。鉴于此，本章首先提出公交运行健康诊断指标、诊断体系和分级诊断标准，然后研究基于多源数据融合和机器学习的公交运行健康诊断方法。

3.1　健康诊断体系构建原则

公交运行健康诊断是一种辅助决策手段，利用公交运行 GPS 历史数据，通过对数据的深入挖掘与分析，从而更好地为公交车辆信息服务提供数据支持。针对单条公交线路进行健康诊断，需要充分结合数据和信息技术各自的特点，从而建立一个综合性的诊断评价体系。在总结现有关于公交运行评价指标体系研究的基础上，筛选并提出本书适用的评价体系，而这恰恰是构建公交运行健康诊断体系的关键。

在构建指标体系时需遵循以下原则：

(1) 系统性原则。需全面考虑，从不同方面反映公交运行的特点。选取系统、全面、可实现的诊断指标能够更有效地反映被诊断对象的特点。

(2) 客观性原则。数据的分析与处理需遵循客观事实，计算需依据科学理论。

(3) 实用性原则。结合公交运行数据，尽量选取容易获得的指标。

现有公交运行系统评价指标主要从四个方面进行考虑：基于公交运行效率、基于公交运行时刻表、基于公交运行稳定性和基于乘客感知，具体内容如表 3-1 所列。

表 3-1　公交运行健康诊断指标

总目标	目标层	准则层	指标层
公交运行健康诊断	高效性	基于公交运行效率	全程运行速度
			站间运行速度
			运行时间指数
	可靠性	基于公交运行时刻表	准点率
			发车间隔
		基于公交运行稳定性	加权延误指数
			站间运行速度变异系数
			公交运行时间变异系数
			车头时距稳定率
			车头时距变异系数
	便捷性	基于乘客感知	候车时间可靠性
			换乘时间可靠性
			站点覆盖率
			拥挤水平(车厢满载系数)

3.2　公交运行健康诊断指标及定义

公交运行健康诊断指标的筛选步骤是：首先，对已有研究中常用的指标进行归类整理，并判断是否符合上述选取标准；其次，判断所选取的指标是否能通过现有数据获得；最后，形成公交运行健康诊断指标体系。健康诊断指标体系构建流程如图 3-1 所示。

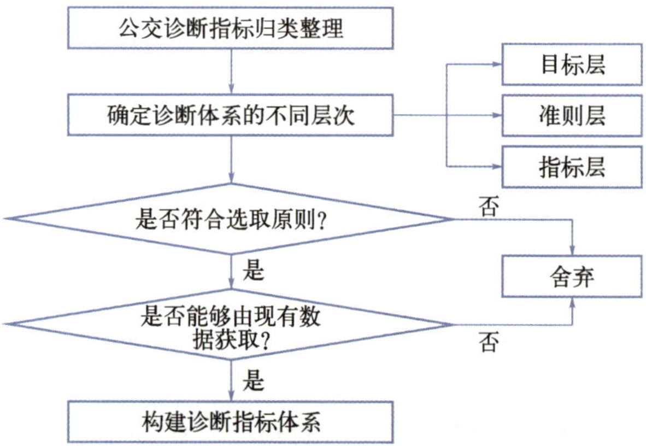

图 3-1　健康诊断指标体系构建流程

表 3-1 所提供的诊断指标并不能全部通过现有公交运行数据获得，如候车时间、换乘时间、拥挤水平等。另外，有些指标并不适用于公交运行系统，如站点覆盖率等。本书在充分考虑数据和信息技术二者特点的前提下，分别从运行效率和运行稳定性两

方面构建公交运行健康诊断指标体系。公交运行效率主要通过速度表示，包括线路全程运行速度、运行时间指数；公交运行稳定性主要用方差表示，包括车头时距偏差系数及站间运行速度变异系数如表 3-2 所列。

表 3-2　公交运行健康诊断指标体系

总目标	评价层	准则层	指标层
公交运行健康诊断	高效性	基于公交运行效率	全程运行速度
			运行时间指数
	可靠性	基于公交运行稳定性	车头时距变异系数
			站间运行速度变异系数

1. 全程运行速度

全程运行速度是指公交车辆从初始站点出发直至到达终点站为止，全程运行过程中的平均运行速度。这是衡量公交乘客出行效率的一个重要指标，计算见式(3-1)。

$$v=\frac{l}{T_{\text{real}}} \tag{3-1}$$

式中　v ——公交车辆全程运行速度，km/h；

l ——公交车辆实际运行距离，km；

T_{real} ——公交车辆实际行程时间，h。

2. 运行时间指数

运行时间指数是指公交车辆在全程运行过程中实际所花费的时间与在自由流速条件下行驶相同距离所需时间的比值。引入自由流速条件下的行程时间，能够减少由于路段限速对公交运行效率的影响。它反映了实际公交乘客出行，全程相对于自由流速（本书中自由流速以路段限速表示）额外增加的时间。运行时间指数越小，说明公交运行快捷性越好，具体计算见式(3-2)。

$$T_{\text{r}}=\frac{T_{\text{real}}}{T_{\text{free}}} \tag{3-2}$$

式中　T_{r} ——运行时间指数；

T_{real} ——单趟公交车辆实际运行时间，s；

T_{free} ——单趟公交车辆在自由流速条件下的运行时间，自由流速以路段限速表示，s。

3. 车头时距变异系数

对于发车间隔较短的公交线路而言，公交运行可靠性由车头时距的稳定性决定，具体指标则采用特定线路上到达某个车站的公交车辆的车头时距变异系数。所谓车头时距是指沿着相同方向同一车道上行驶的相邻两辆车，各自车头部位通过同一断面的时间间隔。由于在任意断面，公交车的GPS设备不一定恰好收集到数据，因此为了方便计算，只计算站点断面的车头时距，其计算如式(3-3)所示。

$$C_{\mathrm{vh}}=\frac{\sqrt{\frac{1}{N}\sum_{i=1}^{N}(h_{\mathrm{real}}-h_{\mathrm{plan}})^2}}{h_{\mathrm{plan}}} \tag{3-3}$$

式中 C_{vh} ——车头时距变异系数；

N ——公交站点个数；

h_{real} ——站点断面实际车头时距，s；

h_{plan} ——本线路公交计划车头时距，s。

4. 站间运行速度变异系数

站间运行速度变异系数是指站点间运行速度的标准差，用来描述不同车次在站点间平均运行速度的波动情况，以反映公交车辆的运行稳定性，具体计算见式(3-4)和式(3-5)。

$$\bar{v}_{\mathrm{s}}=\frac{1}{m}\sum_{i=1}^{m}v_i \tag{3-4}$$

$$V_{\mathrm{vh}}=\sqrt{\frac{1}{N}\sum_{i=1}^{N}(v_i-\bar{v}_{\mathrm{s}})^2} \tag{3-5}$$

式中 V_{vh} ——站间运行速度变异系数；

v_i ——统计期内第 i 个站点与第 $(i+1)$ 个站点间公交车的平均运行速度，km/h；

$\bar{v}_{\mathrm{s}}$ ——统计期内第 i 个站点与第 $(i+1)$ 个站点间 m 趟公交车平均运行速度的均值，km/h；

m ——统计期内公交运行趟次；

N ——公交站点个数。

3.3 基于机器学习的公交运行健康诊断方法

1. 熵值法训练集构建

常用的训练集构建方法包括专家打分法、层次分析法和熵值法等。其中，专家打分法和层次分析法受人为主观因素影响较大。由于完全基于公交运行数据，因此，本研究采用信息熵法以期较为客观地确定评价指标的权重。熵值法能够充分利用现有数据，按照指标值的变异程度来确定其权重，从而避免人为因素导致的偏差。

1）熵值法的计算步骤

熵是一个基本物理学概念，在热力学中它被用来度量物质系统中能量的衰竭程度以及分子无序混乱的程度。对于热力学系统来说，系统的熵值越大，表示系统的能量可以被利用的程度越低；反之，系统的熵值越小，表示系统的能量可以被利用的程度越高。熵值法能够判断某个事件的随机程度，在评价系统中，可根据各项评价指标的波动程度，为多指标综合评价提供依据。对于某个评价指标而言，所有样本此项指标值的差距越大，即波动性越大，熵值就越大，这就意味着该指标对公交线路运行健康与否的作用越大，权重就越大，反之，权重就越小。因此，利用熵这个工具便能根据各项评价指标效用值的差异程度，较为准确地计算出反映公交运行健康状况的各指标的权重值，从而得到公交运行健康诊断的综合得分，进一步可得出公交运行健康诊断标准。熵值法的计算流程如图 3-2 所示。

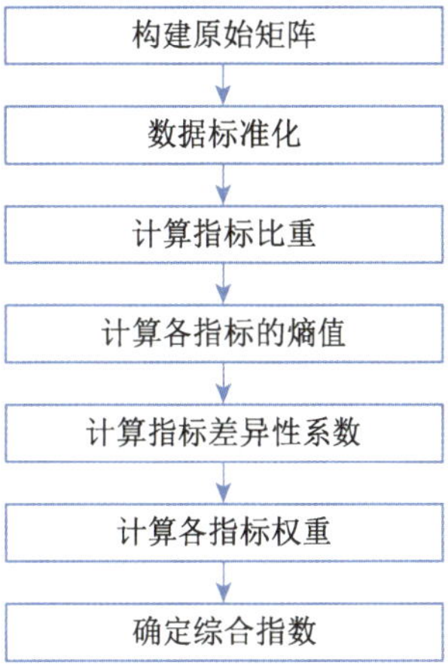

图 3-2　熵值法计算流程

（1）构建原始矩阵

有 n 个样本，m 个评价指标，于是便可得到评价系统的初始数据矩阵 $\boldsymbol{X}=(x_{ij})_{m\times n}$，其中，$x_{ij}$ 表示第 i 个样本在第 j 项指标的计算数值。本研究中共有 455 个公交运行样本，评价指标共有 4 个。

（2）指标数据标准化

由于各个指标的计算方法不同，因此会存在不同的单位与数量级，导致各指标间无法直接进行对比分析。为了解决这个问题，需要对指标进行无量纲化处理。数据的无量纲化是指将数据进行等比例缩放，使得数据能够按照一定的规则缩放至一个较小的区间内，如(0, 1)。对于某些差别较大的指标，可以去除数据的单位限制，将其转化为无量纲的纯数值，以便不同单位、不同数量级的指标通过标准化后可以进行加权与比较。本研究采用最大-最小离差标准化的方法对原始数据进行转换。对于不同的指标，采用不同的计算方法。本研究涉及的诊断指标中，速度属于正向指标，即数值越大，公交运行越健康；运行时间指数、车头时距变异系数和站间运行速度变异系数则属于逆向指标，即数值越小，公交运行越健康。

① 正向指标标准化计算方法：

$$x'_{ij}=\frac{x_{ij}-\min\{x_{1j},\cdots,x_{nj}\}}{\max\{x_{1j},\cdots,x_{nj}\}-\min\{x_{1j},\cdots,x_{nj}\}}\quad(i=1,\cdots,n;\ j=1,\cdots,m)\qquad(3-6)$$

② 逆向指标标准化计算方法：

$$x'_{ij}=\frac{\max\{x_{1j},\cdots,x_{nj}\}-x_{ij}}{\max\{x_{1j},\cdots,x_{nj}\}-\min\{x_{1j},\cdots,x_{nj}\}}\quad(i=1,\cdots,n;\ j=1,\cdots,m)\tag{3-7}$$

(3) 计算第 j 项指标的第 i 个样本占该指标的比重 P_{ij}：

$$P_{ij}=\frac{x'_{ij}}{\sum_{i=1}^{n}x'_{ij}}\quad(i=1,\cdots,n;\ j=1,\cdots,m)\tag{3-8}$$

(4) 计算第 j 项指标的熵值 e_j：

$$e_j=-k\sum_{i=1}^{n}P_{ij}\ln(P_{ij})\quad(i=1,\cdots,n;\ j=1,\cdots,m)\tag{3-9}$$

其中，$k=\frac{1}{\ln n}$，所以 $0<e_j<1$。

(5) 计算第 j 项指标的差异系数 d_j，一般而言，差异系数越大，熵越小：

$$d_j=1-e_j\quad(j=1,\cdots,m)\tag{3-10}$$

(6) 计算第 j 项指标的权重 w_j：

$$w_j=\frac{d_j}{\sum_{j=1}^{m}d_j}\quad(j=1,\cdots,m)\tag{3-11}$$

(7) 最后根据指标权重确定综合指数，对于第 i 个样本，其综合指数计算如下：

$$F_i=\sum_{j=1}^{m}w_jP_{ij}\quad(i=1,\cdots,n;\ j=1,\cdots,m)\tag{3-12}$$

2) 公交运行健康诊断标准划分

为了对公交运行健康诊断标准进行划分，本书首先引入统计学中分位数的概念，对于 n 个公交运行健康综合指数构成的集合 $\{x_1,x_2,\cdots,x_n\}$，其中，$x_1<x_2<x_3<\cdots<x_n$，借鉴交通工程界 85%位车速、50%位车速、15%位车速的概念，85%位车速与 15%位车速的差别体现了路段上运行的车辆的速度波动情况。85%位车速和 15%位车速通常被用作道路限速的最高值与最低值，若车辆的运行速度高于 85%位车速，则认为车辆超速；若车辆的运行速度低于 15%位车速，则认为行驶速度过低。交通工程界采用分位法的条件是统计期内速度服从正态分布，因此，需要对综合指数进行数据分布分析，利用频率分布直方图和 Q-Q 图对综合指数进行正态分布验证。

(1) 频率分布直方图

图 3-3 为综合指数分布直方图，可以看出综合指数分布基本服从正态分布。其偏度系数为 0.097，峰度系数为 0.611，两个系数都小于 1，故认为其近似服从正态分布。

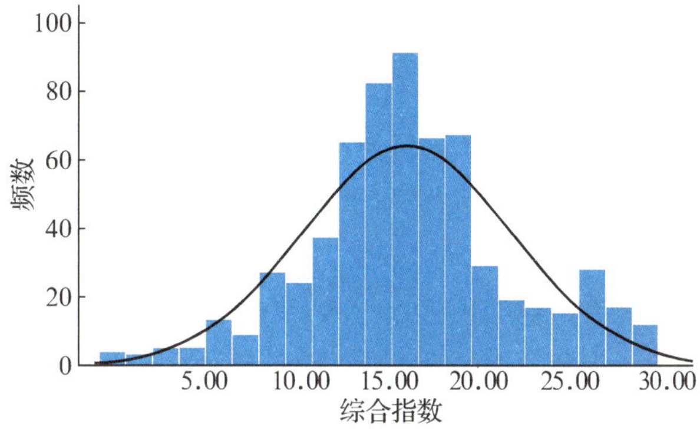

图 3-3　综合指数分布直方图

（2）Q-Q 图

Q-Q 图是指依据实际的数据分布分位数与理论正态分布对应的分位数所绘制的散点图。通过 Q-Q 图能够直观地检测出数据是否服从某个指定的理论分布。若图中数据点都分布在对角线上，即可证明数据符合正态分布。

图 3-4 为针对综合指数所绘制的 Q-Q 图。可以看到，数据基本均匀地分布在对角线上，说明综合指数服从正态分布。

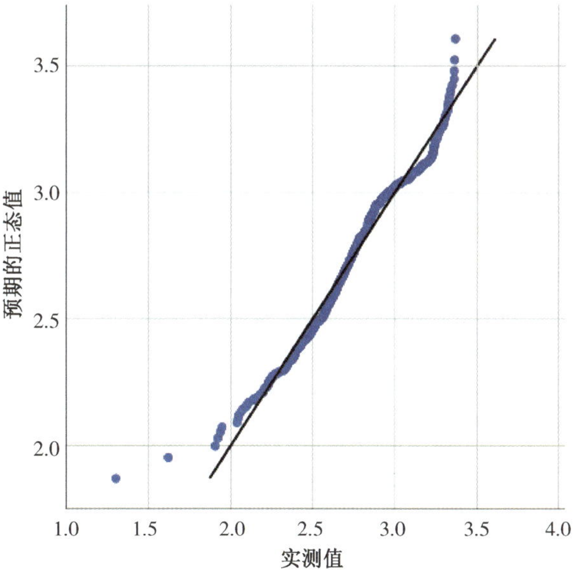

图 3-4　综合指数 Q-Q 正态分布图

将公交运行综合指标的 85%分位数、50%分位数和 15%分位数作为分级的参考值。上海市交通指数等级划分为四级，用不同颜色表示：畅通（深绿）、较畅通（浅绿）、拥堵（橘黄）、严重拥堵(暗红)。参考此命名规则,结合文献[57]中对于公交线路"健康指数"的定义,将公交运行健康状况也划分为四级:非常健康、比较健康、亚健康和不健康,即当公交运行综合得分低于其15%分位数时,认为公交运行处于不健康状态;当综合指数在15%分位数与50%分位数之间时,认为公交运行处于亚健康状态;当综合指数在50%分位数与85%分位数之间时,认为公交运行处于比较健康状态;当综合指数高于85%分位数时,认为公交运行处于非常健康的状态。

在以往研究中,有研究者根据公交运行速度,并参考了《城市道路交通规划设计规范》中的相关标准,将公交线路的服务水平划分为5个等级,如表3-3所列。

表3-3　公交服务水平等级划分[180]

等级	一级	二级	三级	四级	五级
运行速度/($km \cdot h^{-1}$)	≥25	[16, 25)	[13, 16)	[10, 13)	(0, 10)

2. 机器学习分类模型构建的一般步骤

1) 机器学习分类模型构建流程

依据综合指数取值范围,为训练集中每一条公交线路运行状况的样本赋值,将运行状态不健康赋值0,运行状态亚健康赋值1,运行状态比较健康赋值2,运行状态非常健康赋值3。健康等级是根据综合指数判断的,但无法通过运行数据直接计算,综合得分不作为特征值。表3-4所示为机器学习算法需要用到的训练集特征描述,共有455个样本。

表3-4　训练集特征描述

特征名称	描述	数据格式
v	全程运行速度,单位为km/h	float
T_r	运行时间指数	float
C_{vh}	车头时距变异系数	float
V_{vh}	站间运行速度变异系数	float
Healthy_judge	健康等级判断(取值0, 1, 2, 3)	int

将数据集分为训练集(training set)和测试集(test set),应用机器学习算法在训练集的样本上学得分类模型,然后在测试集上检验分类模型的性能。利用机器学习分类算法判断公交运行健康等级,流程如图3-5所示。

2) 模型效果评估

(1) k折交叉验证

分类模型不仅要具备良好的分类功能,还要有好的泛化能力。k折交叉验证是目前应

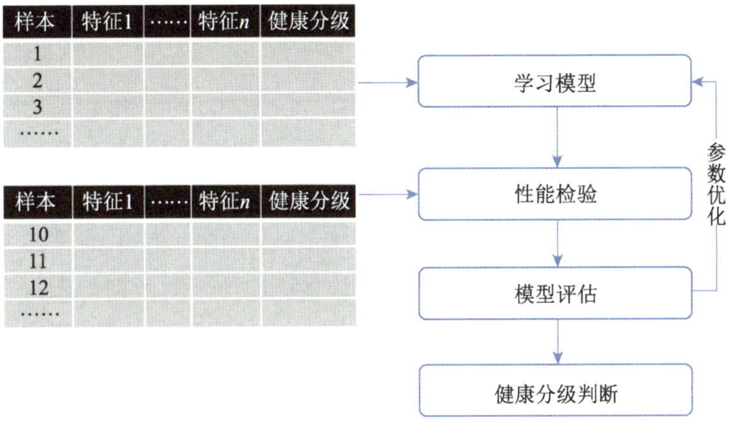

图 3-5　机器学习分类算法一般流程

用最多的验证方法。本书采用 k 折交叉验证的方法来验证模型的泛化能力。

图 3-6 所示为 5 折交叉验证示意。首先，将数据集 D 划分为 5 个大小一致的子集，子集间互斥且尽可能使数据分布保持一致。其次，每次使用其中 4 个子集的样本作为训练集，剩余的一个子集作为测试集，如此可以得到 5 个测试结果。最后，计算 5 个测试结果的性能指标平均值，将其作为最终结果。如果经过交叉验证得到的模型性能指标较好，则表明该模型具有很强的泛化能力。

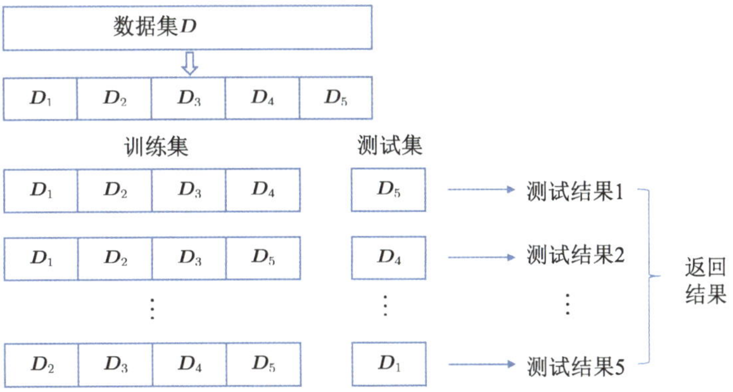

图 3-6　5 折交叉验证示意

(2) 模型分类性能评价指标

对于多标签的机器学习分类任务，常用的评价指标包括准确率(accuracy)、精确率(precision)、召回率(recall)、F1_Score 和混淆矩阵(confuse matrix)。

① 准确率

准确率是机器学习分类算法中最基本的评价指标，也是模型参数优化的基础指标之一，其定义是分类正确的样本数($correct$)占测试集总样本数($total$)的百分比，公式如下：

$$Accuracy = \frac{correct}{total} \tag{3-13}$$

准确率是评价分类系统好坏的一项基本指标，但是对于分布不均衡的样本，这个指标将不再可靠，因此就需要从多个角度来评价模型的分类效果。

② 精确率

精确率反映的是被预测为正例的样本中实际也是正例的比例，对于多分类问题，精确率是针对每一个分类标签的评估指标。以健康状态标记为 0 的类别为例，正例指的是其分类标签为 0，负例指的是其分类标签不为 0，分类器的混淆矩阵如表 3-5 所列。

表 3-5　分类器的混淆矩阵

真实的类	预测的类	
	正例(健康状态为 0)	负例(健康状态不为 0)
正例(健康状态为 0)	TP	FN
负例(健康状态不为 0)	FP	TN

精确率计算见式(3-14)：

$$P = \frac{TP}{TP + FP} \tag{3-14}$$

③ 召回率

召回率反映的是所有的正例样本中被正确预测的比例，其计算见式(3-15)：

$$R = \frac{TP}{TP + FN} \tag{3-15}$$

④ F1_Score

精确率和召回率是一对矛盾度量，综合考虑了精确率和召回率的度量指标是 $F1\_Score$，$F1\_Score$ 越大表示模型的性能越好，其计算见式(3-16)：

$$F1\_Score = \frac{2 \times P \times R}{P + R} \tag{3-16}$$

⑤ 混淆矩阵

混淆矩阵又叫作错误矩阵，它反映了不同分类结果的混乱程度，通过混淆矩阵可以非常直观地观测到机器学习算法分类的效果。混淆矩阵每一列的值代表样本的预测分类值，每一行的值代表样本的实际分类值。混淆矩阵的第 i 行第 j 列的值是指实际上是类别 i 却被错误地分到类别 j 的样本个数。在混淆矩阵中，对角线上数值越大，代表类别分类正确的数量越多，即分类效果越好。

本书分别采用 K-近邻算法和决策树算法利用构建的训练集建立分类模型，依据评估指标从中选取分类效果较好的模型，从而对案例城市公交运行状况进行健康等级分类诊断。

3.4　案例分析

本书选取佛山市几条典型公交线路作为案例训练集，包括 391 路、125 路和 123 路这三条公交线路。其中，125 路为市区内公交，391 路为郊区公交，123 路为连接市区与郊区的公交。本研究所选取的这 3 条典型公交线路基本上能够代表佛山市整体公交运行健康情况。本研究提取了某个工作日 3 条公交线路共 455 个发车班次的有效数据，并以这 455 个班次作为样本训练集。

3.4.1　熵值法训练集构建

按照本书 3.3 节的计算步骤，首先根据分位法判断准则，可以得到佛山市公交运行健康状况判断标准，如表 3-6 所列。

表 3-6　佛山市公交运行健康状况判断标准

运行状况	不健康	亚健康	比较健康	非常健康
综合指数区间	≤ 13.64	(13.64, 16.79]	(16.79, 20.21]	> 20.21
公交运行状态描述	公交运行速度小于 13 km/h，比自由流速状态多花费的时间大于 45%，车头时距变异系数大于 0.75，站间运行速度变异系数超过 9 km/h	公交运行速度基本分布在 13～18 km/h，比自由流速状态多花费的时间为 30%～50%，车头时距变异系数控制在 0.75 以内，站间运行速度变异系数分布在 7～9 km/h	公交运行速度基本分布在 16～27 km/h，比自由流速状态多花费的时间为 20%～40%，车头时距变异系数控制在 0.5 以内，站间运行速度变异系数分布在 6～8 km/h	公交运行速度超过 25 km/h，比自由流速状态多花费的时间小于 30%，车头时距变异系数控制在 0.3 以内，站间运行速度变异系数稳定在 6 km/h 以内

本书得到的佛山市公交运行健康状况诊断标准的速度分布基本与以往研究得到的结论较为一致。图 3-7 为三条线路的公交运行综合指标统计结果。

从图 3-7 可以看出，公交 391 路大部分班次的运行都处于非常健康或者比较健康的状态，这可能是因为该线路位于郊区，运行效率很高。而公交 123 路和 125 路早高峰运行状况较差，大部分处于不健康的状态。这主要是因为公交 123 路和 125 路的部分或全部线路位于市区内，其运行状况受早高峰交通影响较大，尤其是线路全部在城区内的公交 125 路，其

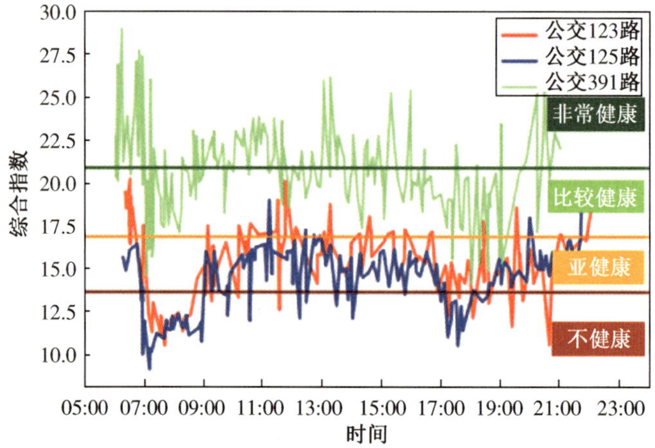

图 3-7　三条公交线路的运行综合指数统计结果

运行状况最差。

采用熵值法计算各项指标的权重,结果如表 3-7 所列。

表 3-7　熵值法计算各指标的权重结果

健康诊断指标	熵值 e_j	差异系数 d_j	权重 w_j
全程运行速度 v	0.984	0.016	0.514
运行时间指数 T_r	0.993	0.007	0.242
车头时距变异系数 C_{vh}	0.995	0.005	0.167
站间运行速度变异系数 V_{vh}	0.998	0.002	0.078

根据各指标的权重计算结果可以看出,对公交运行健康状况诊断作用最大的指标为全程运行速度,其次是运行时间指数,然后是车头时距变异系数,而站间运行速度变异系数对综合指数的影响最小。全程运行速度是表征公交运行健康状况的最主要指标。

3.4.2　算法求解

1. KNN 分类算法

1）算法流程

KNN 算法即 K-近邻算法,是一种思路简单且直观的分类算法,该算法因其高精度、对异常值不敏感的优点,故常被用于解决二分类问题和多分类问题。但是,KNN 分类算法属于惰性学习方法,它不会提前建立分类器,而是依次计算待分类样本与训练集中每个样本的相似程度,因而计算量比较大,用时较长。

KNN 算法的原理是通过测量不同特征值之间的距离来进行分类,从训练集中搜索出

k 个最接近测试样本的训练样本，再从这 k 个训练样本中得出主要类别标签（在本书中指健康分级标签），再将主要类别标签赋予测试样本。KNN 算法实现流程如表 3-8 所列。

表 3-8 KNN 算法实现流程

KNN 分类算法
1：输入：数据集 $D=\{(x_1, y_1), \cdots, (x_m, y_m)\}$，$x$ 特征矩阵，y 健康分级
2：随机取 70%的数据作为训练集 D，30%的数据作为测试集 T
3：**for** 测试集 ***T*** 每行样本值 ***t*** **do**
4：根据距离函数 ***Distance*（*D*，*T*）**分别计算 ***t*** 与训练集数据之间的距离
5：按照距离的递增关系排序
6：获取距离最近的 k 个点
7：获取 k 个点中分类最多的那一类，return
8：**end for**
9：输出：测试集最终分类结果

2）模型参数优化

在 KNN 分类算法中，主要的参数包括 k 值和距离函数。

（1）k 值选取

KNN 分类算法的分类效果很大程度上依赖于 k 值的选取，如果 k 值取得过小，一旦数据中有噪声将会对预测结果产生较大影响，例如当 $k=1$ 时，一旦最近的一个点是噪声，就会出现偏差，k 值减小意味着整体模型变得复杂，容易发生过拟合。如果 k 值取得过大，就相当于用较大邻域中的训练实例进行预测，学习的近似误差会增大，这时与输入目标点较远的实例也会对预测起作用，从而使预测结果有误。k 值增大意味着整体模型变得简单，当 $k=$样本数时，相当于取全部的实例，即为取实例中某分类下最多的点，这对于预测而言就没有什么实际意义了。图 3-8 为经过模型训练后，不同的 k 值对健康判断准确率的影响，距离函数采用欧氏距离，准确率采用 5 折交叉验证取平均值的计算方法。

从图 3-8 可以看出，对于本书所构建的训练集，当 $k=15$ 时，分类效果最好，准确率达到了 0.925。随着 k 值增加，准确率逐渐下降。

（2）距离函数选取

常见的距离函数有欧氏距离、曼哈顿距离和切比雪夫距离。

欧氏距离是经常被使用的一种距离测量方法，又叫作欧几里得度量，主要衡量 n 维空间中目标点与训练样本之间的绝对距离，计算见式(3-17)：

$$Distance(X, Y)=\sqrt{\sum_{i=1}^{n}(x_i-y_i)^2} \tag{3-17}$$

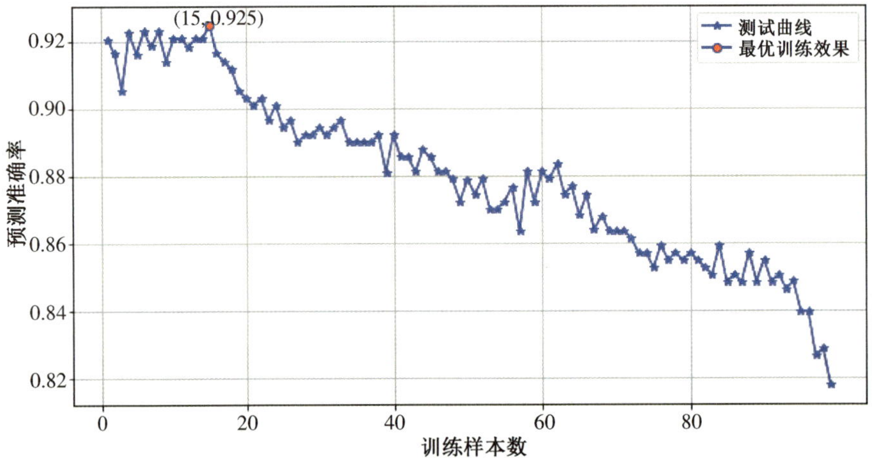

图 3-8　k 值学习曲线

曼哈顿距离源于城市区块距离，是将多个维度上的投影距离进行求和：

$$Distance(X, Y) = \sum_{i=1}^{n} |x_i - y_i| \tag{3-18}$$

切比雪夫距离定义为两点在各维度上的投影距离的最大值：

$$Distance(X, Y) = \lim_{p \to \infty} \left(\sum_{i=1}^{n} |x_i - y_i|^p\right)^{\frac{1}{p}} \tag{3-19}$$

图 3-9 为不同距离函数下，当 k 取值范围为 1～20 时，对应的模型准确率。

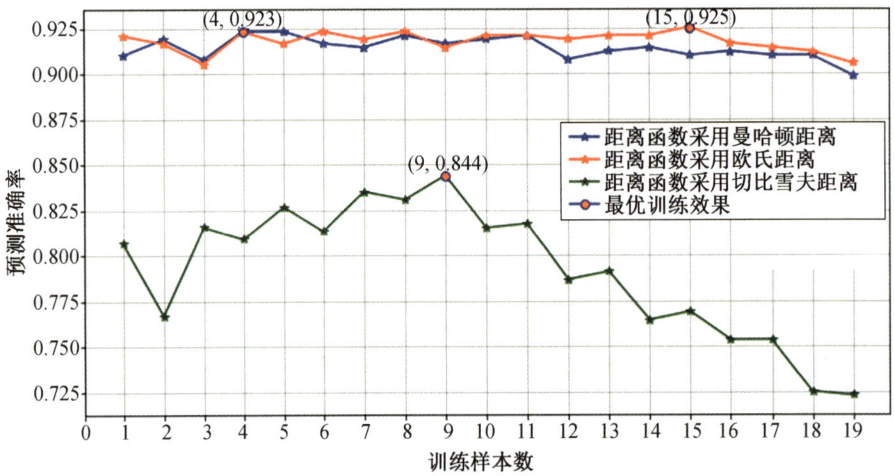

图 3-9　不同距离函数学习曲线

由图 3-9 可知，当 $k=15$ 且距离函数取欧氏距离时，模型分类效果最好，准确率为 0.925。模型参数优化后的指标评估结果如表 3-9 所列。

表 3-9　模型参数优化后各指标评估结果

健康分类标签	精确率	召回率	*F1_Score*
0(不健康)	0.91	0.85	0.84
1(亚健康)	0.84	0.93	0.88
2(比较健康)	0.96	0.96	0.96
3(非常健康)	1.00	0.94	0.97
整体准确率	0.925		

2. 决策树分类算法

1）算法流程

决策树(decision tree)是一种常见的机器学习算法，其决策过程可以用树结构来表示，如图 3-10 所示。

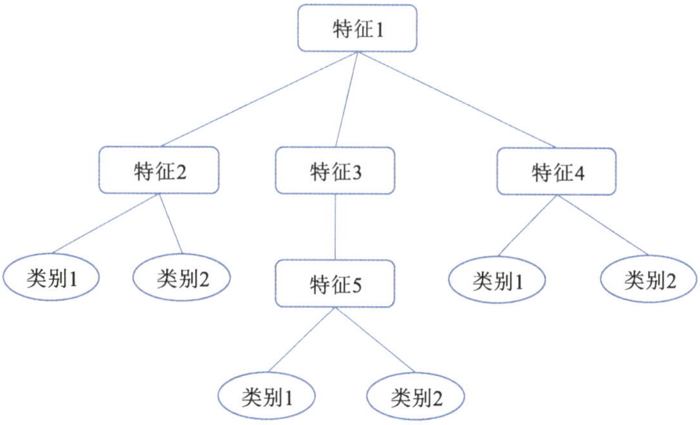

图 3-10　决策树决策过程

决策树一般由一个根节点、若干内部节点和若干叶节点组成。其中，根节点和内部节点表示决策过程中的划分特征，叶节点表示最终对样本的决策结果。每一条从根节点到叶节点的路径都代表一个判定测试序列。图 3-10 中，特征 1 为根节点，根节点包含了数据集中的所有样本。特征 2 至特征 5 属于内部节点，它们是决策过程中的判断条件，符合判断条件的样本被划分到对应的内部节点。类别 1 和类别 2 为叶节点，是样本最终被判定的类别。决策树基本算法流程如图 3-11 所示，具体分类算法如表 3-10 所列。

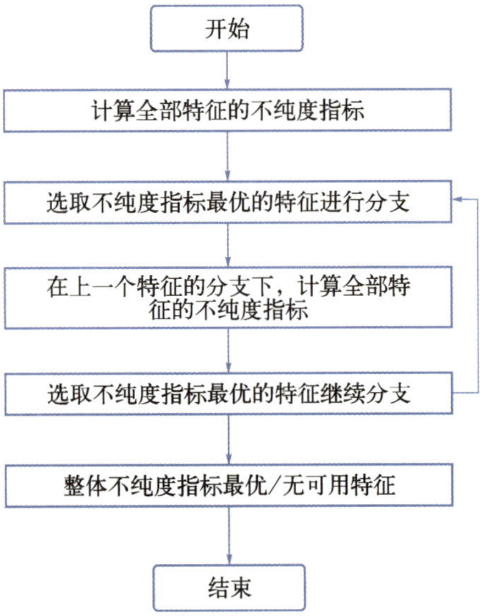

图 3-11　决策树算法流程

表 3-10　决策树分类算法

决策树分类算法
1：输入：数据集 $D=\{(x_1, y_1), \cdots, (x_m, y_m)\}$，特征集 $T=\{t_1, \cdots, t_d\}$
2：函数 TreeGenerate(D, T)
3：计算特征集的不纯度
4：选取不纯度最优的特征，生成节点 n
5：if 训练集中所有样本都属于同一类 C，then
6：将 n 标记为类别 C 的叶结点，return
7：end if
8：if 训练集 D 中样本的所有特征值差异在阈值范围内，then
9：将 n 标记为叶节点，其表示的类别为训练集 D 中样本数量最多的类，return
10：end if
11：if 训练集 D 中样本的特征值差异不在阈值内，then
12：从特征集中选择最优划分属性 t_*
13：for t_* 每个值 t_*^v do
为 n 生成一个分支，令 D_v 表示 D 中在 t_* 上取值为 t_*^v 的样本子集
14：if D_v 为空，then
15：分支节点标记为叶节点，类别标记为训练集中样本数最多的类，return
16：else
17：以 TreeGenerate (D_v, $T\backslash\{t_*\}$) 作为分支节点
18：end if
19：end for
20：输出：以 n 为根节点的决策树

2）模型参数优化

（1）“纯度”指标划分参数

决策树学习的关键在于选择最优的划分特征，也就是如何从众多特征中选择合适的特征来构建决策树。目前，有三种决策树算法可以准确高效地选出合适的特征，它们分别是ID3决策树算法、C4.5决策树算法和CART决策树算法。ID3决策树算法是使用信息增益判断当前节点应该用什么特征来构建决策树，特征的信息增益越大表示使用该特征划分类别的效果越好。C4.5决策树算法使用增益率来选择最优划分特征。CART决策树算法则使用基尼指数来选择最优划分特征。对于小样本来说，信息熵方法非常容易产生过拟合现象，而基尼系数在样本数量较少的情况下，分类效果往往比较好。当模型拟合程度不足，即发生欠拟合现象的时候，可以使用信息熵。

对于本书而言，由于特征较少、数据维度不高，因此采用CART决策树算法较为合适。在决策过程中，如果每个分支节点所包含的样本都属于同一类，那么这样的节点更有意义，即节点的“纯度”越高越好。

样本集 D 的基尼值表达式为

$$Gini(D)=\sum_{i=1}^{|y|}\sum_{k\neq i}p_i p_k \tag{3-20}$$

式中 p_i ——样本集 D 中第 i 类样本所占比例；

p_k ——样本集 D 中第 k 类样本所占比例；

y ——样本集 D 中样本种类数。

基尼值的含义为从样本集 D 中随机抽取两个样本，二者所属类别不一致的概率。基尼值越小，表示样本集 D 的纯度越高。样本特征 t 的基尼指数表达式为

$$Gini(D, t)=\sum_{v=1}^{V}\frac{|D^v|}{|D|}Gini(D^v) \tag{3-21}$$

式中 D ——总样本集合；

D^v ——使用特征 t 对样本集 D 进行划分时，在由该特征划分出的分支节点中的第 v 个分支节点包含的样本集合；

V ——样本总数。

在决策树算法进行决策的过程中，按照特征的基尼指数由小到大依次确定根节点和内部节点，直至构造完决策树。

（2）“剪枝”参数

决策树算法容易产生过拟合问题是指模型对训练集的特征学习得很好，在训练集上性能表现得非常好，但是在测试集上的效果却很差，这样的模型由于泛化能力太差，因此没有实际意义。在决策树算法中，一般通过剪枝处理来解决过拟合问题，以提高决策树的泛化

性能。剪枝处理分为预剪枝和后剪枝。其中，CART 决策树算法采用后剪枝，即先从训练集学得决策树，然后自下而上地对决策树的非叶节点进行考察。通常，考察非叶节点的方法是剪除由该节点生成的分支，即将该节点替换为叶节点。然后，分别计算决策树剪枝前后在验证集上的精度。如果剪枝后的决策树在验证集上的计算精度更高，即剪枝提高了模型的泛化能力，则需要对该分支节点进行剪枝，使之变为叶节点；如果剪枝后的决策树在验证集上的计算精度没有提高，则保留该分支节点。

剪枝策略对决策树的影响巨大，正确的剪枝策略是优化决策树算法的核心。常用的剪枝参数主要包括最大特征个数（max_features）、最大深度（max_depth）、最小叶子数量（min_samples_leaf）和最小信息增益（min_impurity_decrease）。

最大特征个数(max_features)： 是用来限制高维度数据过拟合的一个剪枝参数，表示限制分枝时考虑的特征个数，超过限制个数的特征都会被舍弃。本书中由于特征数只有 4 个，因此参数优化过程中可以不考虑最大特征个数。

最大深度(max_depth)： 是限制决策树的最大深度，把超过设定深度的树直接剪掉。最大深度是对决策树准确率影响最大的剪枝参数，决策树多生长一层，对样本量的需求就会增加一倍，限制决策树的最大深度就能有效地避免限制过拟合现象的发生。图 3-12 为最大深度取值[1, 10]的学习曲线。

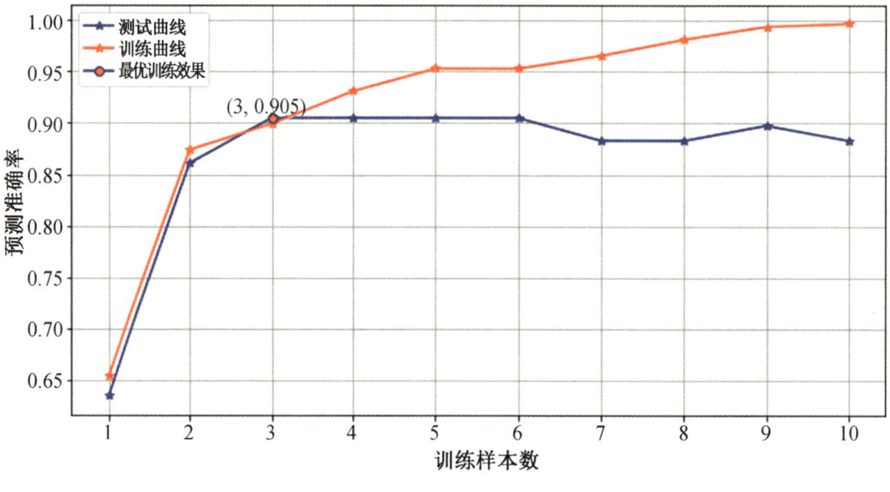

图 3-12 最大深度取值[1, 10]的学习曲线

从图 3-12 可以看出，最大深度范围为[3, 6]时，分类效果较好，当最大深度大于 6 时，过拟合现象会越来越明显。

最小叶子数量(min_samples_leaf)： 决策树中的任意一个节点在分枝后的每个叶子节点都必须包含至少 min_samples_leaf 个样本，否则，就不再继续分支。这个参数如果设置得过小，可能会导致过拟合；如果设置得过大，可能会使模型提前结束，从而导致准确率太低。图 3-13 为最小叶子数量取值[1, 50]的学习曲线。

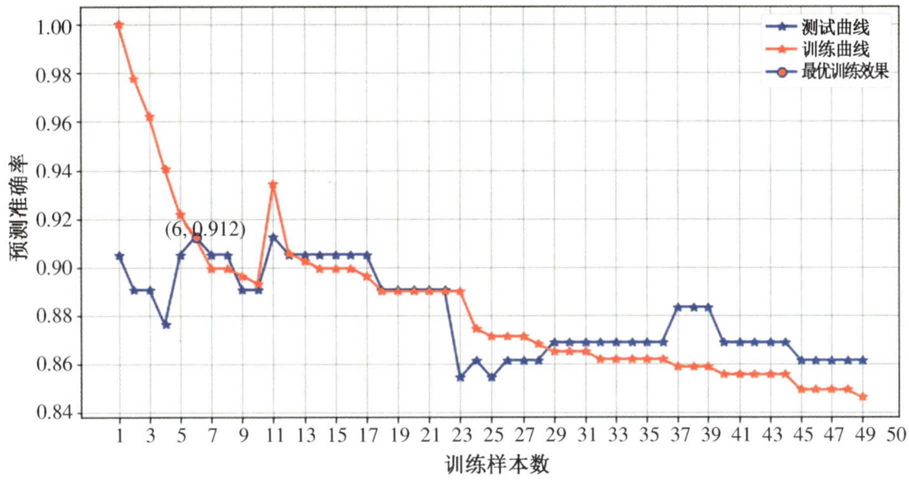

图 3-13　最小叶子数量取值[1, 50]的学习曲线

从图 3-13 可以看出,最小叶子数量取[5, 17]时效果较好,且随着最大叶子数量的增加,模型分类效果逐渐变差。

最小信息增益(min_impurity_decrease): 信息增益值如果小于设定数值,就不会继续分支。图 3-14 为最小信息增益学习曲线。

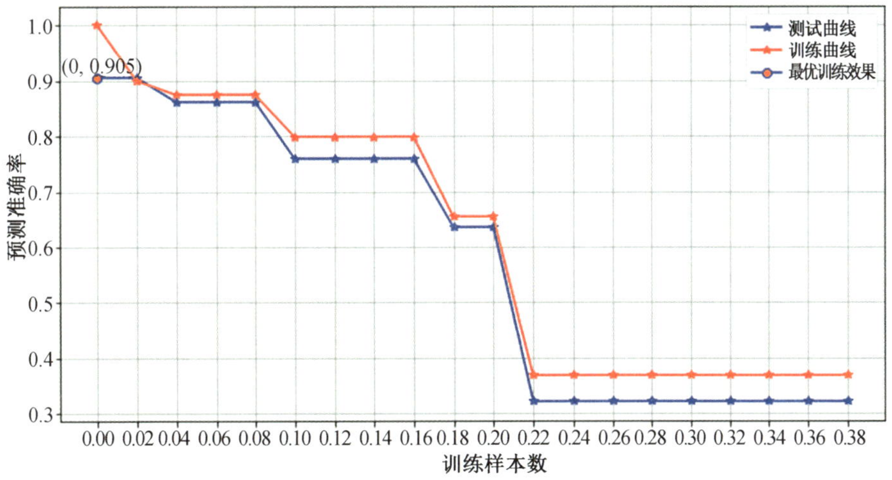

图 3-14　最小信息增益学习曲线

从图 3-14 可以看出,随着最小信息增益参数的增大,准确率一直在下降,当最小信息增益在[0, 0.08]时,效果较好。

根据上述三个参数所得的最优参数范围,我们需要在这些范围中找出最优参数。本书采用网格搜索法来确定最优参数。在所有候选参数中，通过循环遍历，尝试每一种可能性，其中表现最好的参数就是最终结果。该方法的原理是在数组里找最大值，属于枚举法的一种，因此需要先确定最优参数的范围。将最大深度范围[3，6]、最小叶子数范围[5，17]和最小信息增益范围[0，0.08]构造成网格，分别计算准确率，从而得到最优参数。通过网格搜索法得出的最优参数如表 3-11 所列，准确率达到 0.941。决策树模型参数优化后的模型评估结果见表 3-12。

表 3-11　最优参数取值

参数	数值
max_depth	6
min_samples_leaf	12
min_impurity_decrease	0

表 3-12　决策树模型参数优化后各指标评估结果

健康分类标签	精确率	召回率	*F1_Score*
0(不健康)	0.98	0.85	0.91
1(亚健康)	0.88	0.98	0.93
2(比较健康)	0.97	0.93	0.98
3(非常健康)	1.00	0.96	0.98
整体准确率	0.941		

3.4.3　模型效果评估

从整体准确率角度来讲，经 5 折交叉验证后，KNN 分类算法准确率的平均值为 0.925，决策树分类算法准确率的平均值为 0.941，故决策树分类算法的效果较好。对于各分类标签的评价指标来说，决策树分类算法在每个类别中的评价指标几乎都高于 KNN 分类算法，结果如图 3-15 所示。

混淆矩阵是用于判断分类性能好坏的一个评判指标，主要用于有监督学习，通过比较分类结果的实际值与预测分类值之间的差异，能够将算法的分类结果精确地显示在一个矩阵里。通过对比 KNN 算法与决策树算法的混淆矩阵，从图 3-16 可以看出，两种分类算法的分类效果都比较好，均在对角线处数值最大。对于健康等级为 0，即运行状态不健康的公交线路而言，普遍分类效果较差，准确率没有达到 0.9，但从整体效果来看，决策树分类算法对不同健康等级判断的准确率较高，混淆矩阵对角线上的数值大多数都大于 KNN 分类算法，因此，决策树分类算法的效果较好。

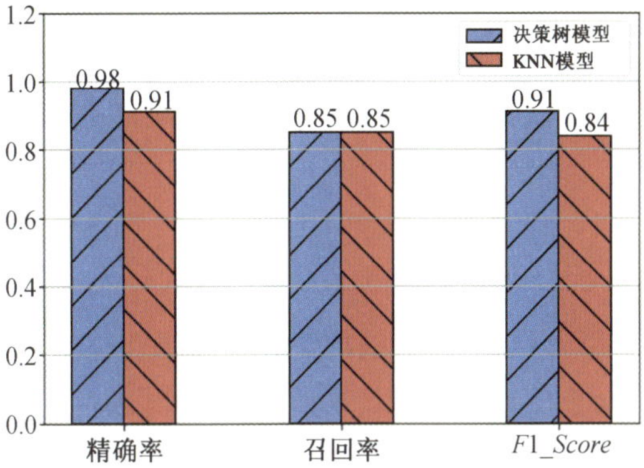

（a）“不健康”分类结果评价

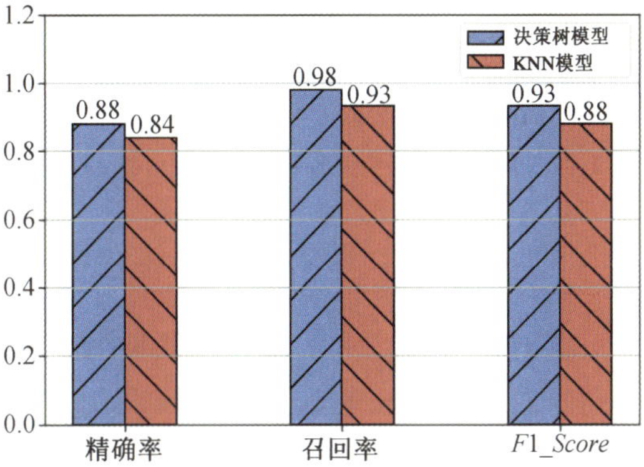

（b）“亚健康”分类结果评价

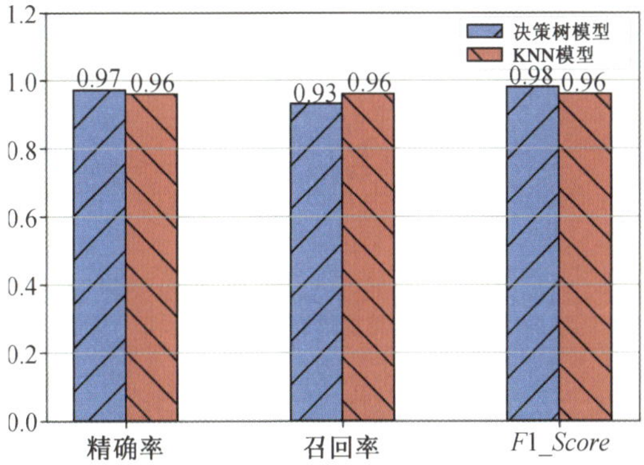

（c）“比较健康”分类结果评价

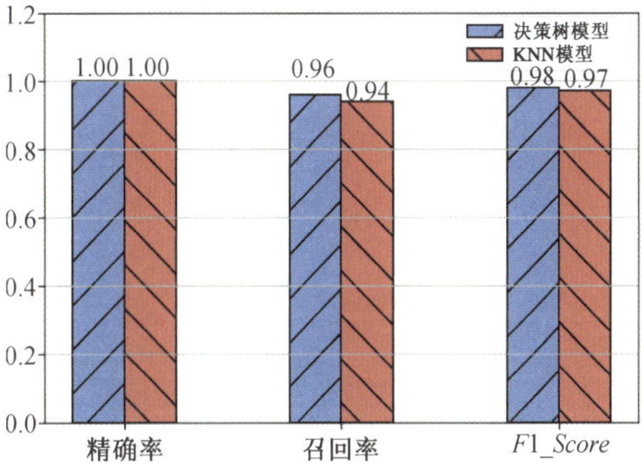

（d）“比较健康”分类结果评价

图 3-15　各评价指标对比

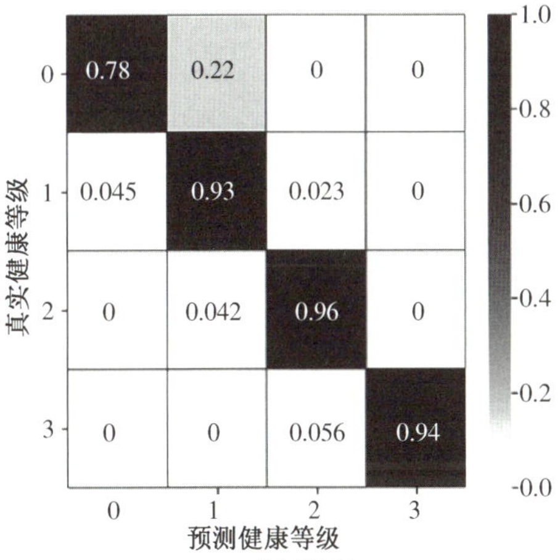

(a) KNN 混淆矩阵

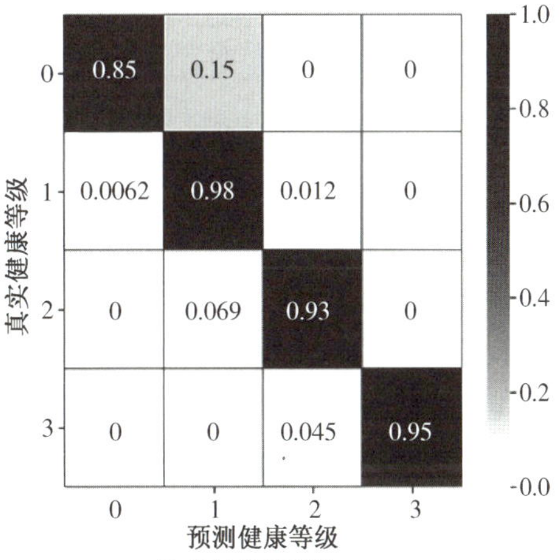

(b) 决策树混淆矩阵

图 3-16　两种算法的混淆矩阵对比

综合对比各项评价指标，决策树分类算法的效果几乎均优于 KNN 分类算法。这主要是因为决策树分类算法对于噪声数据比较不敏感，KNN 分类算法则更适合于数据均匀分布的情况，因此，决策树算法对于公交运行健康分类数据更适合。本书采用决策树算法对佛山市 101 路公交线路的运行状态进行了评价。

3.4.4 公交运行健康状况整体评价

图 3-17 显示了某工作日佛山市公交 101 路运行时空图所对应的健康状况，可以发现在早高峰 7:00—9:00 和晚高峰 17:00—19:00 期间，公交运行健康状况较差，平峰时段存在运行不健康的状况，这可能是由于平峰时段发车间隔设置不合理，导致站点客流很小，存在车辆不停站的情况，从而影响了车辆到站时间的稳定性，进而造成车头时距变异系数和站间运行速度变异系数较大。

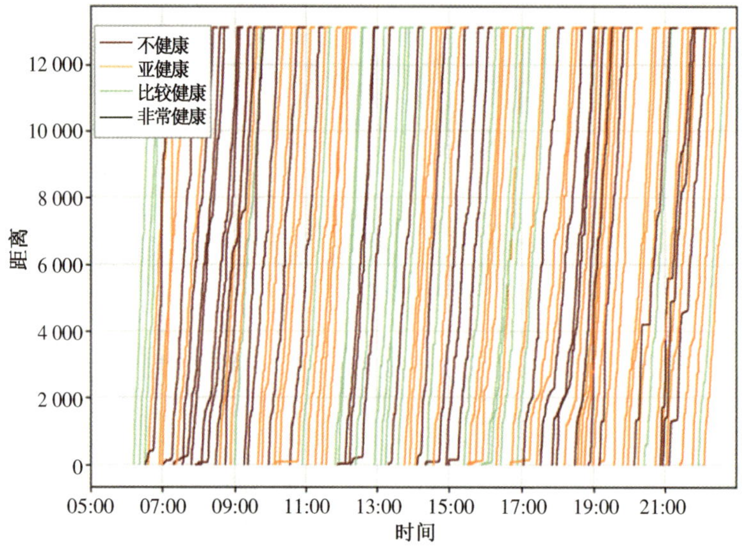

图 3-17 公交 101 路健康等级判断

为了分析 101 路公交线路的整体运行情况，故分别计算了早高峰、平峰和晚高峰时段各表征指标的平均值，并利用决策树算法来判断其健康等级，结果如表 3-13 所列。若公交运行处于非常健康或者比较健康的状态，可不做任何调整；若处于不健康状态，必须调整；若处于亚健康状态，可暂缓调整。表 3-13 显示，101 路公交在 5 天的运行中大多数处于亚健康或者不健康状态，尤其是在早高峰和晚高峰时段，也就是说，101 路公交线路整体运行状况较差，需要进行优化调整。

101 路公交线路的调度现状为公交配车数 18 辆，每天共 91 个班次，为固定发车间隔。统计 5 天内不同时段不健康车次与健康车次的比值，结果如图 3-18 所示，其中早高峰时段 7:00—9:00 和晚高峰时段 17:00—19:00 不健康车次较多。高峰时段道路较为拥堵，车流量较多，对 101 路公交运行影响较大，由此说明路段拥堵对公交运行状况影响较大。

表 3-13　公交 101 路运行状况判断

日期		11月21日	11月22日	11月23日	11月25日	11月25日
健康等级	早高峰	不健康	不健康	亚健康	不健康	不健康
	平峰	比较健康	比较健康	比较健康	比较健康	亚健康
	晚高峰	亚健康	亚健康	不健康	亚健康	不健康
	总体	亚健康	亚健康	亚健康	亚健康	不健康

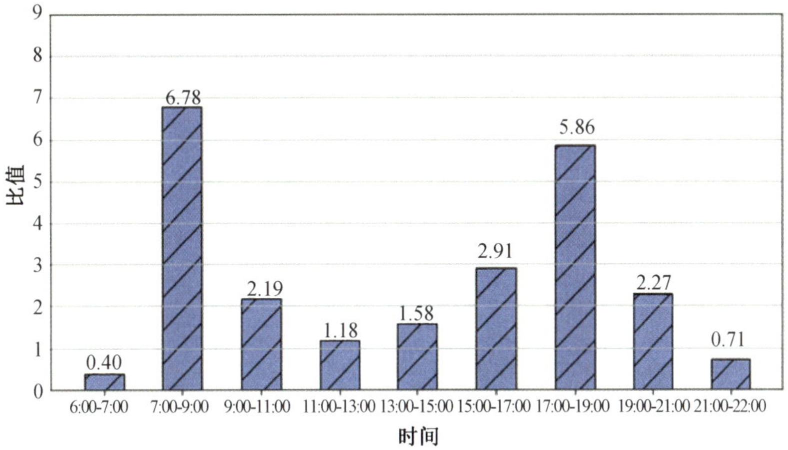

图 3-18　公交 101 路不同时段运行不健康车次与运行健康车次比值

3.5　本章小结

本章首先构建了公交运行健康诊断指标体系以及指标的定义和计算方法。其次，应用熵值法确定指标权重和综合得分，运用分位法确定公交运行健康诊断标准，并根据指标数值和健康分类结果构建有监督机器学习算法所需要的训练集。然后，结合案例城市的公交线路数据，在阐述 KNN 分类算法和决策树分类算法的算法原理、算法流程及参数优化过程的基础上，通过 5 折交叉验证的方法验证其泛化性。根据精确率、召回率、$F1\_Score$ 和混淆矩阵等指标的结果来评估两种算法的有效性，对比发现决策树分类算法在本书所构建的训练集上表现出较好的性能。最后，根据所构建的决策树分类器对佛山市典型公交线路（公交 101 路）进行健康诊断，结果表明，该公交线路整体运行状况处于亚健康状态。

第4章　公交运行健康影响致因分析方法

第3章主要对公交运行健康状况进行了诊断。基于此，本章先对公交运行健康状况的影响因素进行分析，并提出影响因素的定义及特征值计算方法。然后，基于随机森林算法，通过参数优化调整来构建回归模型，从而得到各影响因素对公交运行健康状况的影响程度，并以此分析公交运行瓶颈。

4.1　公交运行健康影响因素分析

公交运行系统是由乘客、车辆、道路网和环境等因素相互影响及作用所形成的复杂系统。不同因素之间相互影响、相互制约，并会受到其他不确定因素的干扰，因此公交运行的稳定性与效率也具有随机性特征。公交运行过程示意如图4-1所示。

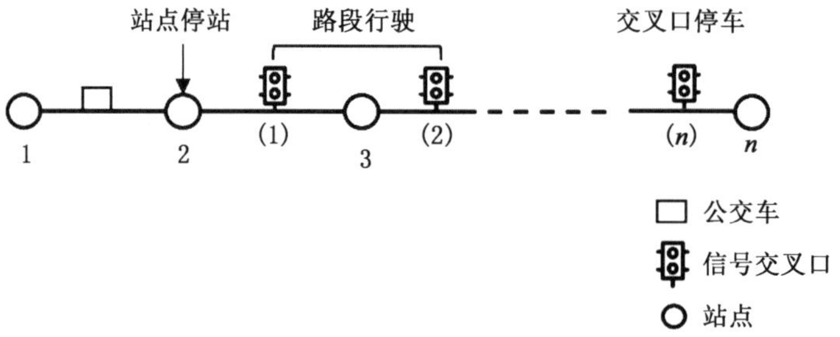

图4-1　公交运行过程示意

本章仅从公交运行层面展开，分析车辆从首站出发、在路段行驶、在站点和交叉口停靠、最终到达末站的运行全过程，因此并不涉及公交线网结构和站点布置、公交线路重复数、非直线系数等公交规划层面的各种影响因素，只针对公交运行过程中的路段延误、交叉口延误和停站时间等进行公交运行健康诊断和致因分析，并针对不同类型的关键影响因素提出改善建议。

1. 路段延误

在公交运行过程中，车辆在路段上的行程时间占公交车辆全程运行时间中的很大一部分。路段拥堵会导致公交行程时间增加，在公交运行过程中，尤其是高峰时段，路段上的交通量显著增加，车流运行速度整体较慢，进而影响了公交运行的速度。因此，在公交运行过程中，路段延误是影响公交运行健康状况的主要因素。

2. 交叉口延误

在公交运行过程中，车辆在交叉口遇红灯排队而产生的延误也是影响公交运行健康状况的一个重要因素，通过交叉口所产生的延误与路段拥堵所产生的延误相比相差不大。当公交车辆到达信号交叉口时，若信号处于红灯相位，需要在交叉口处排队，等待时间越长，延误时间就越长，公交运行健康状况也就越差。如果不能有效减少公交车辆通过信号交叉口的延误，就无法有效提高公交运行效率，改善公交车运行健康状况。

3. 停站时间

公交车停站是指公交车辆慢慢减速进入车站停车上下客，再慢慢加速驶离车站汇入车流的过程。公交车在每个停靠站都会有一个减速停车和加速离开的过程。站点上下车的客流量、公交车上是否采取自动售票等都会影响车辆的停站时间，进而影响公交运行整体健康状况。车站越多，客流量越大，公交车辆的停站时间就越长。

4. 其他因素

驾驶员驾驶行为、天气状况等因素也会影响公交的运行状况。不同的驾驶员由于性格不同、对公交车辆的熟悉程度不同，因此会影响车辆的运行延误。同样地，不同的天气状况、不同的公交车辆性能等也可能会影响公交运行状况。由于常规公交线路为固定发车间隔，因此本章不考虑发车间隔对公交运行状况的影响。

4.2　公交运行健康影响因素的定义及特征值计算

想要量化不同因素对公交运行健康状况的影响，就需要计算出影响因素的特征值。本章基于典型城市公交多源数据和道路网条件，对影响公交运行的主要因素(站点停靠延误、交叉口延误和路段延误)进行定义及量化。

1. 站点停靠延误

站点停靠延误用停站时间来表示，指从公交车辆减速进入站台，到公交车辆完全驶离站台所用的时间。

$$T_s = T_{sl} - T_{sa} \tag{4-1}$$

式中　T_s ——公交车站点停靠延误；

T_{sl} ——公交车驶离站台的时刻；

T_{sa} ——公交车到达站台的时刻。

在有公交车辆定位数据的情况下，将车辆距离站点 50 m 以内且速度小于 8 m/s 标记为停站，若站点 50 m 范围内公交车辆最小速度大于 8 m/s，则标记停站时间为 0，如图 4-2 所示。

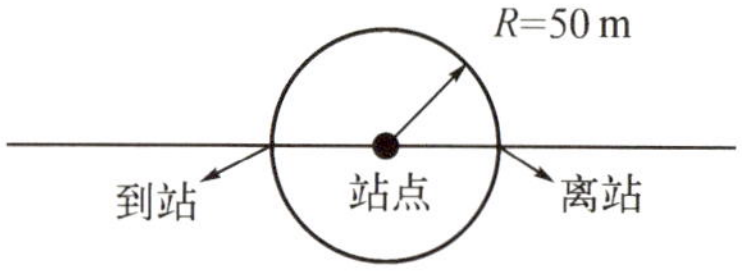

图 4-2　站点停靠延误示意

2. 交叉口延误

由于数据限制，本书仅获取到公交车辆的运行数据，因而未能结合交叉口流量来计算延误，只能通过公交运行 GPS 数据进行计算。交叉口延误是指从公交车进入交叉口减速到完全驶离交叉口这一过程中车辆的延误时间，见式(4-2)。

$$T_c = (T_{cl} - T_{ca}) - \frac{2R}{v_{free}} \tag{4-2}$$

式中　T_c——交叉口延误；

T_{cl}——公交车驶离交叉口的时间；

T_{ca}——公交车驶入交叉口的时间；

R——交叉口影响范围，由于城市道路交叉口视距取 30 m，加上交叉口中心至停车线的距离约为 20 m，因此，取交叉口中心点前后 50 m 作为交叉口影响范围；

v_{free}——自由流速，取值为路段限速。

各交叉口延误时间：我们将每一交叉口附近前后 50 m 公交车辆的实际行驶时间与自由流速下行驶相同距离所用时间相减作为交叉口延误时间，如图 4-3 所示。

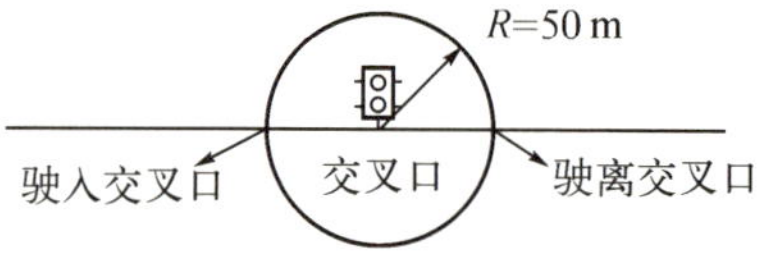

图 4-3　交叉口延误示意

3. 路段延误

路段延误是指公交车在相邻两交叉口之间的路段上行驶所产生的延误时间，见式(4-3)。

$$T_l = (T_{cl(i)} - T_{cl(i-1)}) - \frac{l}{v_{free}} - T_s \tag{4-3}$$

式中　T_l——路段延误；

$T_{cl(i)}$——公交车离开第 i 个交叉口影响范围的时间；

$T_{cl(i-1)}$——公交车离开第 $(i-1)$ 个交叉口的时间；

l——公交车在两个交叉口之间的实际运行距离；

T_s——公交车站点停靠延误。

路段延误为公交车通过某路段的实际时间与计算时间之差。其中，计算时间为公交车辆在交通不拥挤的情况下以自由流速通过该路段的时间。但是，对于公交运行来说，两个交叉口之间可能有公交站点，站点停靠延误已单独计算，因此以上计算出的路段延误需减去站点停靠延误，如此才是实际的路段延误，路段延误示意如图 4-4 所示。

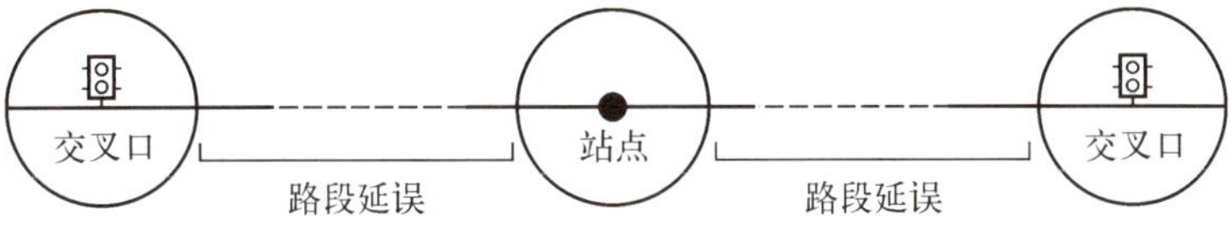

图 4-4　路段延误示意

4.3　基于随机森林的公交运行致因分析方法

1. 随机森林优化原理

在各类机器学习算法中，除了像本书第 3 章提到的决策树、KNN 这类单一学习算法外，还有目前非常热门的集成学习(ensemble learing)机器学习算法。集成学习是指先在训练集上训练几个个体学习器，然后再通过某种策略将它们结合起来，最后形成一个强学习器，如图 4-5 所示。这种将多个个体学习器结合起来的方法，通常比单一学习器具有更好的泛化性能。

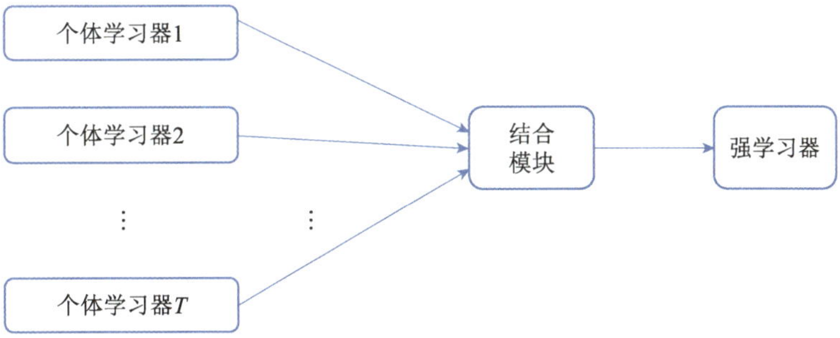

图 4-5　集成学习示意

随机森林算法是基于 Bagging 算法(Boostrap aggregating 即引导聚集算法，又称为装袋算法)的一种集成学习算法。要想解释随机森林算法，首先需要对 Bagging 算法进行阐述。Bagging 算法是并行式集成学习算法的代表，可以并行生成若干个没有依赖关系的个体学习器。Bagging 算法基于自助采样法(Bootstrap sampling)从包含 m 个样本的训练集 D 中采集 T 个采样集以用于训练个体学习器，每个采样集都和原训练集一样大小。自助采样法是指每次先从训练集 D 中随机取一个样本放入采样集，然后再将该样本放回训练集 D，因此下次采样时这个样本仍有机会被选中。对训练集 D 随机采样 m 次，就可以得到一个包含 m 个样本的采样集。按照上述步骤，可以采样出 T 个包含 m 个样本的采样集，进而训练出 T 个个体学习器。最终将 T 个个体学习器进行结合得到一个强学习器。在将几个个体学习器的输出结果进行结合时，对于回归问题的预测采用简单平均法，即把所有个体学习器的预测结果的平均值作为集成学习器的预测结果；对于分类问题使用简单投票法，即把 T 个个体学习器的预测样本 x 所属类别数量最多的作为最终的分类类别。

随机森林算法是 Bagging 算法的一个扩展版本。图 4-6 所示为随机森林算法学习过程示意图。随机森林算法是一种以 CART 决策树作为个体学习器的集成机器学习算法。首先，通过自助采样法从含有 m 个样本的训练集 D 中采集 T 个采样集。然后，对每个采样集使用决策树算法进行学习。随机森林算法之所以被称为扩展版的 Bagging 算法是由于它在 Bagging 算法集成的基础上，在训练决策树时引入了随机特征选择。传统的决策树算法在选择树的节点进行特征划分时，会从当前节点的所有特征中选择一个最优特征。而随机森林算法中的决策树则是先从当前节点的全部特征中随机选取一个特征子集，再从该特征子集中选取一个最优特征来构造决策树。这样则进一步加强了集成学习器的泛化性能。最后，使用简单投票法投出对样本的预测结果。

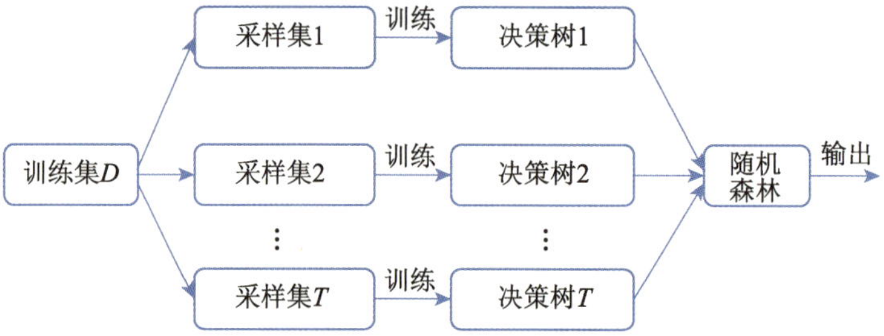

图 4-6　随机森林算法学习过程示意

随机森林算法流程如表 4-1 所列。

表 4-1　随机森林算法流程

随机森林算法
1：输入：数据集 $D=\{(x_1, y_1), \cdots, (x_m, y_m)\}$，特征集 $T=\{t_1, \cdots, t_d\}$
k：k 个基学习器(决策树学习器)
2：随机抽取 70%的数据作为训练集 D_{tr}，30%的数据作为测试集 D_{te}
3：for $i=i$ to k do
4：随机有放回地从数据集 D 中抽取 N 个样本作为第 i 个决策树的训练集 D^*
5：指定常数 $m<M$，随机从 M 个特征中选取 m 个特征子集，形成特征集 T^*
6：构建决策树模型 TreeGenerate(D^* , T^*)，每棵树都最大限度地生长
7：end for
8：生成 k 个决策树模型
9：让 k 个决策树模型都对测试集 D_{te} 进行分类预测，返回分类最多的分类标签

随机森林算法在处理很多现实任务时展现出了强大的性能，它可以并行训练多个个体

学习器，从而大大减少了处理大数据的计算量。并且，随机森林算法的原理简单易懂，训练模型简便。此外，随机森林算法不仅通过自助采样引入了样本扰动，还在决策树训练过程中引入了特征扰动，这就使得随机森林算法的泛化能力非常强，不容易出现过拟合的问题。但是，如果样本集的噪声较大，则会对随机森林算法的拟合产生较大影响。

2. 影响因素重要性评价

随机森林模型可以输出各影响因素对公交运行健康状况等级的影响程度大小。变量重要性评分是使用模型精确度的减少量衡量相应变量的影响力。具体做法是：随机地给各个特征变量添加噪声数据，计算随机森林模型的准确率变化值，根据准确率的变化幅度来评价变量的重要性。如果减少某个自变量的噪声后，模型的准确率提高了，说明该变量的重要度较高。影响因素特征 t 的重要性计算见式(4-4)：

$$I(t)=E_{O}(g)-E_{O}^{(n)}(g) \tag{4-4}$$

式中　$E_{O}(g)$——随机森林模型的袋外误差；

$E_{O}^{(n)}(g)$——当特征 t 的值受到噪声扰动时，随机森林模型新的袋外误差。

$I(t)$ 的值越大，表明影响因素特征 t 对随机森林模型的袋外误差的影响越大，其对公交运行健康状况的影响也就越大。

4.4　案例分析

1. 随机森林算法优化与评估

1）类别不均衡问题

采用本书第 3 章决策树算法，对佛山市公交 101 路 5 天(11 月 21 日至 11 月 25 日)共 431 趟班次的公交运行健康等级进行判断，统计结果如图 4-7 所示。

由此可见，在 4 个健康等级类别下样本分布非常不均衡，这种不均衡会对模型的学习过程产生重大干扰，从而影响模型的性能。在多分类任务中，如果不同类别的样本数量悬殊，学习器很难从样本数量少的类别中学习到有效信息，从而导致样本数量少的类别被错误地预测为样本数量较多的类别。然而，现实生活中的分类任务经常是类别不均衡的，如何从类别分布不均衡的样本中训练出一个合理且有效的学习器一直是许多学者

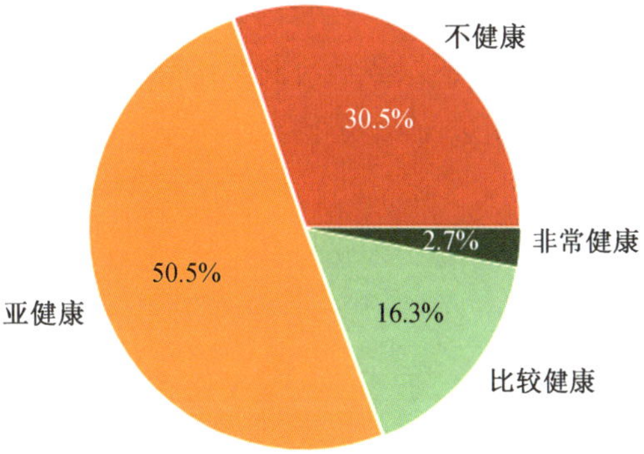

图 4-7　公交 101 路健康等级判断结果统计

致力研究的问题。常用的解决办法有：在数据层面，对样本重采样，如对稀有样本进行“过采样”和“欠采样”；在算法层面，使用集成学习或代价敏感方法。

本书采用过采样算法来解决样本不均衡的问题。常见的过采样算法有朴素随机过采样和人工少数类过采样(Synthetic Minority Oversampling Technique, SMOTE)。朴素随机过采样对少数类的样本随机采样，使得所有类别的样本数量达到一致。这是最简单的过采样方法。由于这种采样方法只是简单复制样本，并没有引入新的数据，模型学习到的信息不够泛化，因此训练得到的模型容易过拟合。对此，N. V. Chawla 等[181]提出了一种改进的 SMOTE 过采样算法。SMOTE 算法对样本进行采样的流程如下：

(1) 对少数类别中的样本 x_i，计算其与周围样本的欧氏距离，找出距离最近的 k 个近邻。

(2) 从 k 个近邻中随机选择一个样本 x_n。

(3) 根据 x_i 和 x_n 按照式(4-5)合成新的样本。

$$x_{\text{new}} = x_i + random(0, 1) \times |x_i - x_n| \tag{4-5}$$

其中，$random(0, 1)$ 表示生成 0～1 之间的随机数。SMOTE 算法不是通过简单随机复制原始样本进行采样，而是通过确定的算法根据原始数据生成新的样本，从而有效解决过拟合问题。本书采用 SMOTE 算法使四种类型的样本比例达到 1∶1∶1∶1。

2) 算法参数优化

随机森林算法区别于决策树算法最主要的参数为决策树棵数(n_estimators)，其他则与决策树相同，常用的参数优化顺序为：决策树棵数(n_estimators)、最大深度(max_depth)、最大特征个数(max_features)、最小叶子数量(min_samples_leaf)和最小信息增益(min_impurity_decrease)。

(1) 决策树棵树(n_estimators)。决策树棵数指的是随机森林算法中树模型的数量，随机选取部分特征变量以确定分类树的叶子节点，一般能够产生几百甚至上千棵决策树，从而形成一片森林，此参数决定了森林的大小。若 n_estimators 值过小，容易造成模型欠拟合；若 n_estimators 值过大，由于森林过大，因此会增加模型的训练时间。在范围[0, 200]内绘制决策树棵数学习曲线，如图 4-8 所示，可以看到 n_estimators 在[50, 120]范围内效果较好，超过 120，模型的准确率变化不大。因此，决策树棵数的最优网格搜索范围为[50, 120]。

(2) 最大深度(max_depth)。在范围[1, 20]内绘制最大深度学习曲线，见图 4-9。可以看出，最大深度的最优网格搜索范围为[6, 20]，当最大深度取 12 时，准确率最高，为 0.914。

(3) 最大特征个数(max_features)。本案例共有 63 个特征，因此在范围[1, 63]内绘制最大特征个数学习曲线，如图 4-10 所示。从图 4-10 可以看出，当最大特征个数取 46 时，效果最好，准确率达到 0.921。故网格搜索时，最大特征个数的最优搜索范围为[6, 55]。

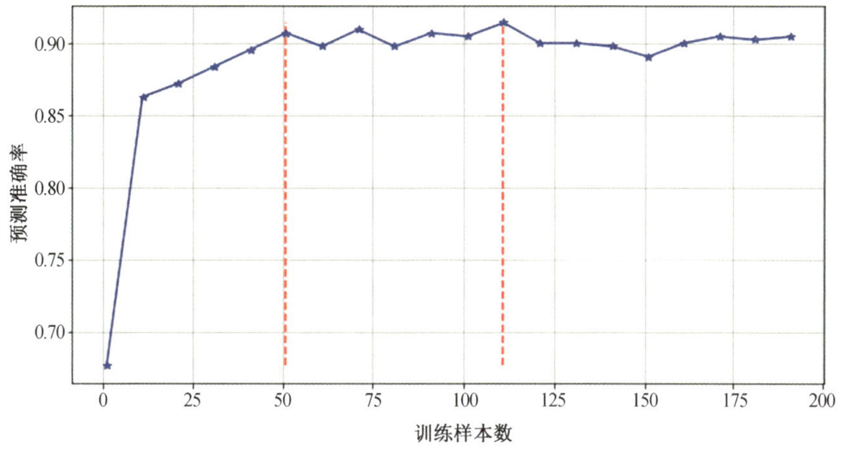

图 4-8　决策树棵数学习曲线

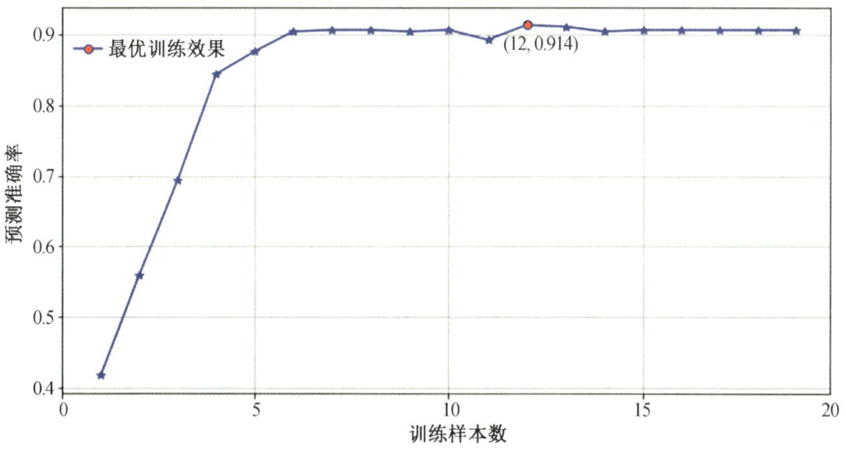

图 4-9　最大深度学习曲线

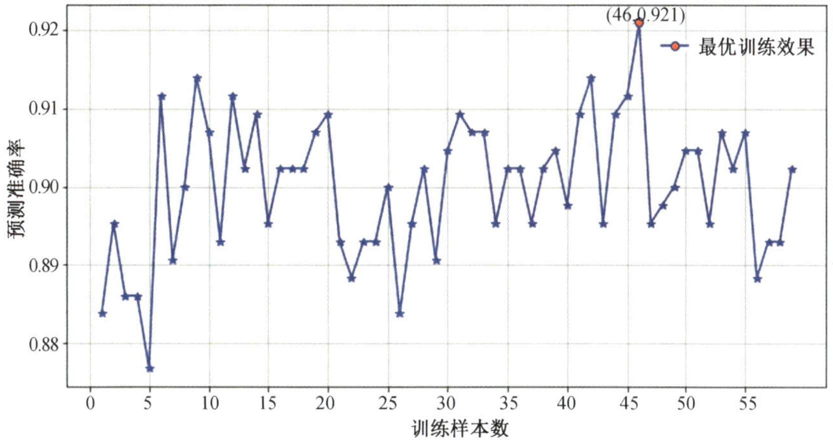

图 4-10　最大特征个数学习曲线

(4) 最小叶子数量(min_samples_leaf)。在范围[1, 60]内绘制最小叶子数量学习曲线,如图 4-11 所示。从图 4-11 可以看出,最小叶子数量在[1, 5]范围内效果最优,随着参数增大,准确率下降。

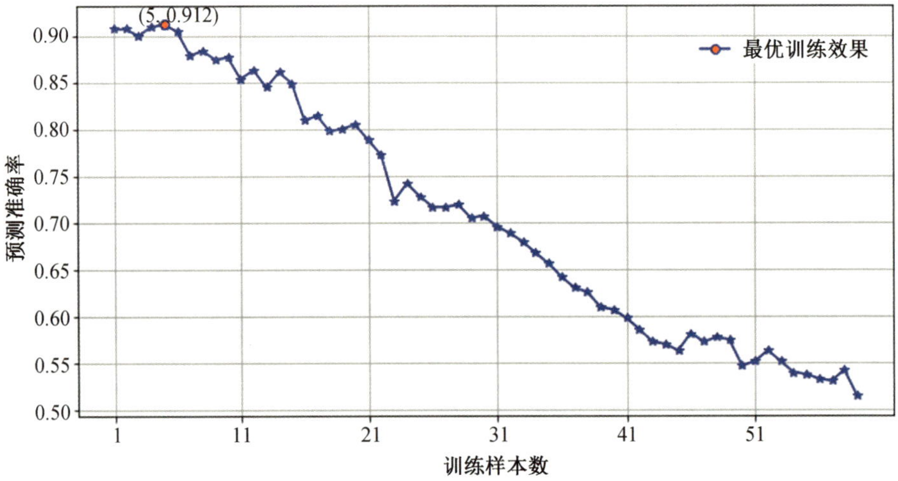

图 4-11 最小叶子数量学习曲线

(5) 最小信息增益(min_impurity_decrease)。在[0, 1]范围内,以 0.01 为间隔绘制最小信息增益学习曲线,如图 4-12 所示。从图 4-12 可以看出,当最小信息增益为 0 时,准确率最高,且随着信息增益的增加,准确率下降,说明最小信息增益参数调整对模型会产生负面影响。因此,网格搜索中,默认最小信息增益的最优参数为 0。

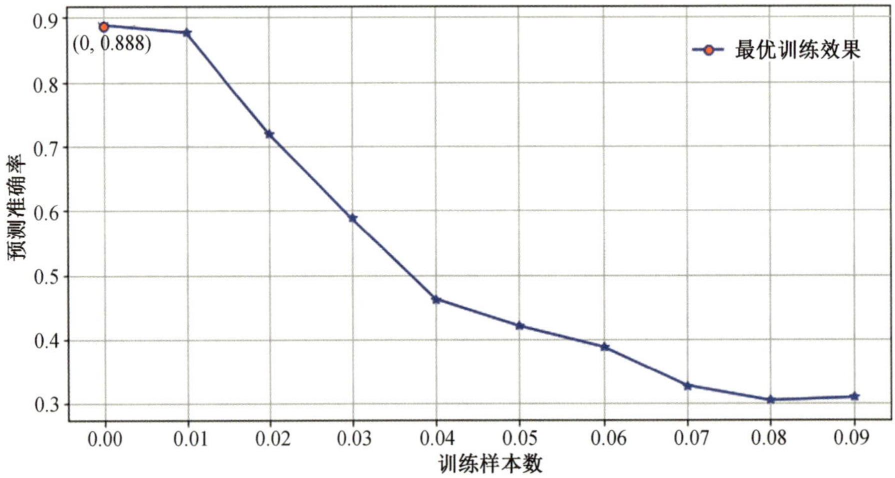

图 4-12 最小信息增益学习曲线

根据上述最优参数范围，决策树棵数 n_estimators 为[50，120]，最大深度(max_depth)为[6，20]，最大特征个数(max_features)为[6，55]，最小叶子数量(min_samples_leaf)为[1，5]，采用网格搜索法得出的最优参数如表 4-2 所列，准确率达 0.926。

表 4-2　最优参数值

参数	数值
n_estimators	111
max_depth	15
max_features	52
min_samples_leaf	1
min_impurity_decrease	0

3）算法效果评估

采用决策树算法、KNN 算法和随机森林算法分别对以上所构建的数据集进行分类建模，并进行结果对比，最终随机森林算法的准确率最高，如表 4-3 所列。

表 4-3　算法评估结果

算法	准确率
KNN	0.721
决策树	0.842
随机森林	0.926

对于各分类标签的评价指标来说，随机森林算法在各类健康等级分类效果中几乎均高于其他两类算法(KNN 算法和决策树算法)，如下图 4-13 所示，尤其是在“非常健康”分类等级评价结果中，由于属于“非常健康”的样本数量极少，因此随机森林算法的表现明显优于其他两种算法。

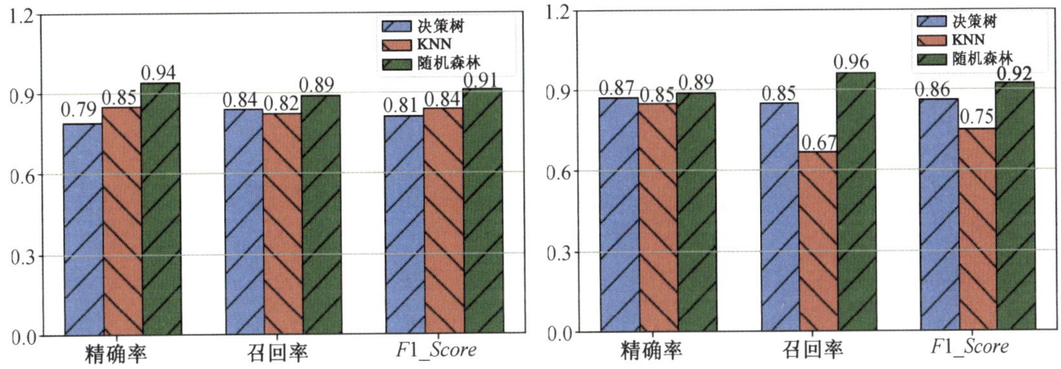

(a)“不健康”分类评价结果　　(b)“亚健康”分类评价结果

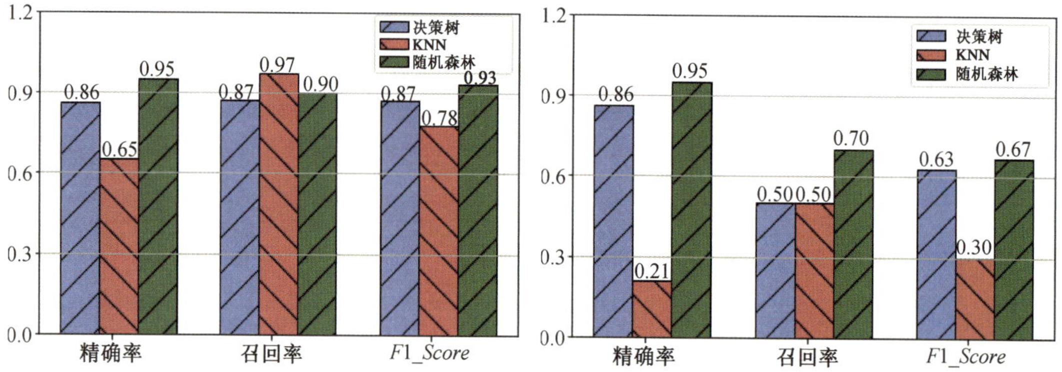

（c）“比较健康”分类评价结果　　（d）“非常健康”分类评价结果

图 4-13　三种分类算法评估

2. 公交运行健康致因分析

1）致因分析

本书通过随机森林算法来量化不同影响因素特征的重要性，以分析影响佛山市公交 101 路运行健康的关键因素。表 4-4 为不同特征影响因素重要性排序统计表，表中 road_x 代表路段编号，ID_x 代表交叉口编号，$x$station 代表站点编号。

表 4-4　影响因素重要性排序统计表

特征名	重要性	排名	特征名	重要性	排名	特征名	重要性	排名
road_10	0.199 7	1	1station	0.015 1	16	4station	0.009 8	31
road_4	0.094 5	2	18station	0.014 4	17	ID_9	0.009 5	32
ID_10	0.058 6	3	13station	0.014 3	18	14station	0.008 8	33
road_3	0.036 1	4	road_6	0.013 7	19	25station	0.008 1	34
road_16	0.034 2	5	road_14	0.013 7	20	road_17	0.008 0	35
road_5	0.025 6	6	road_18	0.013 1	21	road_13	0.007 8	36
road_9	0.025 2	7	ID_6	0.012 9	22	22station	0.006 9	37
road_12	0.024 7	8	road_2	0.012 3	23	ID_19	0.006 6	38
road_11	0.023 9	9	road_1	0.012 0	24	12station	0.006 6	39
road_7	0.022 3	10	3station	0.011 9	25BH	17station	0.006 4	40
ID_18	0.018 5	11	ID_11	0.011 4	26	20station	0.006 3	41
ID_5	0.017 4	12	ID_13	0.010 9	27	ID_8	0.006	42
16station	0.017 4	13	ID_1	0.010 2	28	ID_4	0.005 9	43
road_8	0.016 3	14	ID_14	0.010 2	29	6station	0.005 6	44
ID_2	0.015 2	15	21station	0.010 1	30	19station	0.005 5	45

（续表）

特征名	重要性	排名	特征名	重要性	排名	特征名	重要性	排名
road_19	0.005 3	46	2station	0.005 0	52	7station	0.003 5	58
ID_3	0.005 2	47	ID_7	0.004 7	53	8station	0.003 4	59
ID_15	0.005 2	48	5station	0.004 7	54	23station	0.003 2	60
ID_12	0.005 2	49	road_15	0.004 5	55	11station	0.003 0	61
9station	0.005 2	50	ID_17	0.004 5	56	24station	0.002 5	62
ID_16	0.005 0	51	15station	0.003 8	57	10station	0.002 5	63

对其重要性按照路段延误、交叉口延误和站点停靠延误进行分类统计，结果如图 4-14 所示。

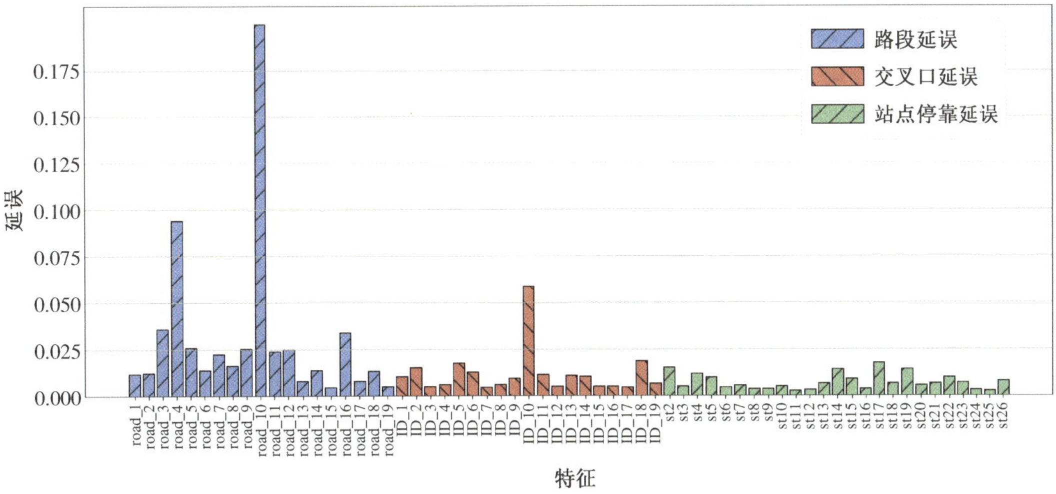

图 4-14　特征重要性分类统计

从图 4-14 可以看出，路段延误是影响公交运行健康的主要因素，即路段间的拥堵占比最大，交叉口延误也对公交运行健康有一定的影响，而站点停靠延误对公交运行健康的影响最小。从表 4-4 可知，排名前五的关键影响因素分别为路段 10、路段 4、交叉口 10、路段 3 和路段 16，其影响因素重要性分别为0.199 7、0.094 5、0.058 6、0.036 1和0.034 2。

根据表 4-4 的结果，将其在 ArcGIS 中进行可视化分析，如图 4-15 所示，这使得表中的数据更为直观地显示出来，从而为城市交通的管理者和使用者分析公交运行健康状况、识别公交运行瓶颈、总结公交运行规律提供了强有力的手段。

从图 4-15 可以看出，对公交运行健康影响最大的是路段 10，即站点 10 至站点 13 区段，此路段为公交运行瓶颈。对可视化结果进行分析，在路段延误影响较大的区段，其交叉口延误影响也较大，也就是说，路段延误与交叉口延误是互相影响的，当某路段发生交通拥

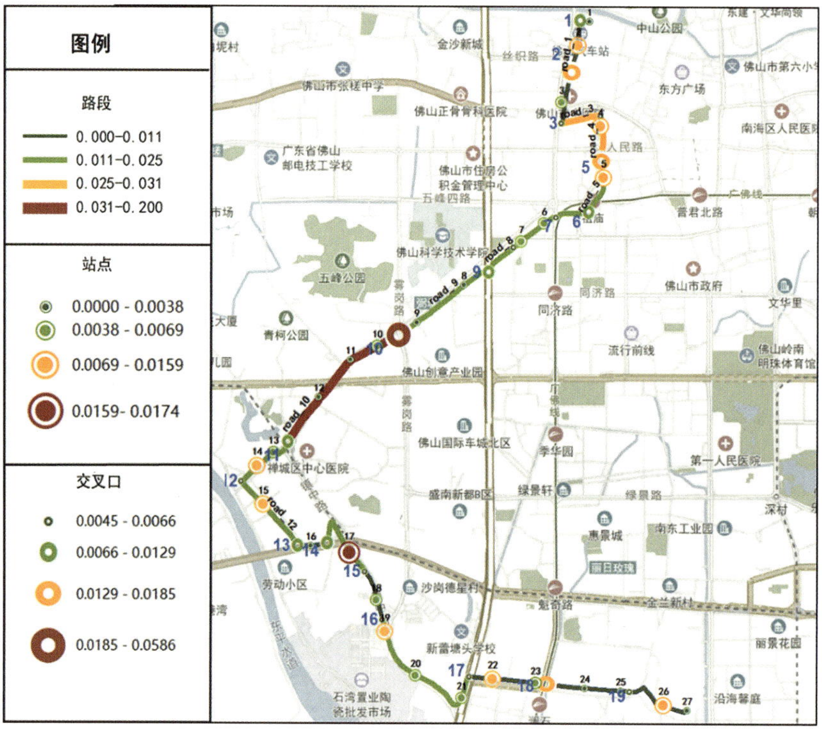

图 4-15　影响因素排序可视化

堵时，会影响交叉口的排队长度，从而导致下一路段交叉口延误增加，而当交叉口延误或者站点停靠延误较大时，说明此交叉口发生拥堵，会导致下一路段延误增加。站点停靠延误主要与客流有关，而与交叉口延误及路段延误的相关性较小，但当路段延误影响很大的时候，站点停靠延误反而会出现受影响很小的情况，这是因为公交车司机为保障运营的准点性，若发现路段或交叉口延误较大，便会压缩停站时间，从而出现站点停靠延误受影响较小的情况。

对于不同类型的影响因素需要采取不同的改善措施，因此，为了更直观地探究不同类型影响因素的关键致因，分别对路段延误、交叉口延误和站点停靠延误进行可视化分析。

（1）路段延误

路段延误重要性统计结果如表 4-5 所列。将统计表的内容在 ArcGIS 中进行可视化分析，结果如图4-16 所示。

表 4-5　路段延误重要性统计

特征名	重要性	特征名	重要性
road_1	0.012 0	road_4	0.094 5
road_2	0.012 3	road_5	0.025 6
road_3	0.036 1	road_6	0.013 7

（续表）

特征名	重要性	特征名	重要性
road_7	0.022 3	road_14	0.013 7
road_8	0.016 3	road_15	0.004 5
road_9	0.025 2	road_16	0.034 2
road_10	0.199 7	road_17	0.008 0
road_11	0.023 9	road_18	0.013 1
road_12	0.024 7	road_19	0.005 3
road_13	0.007 8		

图 4-16　路段延误可视化分析

从图 4-16 可以看出，路段 10、路段 3、路段 4 对公交 101 路的运行健康状况影响较大。统计路段 10 在不同时间段的延误平均值，如图 4-17 所示，高峰时段明显延误较为严重。由于路段 10 周边有学校和产业园区，车流量较大，因而高峰时段会导致车辆拥堵，影响公交运行效率。

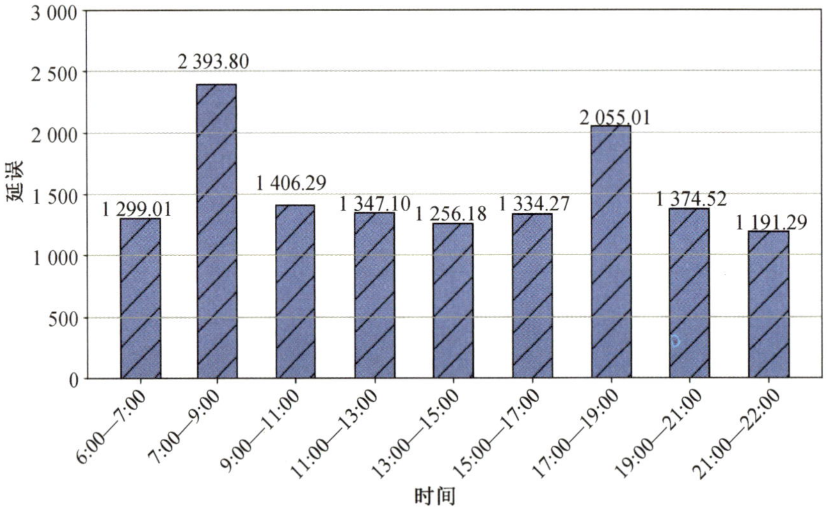

图 4-17　路段 10 在不同时段的延误统计

(2) 交叉口延误

交叉口延误重要性统计结果如表 4-6 所列。将统计表的内容在 ArcGIS 中进行可视化分析，结果如图4-18 所示。

表 4-6　交叉口延误重要性统计

特征名	重要性	特征名	重要性
ID_1	0.010 2	ID_11	0.011 4
ID_2	0.015 2	ID_12	0.005 2
ID_3	0.005 2	ID_13	0.010 9
ID_4	0.005 9	ID_14	0.010 2
ID_5	0.017 4	ID_15	0.005 2
ID_6	0.012 9	ID_16	0.005 0
ID_7	0.004 7	ID_17	0.004 5
ID_8	0.006 0	ID_18	0.018 5
ID_9	0.009 5	ID_19	0.006 6
ID_10	0.058 6		

从图 4-18 可以看出，交叉口 10 对公交 101 路的运行健康影响最大，其在不同时间段的延误统计见图 4-19，这个结果与路段 10 的延误是一致的，说明路段延误会影响交叉口延误，交叉口 10 对公交运行健康状况影响较大的原因也是高峰期车流量较大，路段拥堵所致。

图 4-18　交叉口延误可视化分析

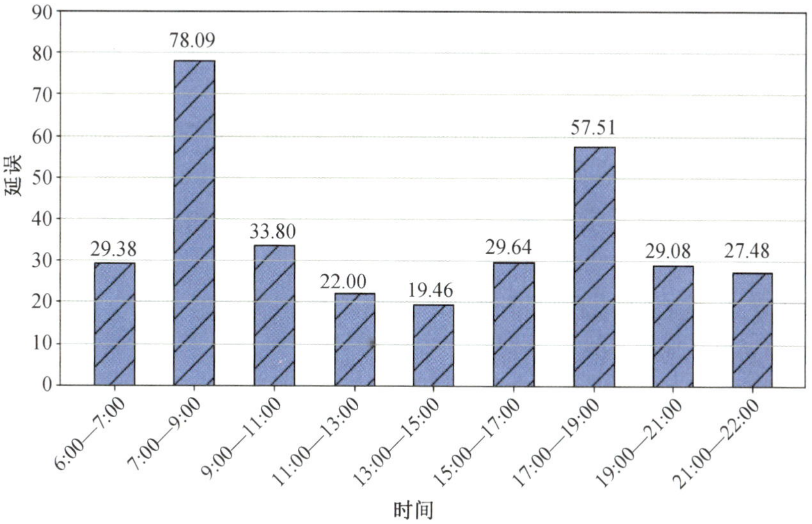

图 4-19　交叉口 10 在不同时段的延误统计

(3) 站点停靠延误

站点停靠时间重要性统计结果如表 4-7 所列。将统计表的内容在 ArcGIS 中进行可视化分析,结果如图 4-20 所示。

表 4-7 站点停靠时间重要性统计

特征名	站点名称	重要性	特征名	站点名称	重要性
2	汽车站 A 站	0.015 1	15	跃进路中	0.008 8
3	佛山中医院	0.005 0	16	美术陶瓷厂	0.003 8
4	旋宫酒店	0.011 9	17	华榕宫	0.017 4
5	祖庙 A 站	0.009 8	18	沙岗	0.006 4
6	环球国际广场	0.004 7	19	潭清里	0.014 4
7	海关	0.005 6	20	佛山家博城南门	0.005 5
8	佛山科技学院	0.003 5	21	澜石大桥西	0.006 3
9	弼唐	0.003 4	22	佛山家博城	0.010 1
10	茶亭	0.005 2	23	澜石一路东	0.006 9
11	石湾客运站	0.002 5	24	银苑市场	0.003 2
12	中国陶瓷城	0.003 0	25	澜石中学	0.002 5
13	石湾公园	0.006 6	26	省纺院	0.008 1
14	陶都	0.014 3			

通常,出行需求较多的站点公交车辆停靠时间较长且不稳定,这对于公交运行健康影响较大。由图4-20 可以看出,华榕宫站(站点 17)对公交运行健康状况影响最大。华榕宫站周边为居民区及医院等,因而出行需求较大。华榕宫站在不同时段的延误统计结果见图 4-21。

2) 改进措施

基于以上分析,我们主要针对公交 101 路运行健康影响最大的区间(路段 10)、交叉口 10及华榕宫站提出改进建议。

(1) 针对路段 10、路段 3、路段 4 及交叉口 10 的改进建议

根据上述延误统计结果可以看出,高峰期尤其是早高峰时段(7:00—9:00),公交 101 路的延误波动较大,故高峰期在交叉口 10 可设置公交信号优先。目前,路段 10、路段 3 和路段 4 机非混行情况严重,交通组织较为混乱,如图 4-22 所示。对此可采取划分非机动车道的方式来提高车辆的通行效率。另外,路段 10 为双向六车道,可设置分时段(高峰时段)公交专用道,使公交车辆享有优先通行权,而其他社会车辆在此时段不得占用公交专用道。

图 4-20　站点停靠延误可视化分析

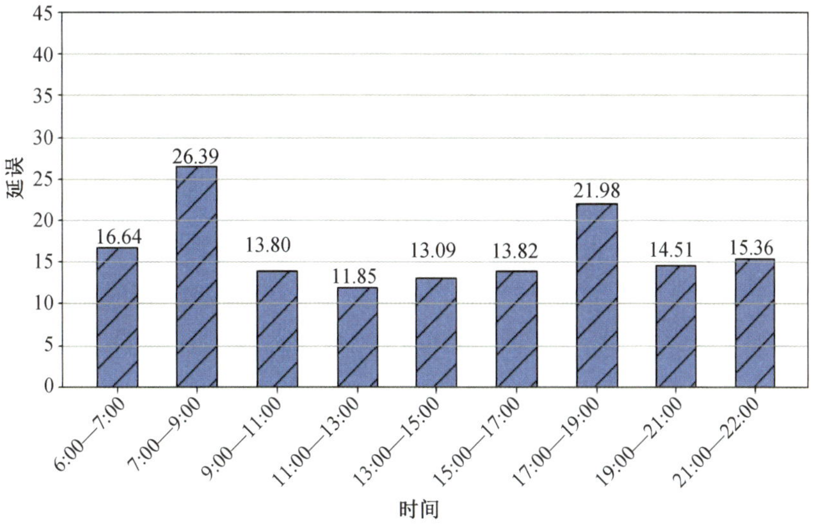

图 4-21　华榕宫站在不同时段的延误统计

图 4-22　路段 10 机非混行

(2) 针对华榕宫站的改进建议

公交 101 路华榕宫站的站点停靠延误影响最大，其站点形式为非港湾式停靠站，如图 4-23所示，高峰时段路段上其他车辆会影响公交车辆的站点停靠，因此建议将非港湾式停靠站改造成港湾式停靠站，并合理组织车辆停靠，从而避免公交车辆进出站时与社会车辆相互干扰以及减少公交车辆多次停靠情况的发生。

图 4-23　公交 101 路华榕宫站实景

4.5 本章小结

本章首先分析了公交运行的影响因素，详细阐述了不同影响因素的定义及特征值计算方法。然后，结合典型公交线路数据，采用本书第 3 章构建的决策树模型来判断其健康等级，同时，利用影响因素特征值和健康等级判断结果构建训练集，并建立随机森林回归模型，从而得到不同影响因素的影响程度排序结果。最后，利用 ArcGIS 分别对不同类型的影响因素进行可视化分析，以便于更直观地识别公交运行瓶颈。

第 5 章　公交运行状态预测方法

由于公交运行状态具有无后效性，因此本章基于已进行了预处理、特征提取、目标识别、决策判断等一系列操作的多源公交运行数据建立神经网络模型，采用 D-S 证据理论设计数据源可靠性的数据融合算法，对公交运行健康变化趋势进行预测，从而为基于状态转移预测的公交协同优化策略的选取、组合和切换提供支持。

5.1　公交运行状态表征指标及定义

1. 指标筛选步骤

公交运行状态表征指标的筛选步骤具体如下：

(1) 综述所有指标。对已有文献进行梳理，将可用于表征公交运行状态的各项指标归类整理。

(2) 判断指标是否符合选取标准。将归类的指标依次判断是否符合指标筛选原则，若不符合，放弃该指标。

(3) 判断符合筛选原则的指标能否由公交运行数据获取。

一些公交运行状态表征指标无法通过公交运行数据获取，如换乘可靠度、总体运行加速度等，而另一些表征指标则不适用于公交运行状态分析，如站点覆盖率等。在综合考虑所获取数据的特点及现有信息技术支撑条件下，本书从可靠性和高效性两方面出发，选取适用于表征公交运行状态的指标，具体见表 5-1。

表 5-1　公交运行状态表征指标

总目标	关键要素	准则层	指标层
公交运行状态表征	可靠性	基于公交运行稳定性	站间行驶速度方差
			全程停站延误
	高效性	基于公交运行效率	行程时间指数

2. 公交运行状态表征指标的定义

1) 站间行驶速度方差

所谓车辆运行稳定性是指公交车辆在全程运行过程中，在不同站之间行驶时的平均运行速度波动，通常用站间行驶速度方差来表示。站间行驶速度方差越大，则公交车辆的运行速度变化就越大，说明其运行越不稳定，从而影响车辆运行间隔和乘客舒适性。站间行驶速度方差计算公式如下：

$$v_{tr}^{i-(i+1)}=\frac{l_{tr}^{i-(i+1)}}{T_{tr}^{i-(i+1)}} \tag{5-1}$$

$$\bar{v}_{tr}=\frac{1}{N}\sum_{i=1}^{N}v_{tr}^{i-(i+1)} \tag{5-2}$$

$$S_{tr}^{2}=\frac{1}{N}\sum_{i=1}^{N}(v_{tr}^{i-(i+1)}-\bar{v}_{tr})^{2} \tag{5-3}$$

式中　$v_{tr}^{i-(i+1)}$ ——公交车辆从第 i 个站点到第 $(i+1)$ 个站点的站间平均运行速度，m/s；

$l_{tr}^{i-(i+1)}$ ——第 i 个站点到第 $(i+1)$ 个站点的路段长度，m；

$T_{tr}^{i-(i+1)}$ ——公交车辆从第 i 个站点到第 $(i+1)$ 个站点的站间行驶时间，s；

$\bar{v}_{tr}$ ——单趟公交车各站间平均运行速度的均值，m/s；

N ——线路站点个数；

S_{tr}^{2} ——站间行驶速度方差。

2）全程停站延误

所谓全程停站延误是指公交车辆从驶出始发站到驶入终到站全程所有站点停靠延误的总和。而某个站点停靠延误是指从公交车减速进入站点到完全驶离站点所耗费的时间，站点停靠延误直接用停站时间来表示。公交车辆全程停站延误时间越长，其运行可靠性越差，具体计算公式如下：

$$T_{st}^{i}=T_{sa}^{i}-T_{sb}^{i} \tag{5-4}$$

$$T_{fullst}=\sum_{i=1}^{N}T_{st}^{i} \tag{5-5}$$

式中　T_{st}^{i} ——第 i 个站点的停靠延误，s；

T_{sa}^{i} ——公交车辆从进入站点到完全驶离站点所需时间，s；

T_{sb}^{i} ——公交车辆在正常路段行驶相同距离所需时间，s；

T_{fullst} ——全程停靠延误，s；

N ——线路站点个数。

3）行程时间指数

行程时间指数是指某一时段内公交车行程时间与同一路段自由流时段出行时间的比值，反映了由于道路拥堵等原因，出行者乘坐公交出行额外所需花费的时间。该值越小，表明统计期内，公交车辆的行驶速度越接近自由流速，公交运行越快捷高效。引入自由流速的行程时间能够减少由于路段限速对公交运行效率的影响，具体计算见式(5-6)。

$$TTI = \frac{T_{\text{full}}}{T_{\text{free}}} \tag{5-6}$$

式中 TTI ——行程时间指数；

T_{full} ——单趟公交车的行程时间，s；

T_{free} ——自由流状态下单趟公交车的行程时间，s。

5.2 公交运行状态影响因素分析

1. 路段行驶影响因素

1）道路因素

公交运行过程中所经过路段的道路等级、路面状况、车道数、道路宽度、通行能力等都会对公交车辆的通行造成影响。而设置了公交专用道的路段，其公交车辆的行驶速度将会大大提高，从而减少运行时间。

2）交通因素

在同一道路上行驶的社会车辆、其他公交车辆、非机动车等不同交通流速度、流量及密度对公交车辆的行驶都会造成影响。例如高峰时段车流密度较大，存在交通拥堵，如此便会增加公交车辆的运行时间。

3）车辆因素

公交车辆自身的最高车速、加速度、最大爬坡能力及制动性能等会直接影响车辆的运行速度。

4）人为因素

不同驾驶员的技术、反应速度、熟练程度等受驾龄、性别、年龄等因素的影响会有所差别，进而影响公交运行。

5）自然因素

恶劣天气（如雨雪、台风等）、气温状况（如高温、低温等）和环境状况（如沙尘、雾霾等）均会影响驾驶员的反应速度以及车辆的行驶性能，从而造成公交运行延误。

6）突发事件

交通事故、路面维修、交通管制等突发事件可能会导致大面积的交通延误。

2. 交叉口运行影响因素

1）交叉口固有情况

交叉口的规模、类型、通行能力以及信号控制的种类、配时、相位等都会影响公交车辆通过交叉口的效率。

2）交叉口交通状况

交叉口处等候车辆的排队长度、车流量的多少都会影响公交车通过交叉口的时间。

3. 站点停靠影响因素

1）站台因素

站台因素包括站台布局、尺寸、类型和站台同时停靠的公交线路数等，这些都会影响公交运行。例如，一般情况下站台同时停靠的线路数越多，公交车辆所需的停靠时间就越久。

2）车辆因素

车辆因素包括公交车自身的加减速能力、制动性能、开关车门的时间以及车辆上安装的付费装置等，这些都会影响公交运行时间。

3）乘客因素

不同年龄、数量的乘客会直接影响上下车速度，进而影响公交车在站台的停靠时间。

5.3 公交运行状态预测模型

5.3.1 模型总体设计

公交运行状态变化趋势预测离不开表征公交运行状态的指标，而三个表征指标的计算均要以公交车辆的到站时间预测为基础。因此，本章基于对历史数据和实时数据的处理，研究公交车辆到站时间的预测方法，并对公交运行状态表征指标进行计算，从而完成公交运行状态变化趋势预测。

公交车辆在道路上行驶时主要有两种状态：一种是车辆在两个站点之间运行；另一种是车辆停靠在某个站点。第一种状态车辆在路段上行驶如图 5-1 所示。

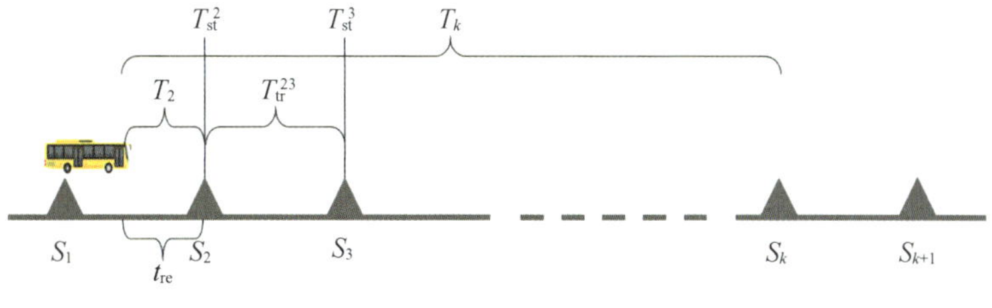

图 5-1 车辆在路段上行驶状态

S_i 为该公交线路第 i 个站点，T_{st}^i 为公交车辆在第 i 个站点的停靠时间，T_{tr}^{ij} 为该公交车辆从第 i 个站点到第 j 个站点的站间行驶时间，T_i 为该公交车辆从当前位置行驶到

第 i 个站点所需时间，t_{re} 为该公交车辆从当前位置行驶到下一站点所需时间。

预测公交车辆从当前位置到达第 k 个站点的时间 T_k，其计算公式见式(5-7)：

$$T_k = t_{re} + \sum_{m=i+1,\ n=i+2}^{m=k-1,\ n=k} T_{tr}^{mn} + \sum_{j=i+1}^{k-1} T_{st}^{j} \tag{5-7}$$

式中 t_{re} ——该公交车辆从当前位置行驶到下一站点所需时间，s；

$\sum_{m=i+1,\ n=i+2}^{m=k-1,\ n=k} T_{tr}^{mn}$ ——该公交车从当前位置行驶到第 k 个站点的所有站间行驶时间之和，s；

$\sum_{j=i+1}^{k=1} T_{st}^{j}$ ——该公交车辆从当前位置行驶到第 k 个站点途经的 $(k-i-1)$ 个站点停靠时间之和，s。

因此，想要预测公交车辆的到站时间，就需要知道从当前位置到下一站点 $(i+1)$ 站所需时间 t_{re}，下一站点 $(i+1)$ 站到第 k 个站点间的每个站间行驶时间 T_{tr}^{mn}，途经 $(k-i-1)$ 个站点每个站点的停靠时间 T_{st}^{j}。本书基于上一站点的公交车到站时间短时预测下一站点的到站时间，故假设公交车辆到达上一站点时间已知，从公交车到达上一站点开始预测到达下一站的时间，不考虑公交车辆从当前位置到最近站点 $(i+1)$ 站所需的时间 t_{re}。

所以，公交车的到站时间预测总体模型如式(5-8)所示，需要对站间行驶时间和站点停靠时间分别预测。

$$T_k = \sum_{m=i+1,\ n=i+2}^{m=k-1,\ n=k} T_{tr}^{mn} + \sum_{j=i+1}^{k-1} T_{st}^{j} \tag{5-8}$$

5.3.2 BP-DS 模型概述

由于 BP(Back Propagation，反向传播)神经网络本身的随机性，初始权值和初始阈值是随机产生的，且每次的结果不一样，因此当采用单个 BP 神经网络进行预测时，输出的结果容易出现预测效果不好和结果不稳定的问题。然而，D-S 证据理论能处理不确定性问题，消除 BP 神经网络本身的随机性，修正预测效果，从而提高预测准确率。因此，本书构建基于 BP 神经网络和 D-S 证据理论的组合模型以预测公交到站时间。该方法首先采用三个不同的激活函数同时进行 BP 神经网络预测，通过 BP 神经网络初步预测后能大幅度地降低关联性。其次，根据三个模型的相对误差确定其在组合模型中的权重，进而确定基本信任函数。最终，利用 D-S 证据理论融合信任函数得到预测结果。该组合模型既能利用 D-S 证据理论来表达和处理不稳定信息，又能充分发挥 BP 神经网络的自学习、自适应和容错能力。

1. 证据理论权重融合模型

1）权重提取模型

D-S 证据理论提供 Dempster 组合规则以实现多个证据的融合，本质是证据的正交和。在 BP-DS 组合预测模型中，需在使用 Dempster 组合规则前提取样本的权重。利用训练样本通过三个不同的激活函数对 BP 神经网络模型进行训练后，每个模型产生的训练误差为

$$e_i = \frac{(\hat{y}_i - y_i)}{y_i} \quad (i=1,\ 2,\ 3) \tag{5-9}$$

式中　$\hat{y}_i$——到站时间的预测值；

y_i——到站时间的真实值。

预测精度越高，则该算法在组合模型中的权重就越大；反之，权重越小。权重可表示为

$$w_i = \frac{\dfrac{1}{|e_i| + \varepsilon}}{\displaystyle\sum_{i=1}^{3} \frac{1}{|e_i| + \varepsilon}} \tag{5-10}$$

在式(5-10)中引入 ε 是为了使相对误差为 0。

因此，得到组合模型的预测结果为

$$Y = \sum_{i=1}^{3} w_i y_i \tag{5-11}$$

$$\sum_{i=1}^{3} w_i = 1 \tag{5-12}$$

2）权重融合模型

在公交到站时间组合预测模型中，将模型权重看作 D-S 证据理论的基本信度值。三个 BP 神经网络的预测值 $\hat{y}_1$、$\hat{y}_2$、$\hat{y}_3$，对应的权重分别为 w_1、w_2、w_3。在识别框架 $U=\{\hat{y}_1,\ \hat{y}_2,\ \hat{y}_3\}$ 上建立基本信任函数 $m(\cdot)$，其对应的信度值为 $m(\hat{y}_i)=w_i\ (i=1,\ 2,\ 3)$。

假设三组训练子集用三个不同激活函数的 BP 神经网络预测值所对应的信度值为

$$m_j(\hat{y}_i)\ (i=1,\ 2,\ 3;\ j=1,\ 2,\ 3,\ 4) \tag{5-13}$$

首先将前两组训练子集预测值对应的信任函数正交，再将合成后的信任函数与第三组训练子集预测值对应的信任函数正交，最终得到信度值为 $m_4(\hat{y}_1)$，$m_4(\hat{y}_2)$ 和 $m_4(\hat{y}_3)$。

假设最终的预测结果为 $\hat{y}_1^4$、$\hat{y}_2^4$ 和 $\hat{y}_3^4$，则最终合成结果可表示为

$$\hat{y}^4 = m_4(\hat{y}_1)\hat{y}_1^4 + m_4(\hat{y}_2)\hat{y}_2^4 + m_4(\hat{y}_3)\hat{y}_3^4 \tag{5-14}$$

2. BP-DS 组合预测模型实现过程

步骤 1：BP 神经网络模型的训练。BP 神经网络的训练过程较长，在确定好训练数据集后，选定相同的模型参数，使用三个不同的激活函数分别依据 BP 算法的步骤进行训练，当满足精度要求时，结束训练，并保存训练后的网络。

步骤 2：使用 BP 神经网络进行预测。将归一化处理后的训练集数据分为三组并输入训练好的三个 BP 神经网络模型进行预测，保存输出结果。

步骤 3：BP 预测模型权重提取。计算三个预测模型的训练误差，并确定其在组合模型中的权重，该权重即为 D-S 证据理论的基本信度值，并以此建立基本信任函数，保存相应结果。

步骤 4：D-S 证据理论融合。利用 D-S 证据理论融合信任函数，前两组训练子集的预测误差权重对应的信任函数正交，再将合成后的信任函数与第三组训练子集的预测误差权重对应的信任函数正交。

步骤 5：预测结果确定。将归一化处理后的预测集数据输入训练好的三个 BP 神经网络模型进行预测，根据 D-S 证据理论融合后的权重计算最终预测结果，并输出结果。

BP-DS 组合模型预测流程如图 5-2 所示。

5.3.3 预测模型特征值选择

根据前述公交运行状态变化趋势的预测研究思路，基于对公交车辆到站时间的预测，以及对公交运行状态表征指标进行计算，从而完成公交运行状态的变化趋势预测。根据式(5-8)，公交车辆到站时间的预测需要分别对站间行驶时间和站点停靠时间进行预测，基于以上对公交运行状态影响因素和公交车辆行驶特性的分析，可以确定站间行驶时间和站点停靠时间预测模型的输入特征变量。

1. 站间行驶时间预测特征值选取及计算

1）时段

在工作日期间，公交车运行会出现早、晚高峰。根据对典型公交线路两个连续周一全程运行时间聚类分析的结果，可知一天内不同时段公交运行时间具有较大差异。由数据驱动划分其高峰、平峰时段，将一天分为 6 个时段。其中，早高峰 6:00—9:00 用“0”表示，晚高峰 17:00—19:00 用“1”表示，早高峰过后上午的低峰时段 9:00—12:00 用“2”表示，晚高峰过后晚间的低峰时段 19:00—23:00 用“3”表示，中午的低峰时段 12:00—14:00 用“4”表示，下午的低峰时段 14:00—17:00 用“5”表示。

2）站间距离

某路段的平均站间行驶时间 T_{tr} 计算如下：

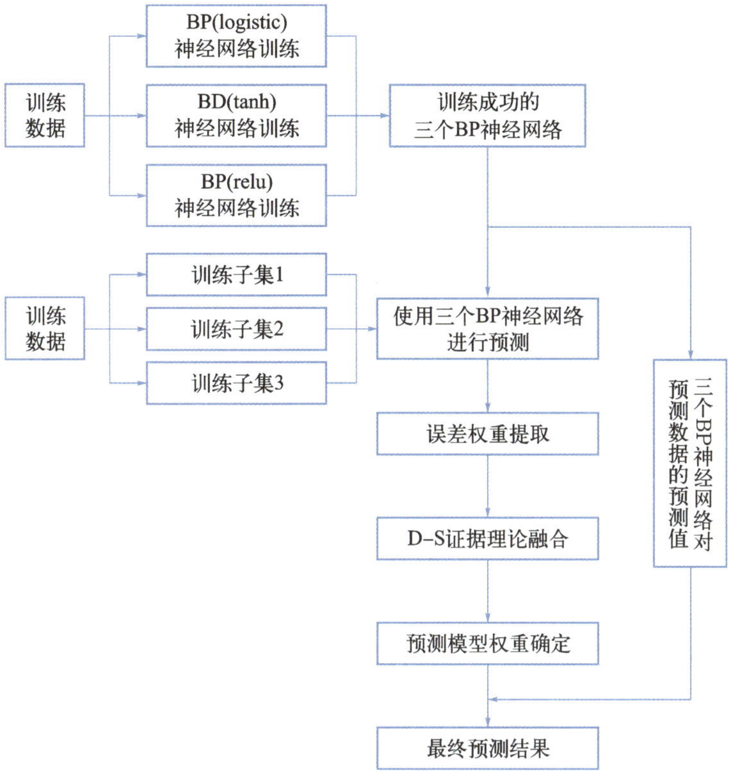

图 5-2　BP-DS 组合模型预测流程

$$T_{tr}=\frac{l_{tr}}{\bar{v}_{tr}} \tag{5-15}$$

式中　l_{tr} ——公交车站间行驶距离，m；

$\bar{v}_{tr}$ ——公交车站间平均运行速度，m/s。

可以看出，站间行驶距离直接影响着站间行驶时间，站间行驶距离越长，相应地所花费的时间也越久。

3）交叉口数量

有关交通调查显示，我国很多城市公交车辆在交叉口的延误时间占整个公交运行时间的 25%～33%[182]。路段内交叉口的数量、通行能力、排队长度、绿信比等都会影响公交车的路段行驶时间。交叉口车辆排队长度等实时状态受技术条件限制无法获取，故本书暂不考虑。然而交叉口的设施情况，即路段信号交叉口和非信号交叉口的数量却较容易量化。

4）公交专用道设置

研究表明，公交专用道作为公交优先的重要举措，能最大限度地减缓延误，提高服务水平[183]。尤其是在高峰时段，公交专用道能保障公交车辆的顺畅运行，而不受道路其他车辆的影响，因此将是否设置公交专用道作为特征值，“1”表示设置公交专用道，“0”表示未设置公交专用道。

5）该车次上一路段的平均运行速度

通过本书 5.2 节分析可知，车辆自身的性能以及驾驶员的反应和熟练程度对于公交车的站间行驶时间会有一定的影响，通过记录该车次通过上一路段的平均运行速度，能较好地表征车辆自身的性能及驾驶员的反应能力和熟练程度。同时，根据本书 5.4 节实际案例公交运行空间特性分析，由于道路状态的连续变化，上一路段的平均运行速度在一定程度上也能反映此路段的运行状况。

6）前三辆同线路车次在该路段的加权平均行驶时间

一般来讲，可用近似的 BPR 函数来描述第 i 辆公交车的路段行驶时间 T_{tr}^{i}：

$$T_{\mathrm{tr}}^{i}=T_{\mathrm{free}}^{i}\times\left[1+\alpha\left(\frac{q}{c}\right)^{\beta}\right] \tag{5-16}$$

式中 T_{free}^{i} ——自由流状态下第 i 辆公交车通过该路段的时间，s；

q ——当前路段的交通流量，pcu/h；

c ——当前路段的最大通行能力，pcu/h；

α，β ——BPR 函数的参数。

一般城市中心区公交发车间隔较短，不考虑公交车辆之间的差别，不同车辆的路段行驶时间主要受该路段交通流量的影响。临近班次的公交车通过同一路段的交通环境较为相近，所以可利用前三辆同线路车次在该路段的平均行驶时间来反映当前的道路运行状况，见式(5-17)—式(5-19)，从而弥补交通流量的缺失。而与距离较远的公交车相比，距离较近的公交车和预测目标车辆之间有更多相近的交通信息，为了提高距离较近公交车的贡献度，引入遗忘因子函数[184]来反映近距离公交车的重要程度。

$$f_{1}(h_{k,k-m},n)=\frac{\dfrac{1}{h_{k,k-m}}}{\sum_{i=1}^{n}\dfrac{1}{h_{k,k-i}}} \tag{5-17}$$

$$f_{2}(h_{k,k-m},n)=\frac{\dfrac{1}{\sqrt{h_{k,k-m}}}}{\sum_{i=1}^{n}\dfrac{1}{\sqrt{h_{k,k-i}}}} \tag{5-18}$$

$$f_{3}(h_{k,k-m},n)=\frac{\dfrac{1}{\ln h_{k,k-m}}}{\sum_{i=1}^{n}\dfrac{1}{\ln h_{k,k-i}}} \tag{5-19}$$

式中，$h_{k,k-m}$ 为第 k 辆公交车和第 $(k-m)$ 辆公交车之间的车头时距，s。

故前三辆车的加权平均行驶时间 $\overline{T}^{wa}_{k,n}$ 为

$$\overline{T}^{wa}_{k,n}=\sum_{i=1}^{n} f_i(h_{k,k-i},n)T_{k-i,tr} \tag{5-20}$$

式中，$T_{k-i,tr}$ 为第 $(k-i)$ 辆公交车的站间实际运行时间，s。

站间行驶时间预测模型选取的特征值如表 5-2 所列。

表 5-2　站间行驶时间预测模型特征值

序号	特征值	字段名	说明
1	时段	time frame	静态环境，分类变量，根据本书 5.3.3 节所述划分为 6 个时段
2	站间距离	distance	静态环境，连续变量
3	信号交叉口数量	signalized intersection	静态环境，不连续变量
4	非信号交叉口数量	unsignalized intersection	静态环境，不连续变量
5	公交专用道设置	bus lane	静态环境，分类变量，不同性质表示为：0—未设公交专用道；1—设公交专用道
6	该车次上一路段的平均运行速度	last average speed	动态运行，连续变量
7	前三辆同线路车次在该路段的加权平均行驶时间	average time	动态运行，连续变量

2. 站点停靠时间预测特征值选取及计算

1）站点上车人数

上下车人数是影响上下车时间最重要的参数之一。相关研究表明，乘客上下车时间与上下车人数直接正相关。由于我国大多数城市公交采取上车刷卡、下车不刷卡的方式，因此通常上车时间远大于下车时间，且公交停靠时间主要与站点的刷卡上车人数有关。根据典型公交线路工作日一周的部分站点停车时间和上车人数的拟合结果，如图 5-3所示，可以基本判定上车人数和站点停靠时间呈正相关，站点上车人数越多，站点停靠时间也越久。

2）同时进站车辆数

如果多辆公交车同时到达某个公交站，均要停靠进站，此时便会增加公交车辆的停站时间。不同线路的公交车辆同时驶入同一区域，此区域或路段的道路交通状况必然会同时影响这些线路，因此同时进站的公交车辆数与预测线路的站点停靠时间有一定的相关性。

3）公交站形式

常见的公交站形式有两种：直线式和港湾式。不同形式的公交站特性不同，尤其是公

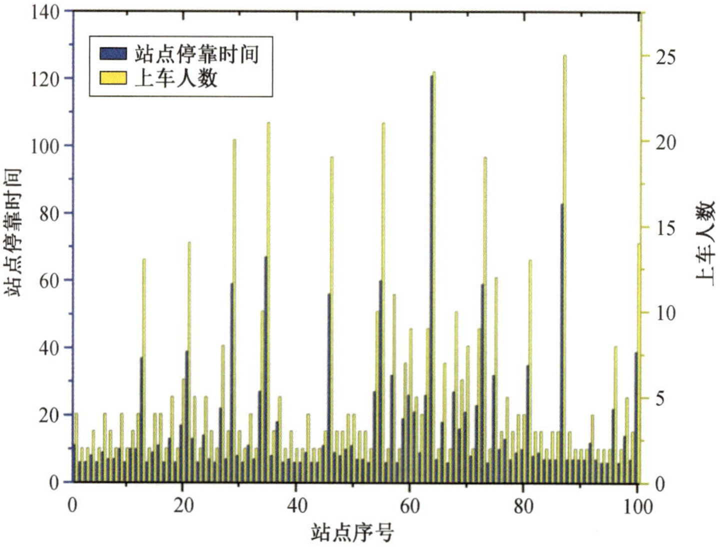

图 5-3　站点停靠时间与上车人数拟合结果

交车辆的进出站行为会存在时间差异[185]。直线式公交站虽然车辆进出站相对方便，能够减少进出站的时间，但公交车停靠时会占一条车道，从而影响路段其他车辆的通行，尤其是高峰时段容易产生交通瓶颈，增加延误。港湾式公交站虽然不影响车道上正常行驶的社会车辆，但由于公交车辆进出站相对困难，可能会造成站点停靠延误。因此，在预测站点停靠时间时，应考虑公交站的形式，本书用“0”表示直线式，用“1”表示港湾式。

4）该车次在上一路段的停靠时间

根据本书 5.2 节站点停靠影响因素分析可知，车辆加/减速进站及公交车的开/关门会对公交车的站点停靠时间也存在一定的影响，但实际测定加/减速时间和开/关门时间相对困难，通过记录该车次上一路段的停靠时间，能较好地表征车辆自身的制动性能及驾驶员的停车反应状况，从而间接反映其加/减速和开/关门耗时。

5）前三辆公交车在该站点的加权平均停靠时间

居民出行需求在一天内呈现出一定的规律性，城市交通存在明显的早高峰、平峰和晚高峰，不同时段的停靠时间有明显差异，然而一段时间的停靠时间有相似的特性，可以用某段时间内同线路公交车的站点加权平均停靠时间来反映当前站点的交通信息。同一时段内，公交车辆在相同站点的停靠时间与前三辆公交车在该站点的加权平均停靠时间类似，基于 FFF 计算加权平均停靠时间 $\bar{D}_{k,n}^{wa}$ 为

$$\bar{D}_{k,n}^{wa}=\sum_{i=1}^{n} f_1(h_{k,k-i},n)D_{k-i,\mathrm{st}} \tag{5-21}$$

式中，$D_{k-i,\mathrm{st}}$ 为第 $(k-i)$ 辆公交车在预测站点的实际停靠时间，s。

站点停靠时间预测模型选取的特征值如表 5-3 所列。

表 5-3 站点停靠时间预测模型特征值

序号	特征值	字段名	说明
1	站点上车人数	passenger	动态运行，连续变量
2	同时进站车辆数	bus routes	静态环境，不连续变量
3	公交站形式	station form	静态环境，分类变量，不同性质表示为：0—直线式；1—港湾式
4	该车次在上一站点的停靠时间	last stop time	动态运行，连续变量
5	前三辆公交车在该站点的加权平均停靠时间	average stop time	动态运行，连续变量

3. 特征值相关性分析及筛选

1）皮尔逊（Pearson）和斯皮尔曼（Spearman）相关性分析

如果相关性较大的两个变量同时作为预测模型的输入变量，便会造成变量的重复使用和数据冗余。考虑到上述初步筛选出的变量可能仍会存在一定的冗余性和无关性，为减轻网络的计算量、降低维度，并保证模型的性能，此处采用相关系数法对模型的特征值进行筛选。

Pearson 相关系数适用于衡量连续性变量间的相关性，Spearman 相关系数适用于衡量分类变量间的相关性。由于本书的特征变量既有连续变量又有分类变量，因此，此处应用 Pearson 相关系数和 Spearman 相关系数分别对站间行驶时间和站点停靠时间的特征变量进行相关性分析，并用热力图表示相关系数的分析结果。

相关系数的绝对值处于 0～1 之间，具体含义如表 5-4 所列。当相关系数为 1 时，表示两变量完全线性相关；当相关系数为 0 时，表示两变量线性无关。

表 5-4 相关系数取值范围及含义

相关程度	值
极强相关	0.8～1.0
强相关	0.6～0.8
中等相关	0.4～0.6
弱相关	0.2～0.4
极弱相关	0.0～0.2

2）站间行驶时间相关性分析结果

站间行驶时间特征值的 Pearson 和 Spearman 相关性分析结果如图 5-4 和图 5-5 所示。

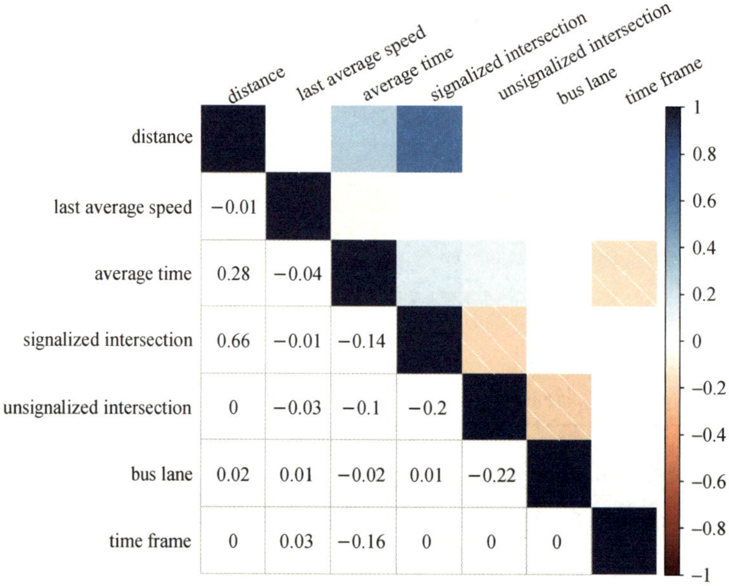

图 5-4　站间行驶时间特征值的 Pearson 相关性分析结果

（注：图中各参数的中文说明见表 5-2。）

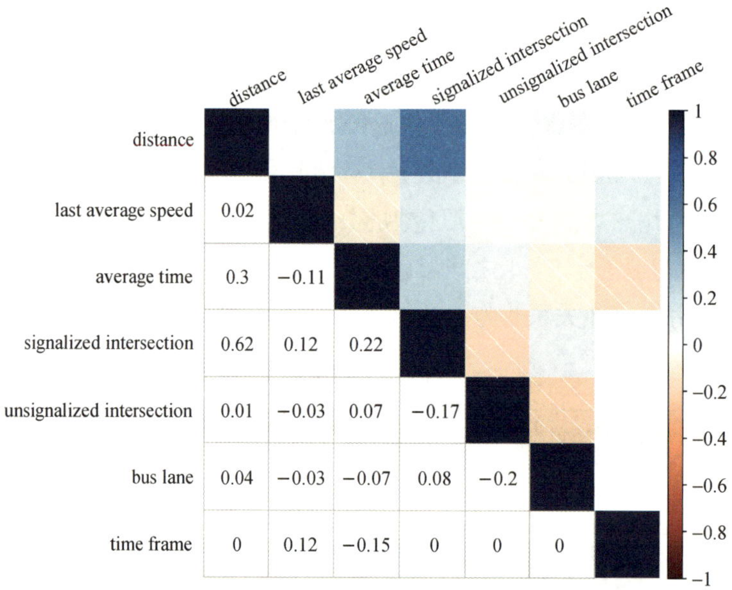

图 5-5　站间行驶时间特征值的 Spearman 相关性分析结果

（注：图中各参数的中文说明见表 5-2。）

可以看出，虽然两个相关系数分析结果稍有偏差，但除站间距离和信号交叉口数量呈强相关以外，其余特征间相关性不明显。在交叉口设计中，虽然《城市综合交通体系规划标准》(GB/T 51328—2018)[186]中未规定交叉口的间距，但工程实际中，通常根据主干路、次干路和支路的不同有其常设的交叉口间距范围，且随着路段长度的增加，交叉口数量也会随之增加，即本书的站间距离和信号交叉口数量呈强相关。但是，根据以上站间行驶时间预测特征值分析结果，站间距离和信号交叉口数量都显著影响公交运行时间，因此对这两个特征变量不进行剔除。

3）站点停靠时间相关性分析结果

站点停靠时间特征值的 Pearson 和 Spearman 相关性分析结果如图 5-6 和图 5-7 所示。

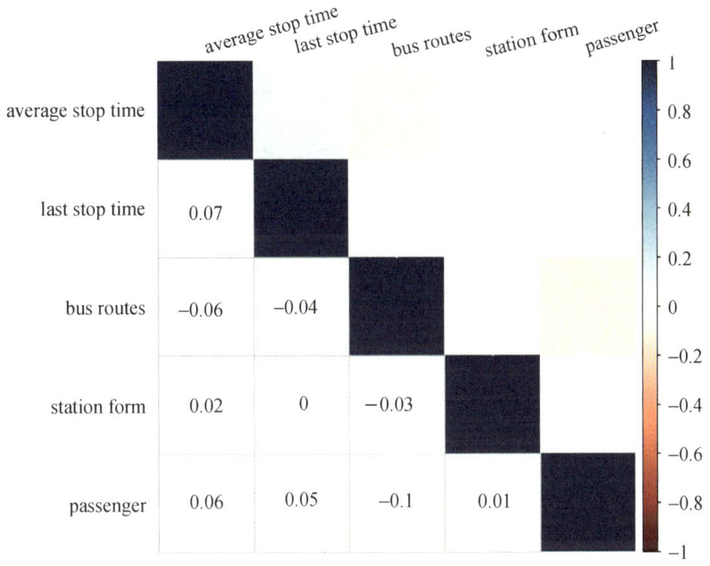

图 5-6　站点停靠时间特征值的 Pearson 相关性分析结果

（注：图中各参数的说明见表 5-3。）

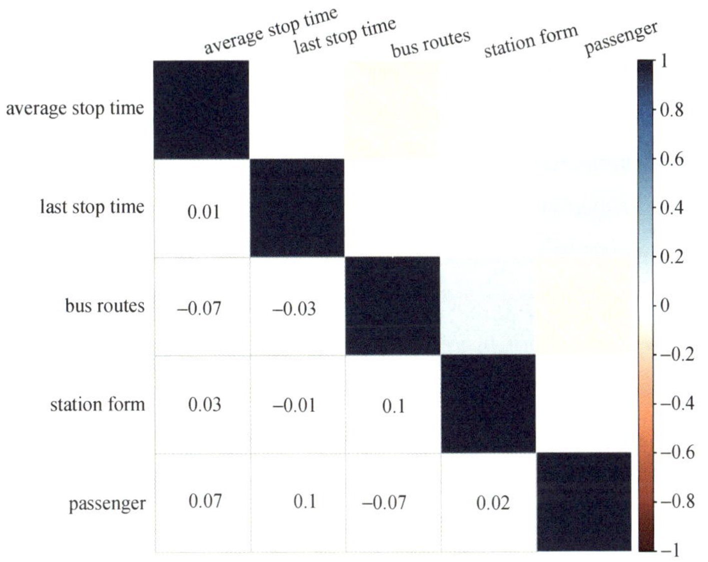

图 5-7　站点停靠时间特征值的 Spearman 相关性分析结果

（注：图中具体参数说明见表 5-3。）

可以看出，虽然两个相关系数分析结果稍有偏差，但整体特征间相关性不明显，因此不用剔除特征变量。

5.3.4 BP-DS 模型预测公交到站时间

1. 站间行驶时间预测模型的输入和输出

对于站间行驶时间预测模型的输入条件，需利用 GPS 车载设备实时采集公交车的运行信息，具体包括车辆当前的经/纬度信息、时间、瞬时速度等，并根据这些信息计算出公交车辆上一站点的到站时间，基于以上模型特征值选择的研究结论，选取时段、站间距离、信号交叉口数量、非信号交叉口数量、是否有公交专用道、该车次上一路段的平均运行速度、前三辆同线路车次在该路段的加权平均行驶时间作为站间行驶时间预测模型的输入条件。公交站间行驶时间作为模型的输出。

具体参数设置如下：

(1) 每天公交运营时段(约为 6:00—22:00)用 f 表示，$f=\{0, 1, 2\}$。其中，早高峰 7:00—9:00 用“0”表示，晚高峰 17:00—19:00 用“1”表示，其余运营时间为平峰用“2”表示。

(2) 连续变量站间距离用 l_{tr} 表示。

(3) 信号控制交叉口数量用 s 表示，$s=\{0, 1, \cdots, n\}$。

(4) 非信号控制交叉口数量用 u 表示，$u=\{0, 1, \cdots, n\}$。

(5) 是否有公交专用道用 B 表示，$B=\{0, 1\}$。其中，没有公交专用道用“0”表示，有公交专用道用“1”表示。

(6) 该车次上一路段的平均运行速度用 v 表示。

(7) 前三辆同线路车次在该路段的加权平均行驶时间用 $\bar{T}_{k,n}^{wa}$ 表示。

根据上述参数表述，构建样本数据向量：$\boldsymbol{h}=(f, l_{tr}, s, u, B, v, \bar{T}_{k,n}^{wa})^{T}$，其由 7 个输入变量组成。

构建训练数据集：$D=(h_i, T_{tr}^{i})$，其中 $i=0, 1, \cdots, N$，N 为训练样本数量，T_{tr}^{i} 表示公交车站间行驶时间。

2. 站点停靠时间预测模型的输入和输出

对于站点停靠时间预测模型的输入条件，除利用 GPS 车载设备实时采集公交车运行信息以外，还需利用实时 IC 卡刷卡数据来获取在每一站点使用公交卡的乘客的相关信息，以计算每站的上车人数。基于以上模型特征值选择的研究结论，选取站台形式、同站台车辆数、该车次在上一路段的停靠时间、站点上车人数、前三辆同线路车次在该站点的加权平均停靠时间作为站点停靠时间预测模型的输入条件。公交站点停靠时间作为模型的输出。

具体参数设置如下：

(1) 公交站点类型用 t 表示，根据不同站点的形式可表示为 $t=\{0, 1\}$。其中，直线式公交站用“0”表示，港湾式公交站用“1”表示。

(2) 同站台车辆数用 b 表示，$b=\{0, 1, \cdots, n\}$。

(3) 该车次在上一路段的停靠时间用 d 表示。

(4) 站点上车人数用 p 表示，$p=\{0, 1, \cdots, n\}$。

(5) 前三辆同线路车次在该站点的加权平均停靠时间用 $\bar{D}_{k,n}^{\text{wa}}$ 表示。

根据上述参数表述，构建样本数据向量：$\boldsymbol{h}=(t, b, d, p, \bar{D}_{k,n}^{\text{wa}})^{\mathrm{T}}$，其由 5 个输入变量组成。

构建训练数据集：$D=(h_i, T_{\text{st}}^i)$，其中 $i=0, 1, \cdots, N$，N 为训练样本数量，T_{st}^i 表示公交车的站点停靠时间。

3. BP-DS 组合预测模型的结构

1) 模型层数及节点数确定

通过前述算法介绍可知，BP 神经网络输入层的节点数是确定的，根据以上预测模型的输入输出分析可以确定：站间行驶时间 7 个变量为模型的输入变量，即节点数为 7，输出层只有公交车站间行驶时间这 1 个输出值，即节点数为 1；站点停靠时间 5 个变量为模型的输入变量，即节点数为 5，输出层只有公交车站点停靠时间这 1 个输出值，即节点数为 1。

隐含层可为一层或多层，且随着层数的增加，神经网络的训练精度也会提高，但过多的层数会导致复杂且用时长问题的发生，甚至出现过度拟合的情况。同时，不同的激活函数适合的隐含层数也不同。

隐含层节点数影响着神经网络模型的预测效果，随着节点数增多，其训练精度也会有所提高，但过多的节点数会影响模型的泛化能力。隐含层节点数的最优选择可由式(5-22)计算：

$$H<\sqrt{N+M}+\lambda \tag{5-22}$$

式中　H ——隐含层节点数；

N ——输入层节点数；

M ——输出层节点数；

λ ——0～10 之间的常数。

通过式(5-22)计算可得，公交站间行驶时间 BP 预测模型的隐含层节点数介于 2～12。利用样本数据分别取隐含层节点数为 2～12 进行训练，多次训练后，最终观察结果来确定隐含层节点数。

2) 激活函数的确定

在 BP 神经网络的构建过程中，使用激活函数有助于从数据中学习复杂模式，增加从输入到输出生成非线性映射的功能。本章选取已在公交行程时间预测中广泛应用的三种成熟的、主流的激活函数[187,188,195]。

(1) logistic 函数

logistic 函数即 sigmoid 函数，能将输出映射在(0，1)之间，使得数据在传输过程中不易发散，优化稳定，如图 5-8 所示。但由于其软饱和性，在反向传播中，易产生梯度消失，从而破坏训练的完整性。logistic 函数的定义式如式(5-23)所示。

$$logistic(x)=\frac{1}{1+e^{-x}} \tag{5-23}$$

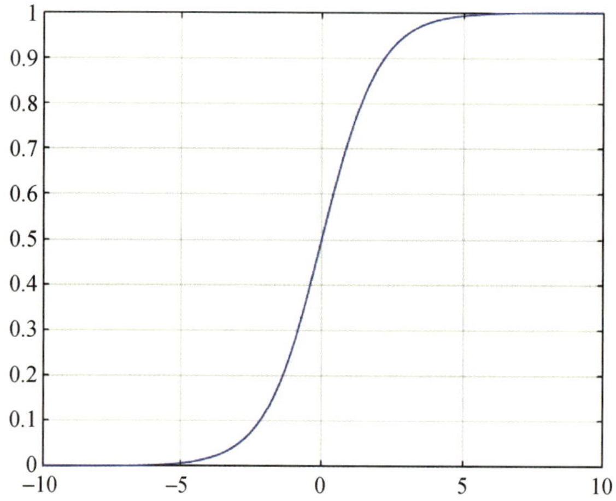

图 5-8 logistic 函数

(2) tanh 函数

tanh 函数的收敛速度比 logistic 函数快，且其输出以 0 为中心，如图 5-9 所示。但 tanh 函数依然存在软饱和性和梯度消失的问题。tanh 函数的定义式如式(5-24)所示。

$$tanh(x)=\frac{1-e^{-2x}}{1+e^{-2x}}=\frac{2}{1+e^{-2x}}-1 \tag{5-24}$$

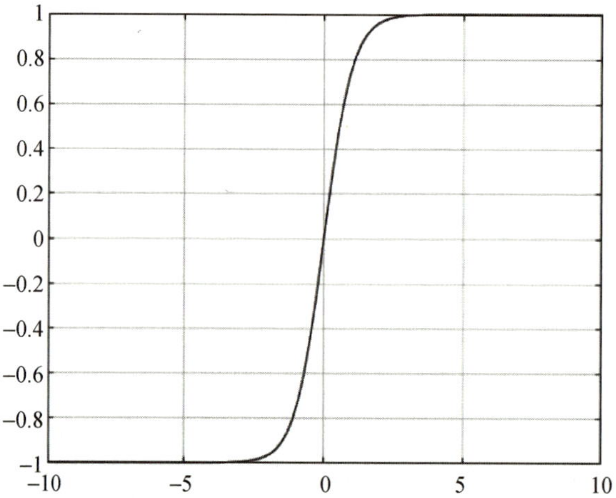

图 5-9 tanh 函数

（3）relu 函数

relu 函数不仅不会出现如同 logistic 函数和 tanh 函数一样的梯度消失问题，而且提供了网络稀疏表达能力，因此能够在无监督训练中有良好表现。但其不是以 0 为中心，在前向传播过程中，如果 $x<0$，则神经元保持非激活状态，在反向传播过程中不会对输入数据做出反应，这样权重无法得到更新，网络无法学习，如图 5-10 所示。relu 函数的定义式如式(5-25)所示。

$$relu(x)=\max(x,\ 0)=\begin{cases}x, & x\geqslant 0\\ 0, & x<0\end{cases} \tag{5-25}$$

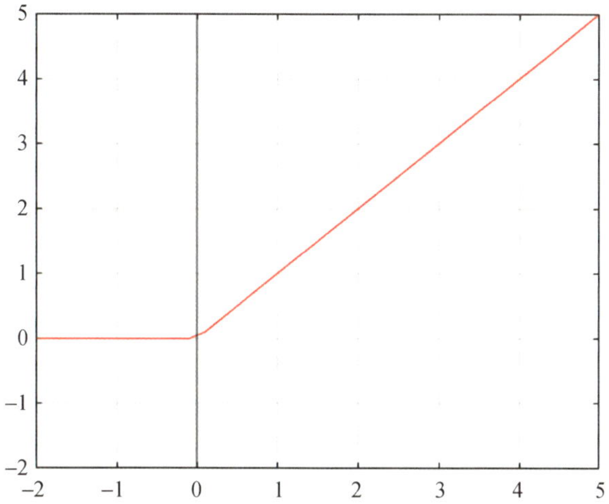

图 5-10　relu 函数

3）正则化

正则化是为了平衡训练误差与模型的复杂度，通过引入正则化项来避免过拟合。当正则化项参数的值非常小时，其惩罚项值不大；随着正则化项参数的值逐渐增大，过拟合现象的程度也逐渐降低，但是当正则化项参数的值超过某个阈值时，就会出现欠拟合现象，从而可能会丢失一些重要特征。因此，合理设定正则化项参数的值能使模型实现更好的拟合。

4）网络权值修正

（1）自适应矩估计算法

在同等数据量的情况下，自适应矩估计 Adam(Adaptive Moment Estimation)算法占用内存较少，超参数相对固定。Adam 算法适用于大规模的数据训练，且对梯度稀疏和梯度噪声有很大的容忍性。

（2）随机梯度下降算法

随机梯度下降(Stochastic Gradient Descent，SGD)算法每读入一个样本，便实施梯度下降以进行参数更新。该算法模型训练较为灵活，可以在线更新，但很难收敛，效率较低。

5）学习速率的设定

学习速率 μ 又称步长，其决定了每次训练权值的变化量。学习速率太小会影响收敛速度，需延长训练时间；学习速率太大则会造成模型结构的不稳定。因此，利用样本数据多次训练以确定学习速率。

6）D-S 证据理论融合

在三个 BP 神经网络模型预测结束后，根据以上证据理论权重融合模型，运用训练数据分别计算三个站间行驶时间预测模型和三个站点停靠时间预测模型的训练误差，从而确定组合模型的权重，并计算基本信任函数。使用 Dempster 合成规则正交基本信任函数，输出预测结果。

5.4 案例分析

以上提出了基于 BP-DS 的公交运行状态变化趋势预测模型，并给出了 BP-DS 预测模型的详细过程。本节应用佛山市几条典型公交线路的运行数据对该预测模型进行实例验证，并基于模型的评价指标，与单独 BP 神经网络预测模型进行对比分析，从而验证 BP-DS 模型的可行性和优势。

5.4.1 运行环境及运行特性分析

1. 运行环境

在初步建立的公交运行状态变化趋势预测模型的基础上，本书运用 Python3.9 的开发环境构建了 BP-DS 组合预测模型。

2. 实验数据选取与概述

为了验证本书所建立模型的预测效果，选取佛山市公交 101 路作为实验对象。公交 101 路隶属于佛山市粤运公共交通有限公司，线路长度为 13.74 km，配车数 18 辆，每天共 110 个班次，营运总里程为 3 157 km。平峰时发车间隔为 8～12 min，平均行程时间约为 68 min；高峰时发车间隔为 7 min，平均行程时间约为 72 min。公交 101 路途经火车站、汽车站、佛山科技学院、澜石中学等交通比较繁忙的路段，且无正在施工路段，因而公交运行不受施工影响，能反映出佛山市公交运行的主要特征。公交 101 路具体的站点信息及站间距离如表 5-5 所列，线路走向如图 5-11 所示。

表 5-5　公交 101 路站点信息

站号	站名	站台形式	同站台车辆数	站间距离/m	是否设置公交专用道
1	火车站	直线式	29	0	否
2	文昌路	直线式	28	1 429	否
3	汽车站 A 站	直线式	28	707	是
4	佛山中医院	直线式	29	580	是
5	旋宫酒店	港湾式	15	654	否
6	祖庙 A 站	港湾式	14	483	否
7	环球国际广场	直线式	9	792	否
8	海关	直线式	11	369	否
9	佛山科技学院	港湾式	13	642	否
10	弼唐	港湾式	14	621	是
11	茶亭	港湾式	15	437	是
12	石湾客运站	港湾式	15	247	是
13	中国陶瓷城	港湾式	16	457	是
14	石湾公园	港湾式	14	670	是
15	陶都	港湾式	14	200	否
16	跃进路中	直线式	6	398	否
17	美术陶瓷厂	港湾式	3	688	否
18	华榕宫	港湾式	1	438	否
19	沙岗	港湾式	1	499	否
20	澶清里	港湾式	1	307	否
21	佛山家博城南门	直线式	1	495	否
22	佛山家博城	港湾式	7	548	否
23	澜石一路东	港湾式	2	313	否
24	银苑市场	直线式	3	281	否
25	澜石中学	直线式	4	863	否
26	省纺院	直线式	1	412	否
27	石头村	直线式	5	210	否

图 5-11　佛山市公交 101 路线路走向

本节选取的数据为佛山市公交 101 路 5 个工作日下行方向全天的公交运行相关数据，共21 390条有效数据，其中14 970条数据作为训练集，6 420条数据作为测试集，并将训练集划分为三个子集，每个子集包含4 990条数据，用于模型的权重提取。其中，数据经度范围为113.114 733～113.103 8，纬度范围为22.985 45～23.037 53，具体包括 GPS 数据、IC 卡刷卡数据、营运计划表和佛山市公交线路站点信息等。

3. 基于多源数据的公交运行特性分析

城市公交的主要目的是满足居民的出行需求，由于居民出行需求在时间和空间上表现出来的巨大差异，使得不同时间、位置的公交运行特性也呈现出巨大差异。本章运用预处理后的数据来分析公交运行过程中的时间和空间分布特性，从而为模型输入特征值的选取提供参考。

1）公交运行时间特性分析

居民出行需求在一天内呈现出时段的规律性，通常情况下，尤其是在工作日，呈现出明显的早高峰、晚高峰和平峰特点。早、晚高峰交通流量较大，路段拥堵严重，公交车辆行驶缓慢，同时，客流增大也会带来公交站点停靠时间的增加。居民出行需求的时段波动会导致公交运行状况的变化。根据《佛山市人民政府办公室关于加强公交专用道管理的实施意见》中所规定的公交专用道在管理时段（每天 7:00—9:00，17:00—19:00）内仅供公交车辆通行（图 5-12），可初步得到早高峰大概在 7:00—9:00，晚高峰大概在 17:00—19:00。

为了探究公交行驶的时段规律性，本章选取了佛山市公交 101 路某工作日上行方向全天车次的行驶时间，绘制成图 5-13，其中横轴为发车时间，纵轴为实际运行时长。从该图可以明显看出，7:23—9:14 出现了行驶时间迅速增大的情况，而 16:57—18:47 也出现了类似情况，这一结果符合城市工作日高峰时段交通给人的直观感受。

图 5-12　公交专用道设置

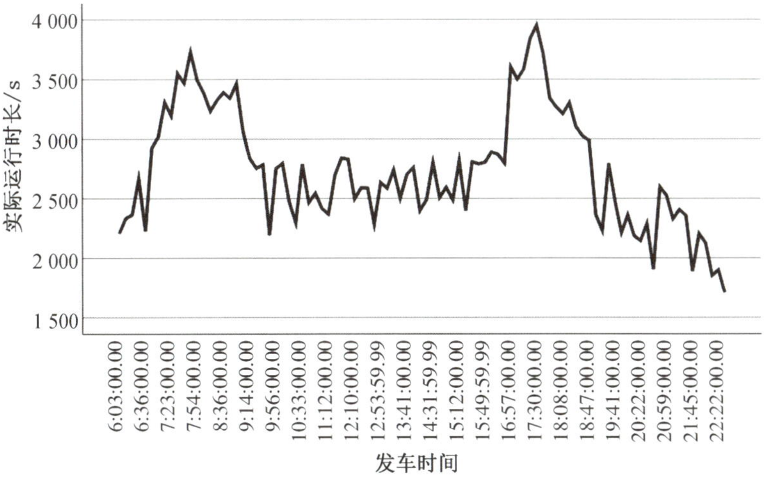

图 5-13　公交 101 路某日全天运行时间分布

为进一步分析不同时段公交行驶时间的相似特性，本书采用K均值(K-means)聚类算法对公交全天行驶时间进行聚类，以期得到详细的公交运行时间段划分。K均值聚类属于机器学习中的无监督学习，能够将目标数据集自动分为若干个类别，以表现不同类别数据的差异性，以及与同一类别数据的相似性。目前，聚类算法已被广泛应用于人工智能、图像识别及网页搜索等领域[189,190]。K均值聚类算法的基本流程如下。

Step 1：从样本中随机抽取 k 个样本作为中心向量。

Step 2：计算每个样本点与各中心向量的欧氏距离，并取欧氏距离最小的中心向量作为该样本点的聚类中心。

Step 3：更新聚类中心，每个中心向量取前一次迭代得到的各自类别样本点的均值，即均值向量。

Step 4：判断所有样本点的聚类中心是否发生变化，若不变，则输出结果；若改变，则返回步骤2。

采用佛山市公交101路连续两个星期一的数据作为样本集合，最终得到聚类中心，如表5-6所列。

表5-6 聚类中心

类别	1	2	3	4	5	6
时刻	7:20:30	18:04:41	10:04:30	21:05:8	12:49:25	15:18:17
时长	51:30	54:18	44:48	36:56	43:28	44:28

依据聚类结果，标记设置依据为聚类类别，绘制公交全天运行时间的时刻-时间散点图，如图5-14所示，其中横轴为发车时间，纵轴为实际运行时长，不同颜色代表聚类后的类别。根据时段聚类编号将全天运行时间划分为6个时段。

从图5-14可以看出，不同颜色区域呈现出一定程度的聚集，通过分析可以得到详细的公交全天运行时间段划分结果，如表5-7所列。

表5-7 时段划分结果

类别	时间段	类别	时间段
1	6:00—9:00	4	19:00—23:00
2	17:00—19:00	5	12:00—14:00
3	9:00—12:00	6	14:00—17:00

类别1的时间范围为6:00—9:00，对应了早高峰时段。

类别2的时间范围为17:00—19:00，对应了晚高峰时段。

类别3的时间范围为9:00—12:00，对应了早高峰过后上午的低峰时段。

类别 4 的时间范围为 19:00—23:00,对应了晚高峰过后晚间的低峰时段。

类别 5 的时间范围为 12:00—14:00,对应了中午的低峰时段。

类别 6 的时间范围为 14:00—17:00,对应了下午的低峰时段。

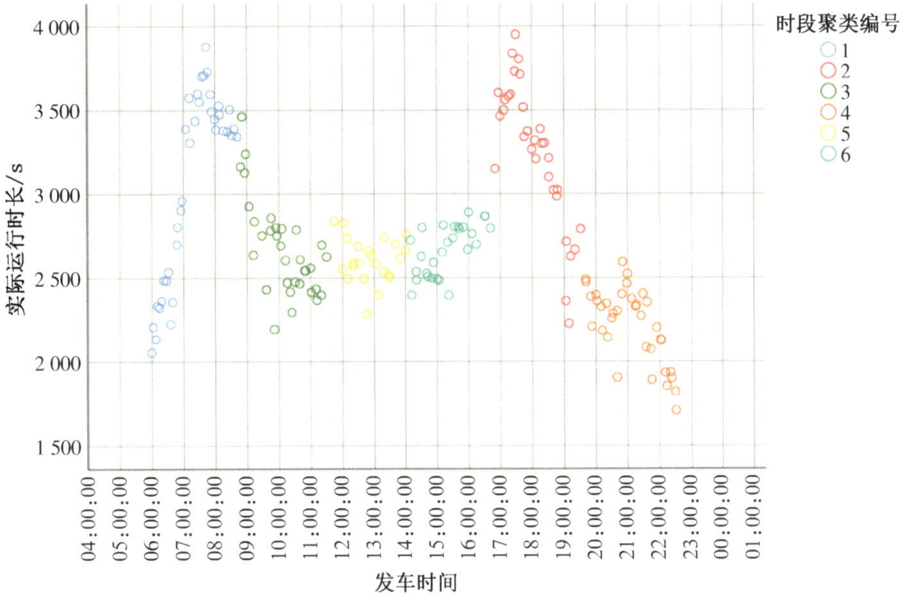

图 5-14　公交全天运行时间的时刻-时间散点图

通过对公交全天运行时间段进行聚类分析,能够得到较为精准的交通流量在工作日的时段分布。从图 5-14 可以看出,一天内不同时段的公交运行具有较大差异,不同时段的交通流量会影响公交的运行时长,因此在设计公交运行状态变化趋势预测模型时,需要考虑时间段对公交运行的影响。

2) 公交运行空间特性分析

公交运行的相邻路段,由于其地理位置相隔较近,交通状况有一定的相似性,因此具有一定的空间关联性。在公交实际运行过程中,若上一路段较为拥挤,则下一路段的行驶时间也会相应增加;若上一站点的停靠时间较长,则下一站点的停靠时间也会相应增加。为了探究公交行驶相邻路段和相邻站点的空间关联性,本章选取佛山市公交 101 路某个星期一的路段行驶时间数据和站点停靠时间数据作为研究对象,说明其相关性。

(1) 站间行驶时间

选取佛山市公交 101 路两个连续路段"澜石一路东—银苑市场"和"银苑市场—澜石中学"某个工作日的站间行驶时间作为研究对象,如图 5-15 所示。"澜石一路东—银苑市场"的站间距离为 281 m,沿途经过 1 个信号交叉口;"银苑市场—澜石中学"的站间距离为 863 m,沿途经过 2 个信号交叉口。

从图 5-15 可以看出，佛山市公交 101 路在相邻的“澜石一路东—银苑市场”和“银苑市场—澜石中学”两个路段行驶时，上游路段(澜石一路东—银苑市场)与下游路段(银苑市场—澜石中学)的站间行驶时间趋势相似，当上游路段的站间行驶时间出现明显波动时，下游路段也会出现类似的趋势。

(2) 站点停靠时间

选取佛山市公交 101 路在“石湾客运站”和“中国陶瓷城”这两个站点某个工作日的站点停靠时间作为研究对象，如图 5-16 所示。其中，“石湾客运站”和“中国陶瓷城”这两个站点的同站台线路数分别为 15 和 16，站点情况基本类似，且两个站点均为港湾式，站间距离为 457 m。

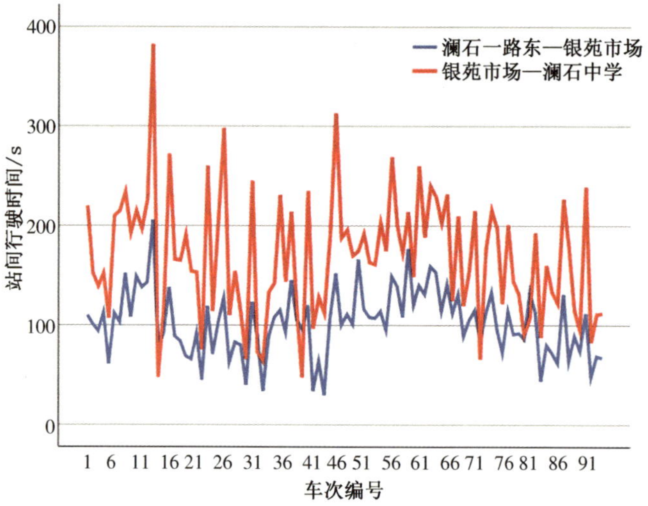

图 5-15 “澜石一路东—银苑市场”和“银苑市场—澜石中学”的站间行驶时间

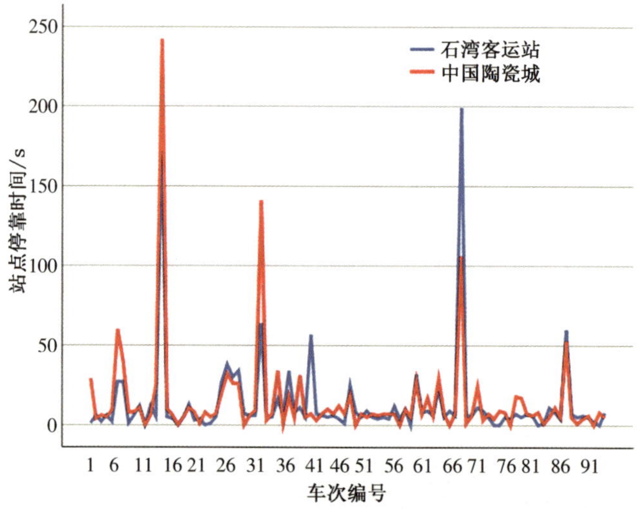

图 5-16 “石湾客运站”和“中国陶瓷城”的站点停靠时间

从图 5-16 可以看出，佛山公交 101 路在相邻的“石湾客运站”和“中国陶瓷城”两个站点停靠时，上游站点（石湾客运站）与下游站点（中国陶瓷城）的停靠时间趋势相似，当上游站点的停靠时间出现明显波动时，下游站点也会出现类似的趋势。尤其是上游站点与下游站点停靠时间数据中的几次突变，趋势类似且远超历史均值。

通过对图 5-15 的站间行驶时间和图 5-16 的站点停靠时间进行分析，证实了就行驶时间和停靠时间而言，不同站点之间有一定的联系，在公交行驶过程中，上一路段的运行时间显著影响后续路段的运行时间，上一站点的停靠时间也显著影响后续站点的停靠时间。因此，在进行公交运行状态预测时，需要考虑上游路段行驶时间对下游路段行驶时间、上游站点停靠时间对下游站点停靠时间的影响，并将上下游站点间的联系体现在模型的特征值选取中。

5.4.2　评价指标计算

在建立公交运行状态预测模型过程中，为了验证模型的预测效果，需借助评价指标，通过将真实值分别与 BP 神经网络模型的预测值、BP 神经网络和 D-S 证据推理组合模型的预测值进行对比分析，以评估预测效果。常用的评价指标有平均绝对误差（Mean Absolute Error，MAE）、最小二乘准则（Least Squares Criterion，LSC）、平均绝对百分比误差（Mean Absolute Percentage Error，MAPE）、中值绝对误差（Median Absolute Error，MedAE）、均方残差（Mean-Square Error，MSE）、均方根误差（Root Mean Square Error，RMSE）、决定系数（R^2）等。本书拟选用平均绝对误差和平均绝对百分比误差这两项指标来评价预测结果的好坏。

1. 平均绝对误差（MAE）

平均绝对误差能够防止误差相互抵消，从而更好地反映预测值与真实值的实际总体误差。其值越大，表明模型预测值偏离实际值越远。

$$MAE=\frac{\sum_{i=1}^{N}|F_i-R_i|}{N} \tag{5-26}$$

式中　N ——模型的预测次数；

F_i ——模型的真实值；

R_i ——模型的预测值。

2. 平均绝对百分比误差（MAPE）

平均绝对百分比误差属于相对比率，其可以反映模型的平均相对偏差和可靠度，结果更为客观。当其值越接近 0 时，模型的预测结果准确度就越高。关于 $MAPE$ 的评估标准如表 5-8 所列。

$$MAPE = \frac{1}{N} \sum_{i=1}^{N} \frac{|F_i - R_i|}{F_i} \times 100\% \tag{5-27}$$

表 5-8　MAPE 的评估标准

MAPE	说明
<10%	高精度的预测
10%~20%	优良的预测
20%~50%	合理的预测
>50%	不准确的预测

5.4.3　模型的设定及融合

1. 站间行驶时间预测模型的网络设定及融合

1）BP 神经网络设定

在构建 BP 神经网络预测模型的过程中，站间行驶时间的输入层节点数即用于训练的特征值为 7，输出层节点数为 1。选用的激活函数分别为 logistic 函数、tanh 函数和 relu 函数，不同激活函数下站间行驶时间预测模型网络设定如表 5-9 所列。

表 5-9　站间行驶时间预测模型网络设定

激活函数	正则化项参数	隐藏层数	神经元节点数	网络权值修正	学习速率	最大迭代次数
logistic	0.000 01	1	30	SGD	0.06	200
tanh	0.000 01	1	30	SGD	0.01	200
relu	0.000 01	2	100,40	ADAM	0.01	200

2）证据理论的合成

利用构建的三个 BP 神经网络预测模型，分别对三个训练子集进行预测，并根据式(5-9)和式(5-10)计算误差和权重，其中 ε 取 0.001，得到站间行驶时间各预测模型对应的权重如表 5-10 所列。

表 5-10　站间行驶时间各预测模型对应的权重

训练子集	BP(logistic)权重	BP(tanh)权重	BP(relu)权重
训练子集 1	0.295 2	0.336 4	0.368 5
训练子集 2	0.278 6	0.343 0	0.378 4
训练子集 3	0.271 6	0.312 6	0.415 8

将各权重视为基本信度值，并得到信任函数，利用 Dempster 合成法则，对信任函数进行多重融合，得到最终的站间行驶时间权重融合结果，如表 5-11 所列。

表 5-11 站间行驶时间权重融合结果

权重融合	BP(logistic)权重	BP(tanh)权重	BP(relu)权重
1 重融合	0.244 0	0.342 3	0.413 7
2 重融合	0.191 9	0.309 9	0.498 2

最终 BP(logistic)、BP(tanh)和 BP(relu)的权重分别为0.191 9、0.309 9和0.498 2，以此作为模型权重对测试集进行预测。

2. 站点停靠时间预测模型的网络设定及融合

1) BP 神经网络设定

在构建 BP 神经网络预测模型的过程中，站点停靠时间的输入层节点数即用于训练的特征值为 5，输出层节点数为 1。选用的激活函数分别为 logistic 函数、tanh 函数和 relu 函数，不同激活函数下站点停靠时间预测模型网络设定如表 5-12 所列。

表 5-12 站点停靠时间预测模型网络设定

激活函数	正则化项参数	隐藏层数	神经元节点数	网络权值修正	学习速率	最大迭代次数
logistic	0.000 01	1	100	ADAM	0.01	200
tanh	0.000 01	1	100	SGD	0.01	200
relu	0.000 01	2	100,40	ADAM	0.01	200

2) 证据理论的合成

利用构建的三个 BP 神经网络预测模型，分别对三个训练子集进行预测，并根据式(5-9)和式(5-10)计算误差和权重，其中 ε 取 0.001，得到站点停靠时间各预测模型对应的权重如表 5-13 所列。

表 5-13 站点停靠时间各预测模型对应的权重

训练子集	BP(logistic)权重	BP(tanh)权重	BP(relu)权重
训练子集 1	0.354 4	0.388 6	0.257 0
训练子集 2	0.295 1	0.408 8	0.296 2
训练子集 3	0.295 2	0.368 5	0.336 4

将各权重视为基本信度值，并得到信任函数，利用 Dempster 合成法则，对信任函数进行多重融合，得到最终的站点停靠时间权重融合结果，如表 5-14 所列。

表 5-14　站点停靠时间权重融合结果

权重融合	BP(logistic)权重	BP(tanh)权重	BP(relu)权重
1 重融合	0.308 0	0.224 2	0.467 8
2 重融合	0.268 4	0.222 7	0.508 9

最终 BP(logistic)、BP(tanh)和 BP(relu)的权重分别为0.268 4、0.222 7和0.508 9，以此作为模型权重对测试集进行预测。

5.4.4　预测结果及分析

基于构建的 BP-DS 预测模型，对佛山市公交 101 路的站间行驶时间和站点停靠时间分别进行预测，并计算预测结果的评价指标。

1. 站间行驶时间预测结果及分析

分别选用激活函数 logistic、tanh、relu 和 BP-DS 模型得到的站间行驶时间预测结果如图 5-17、图 5-18、图 5-19 和图 5-20 所示。

从图 5-17—图 5-20 的预测结果可以看出，对于 BP 神经网络的三个预测模型，选用 relu 激活函数(图 5-19)在站间行驶时间大于 500 s 时预测结果相比另外两个 BP 模型更接近真实值，更适用于对突发状况的预判；选用 logistic 激活函数(图 5-17)在站间行驶时间的预测上整体结果偏小；选用 tanh 激活函数(图 5-18)在站间行驶时间的预测上整体结果偏大。而利用 D-S 证据理论权重融合的 BP-DS 模型(图 5-20)，其整体站间行驶时间较单纯 BP 神经网络预测模型的拟合度更高，但是，在权重融合后，对站间行驶时间大于 500 s 的突发延误状况的预测效果不如 relu 激活函数。为进一步反映各模型的预测效果，计算站间行驶时间各预测模型的评价指标，结果如表 5-15 所列。

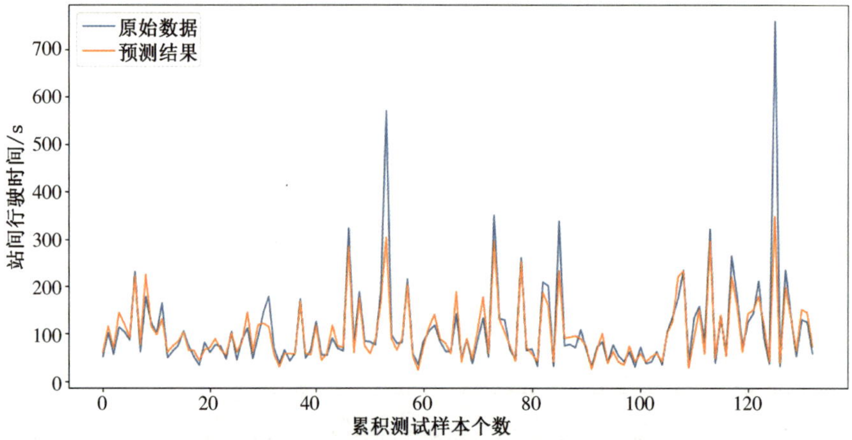

图 5-17　选用 logistic 激活函数的 BP 神经网络模型站间行驶时间预测结果

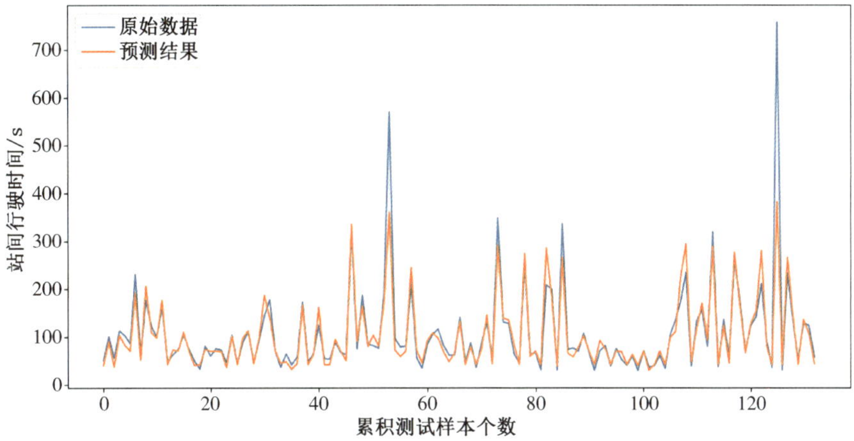

图 5-18　选用 tanh 激活函数的 BP 神经网络模型站间行驶时间预测结果

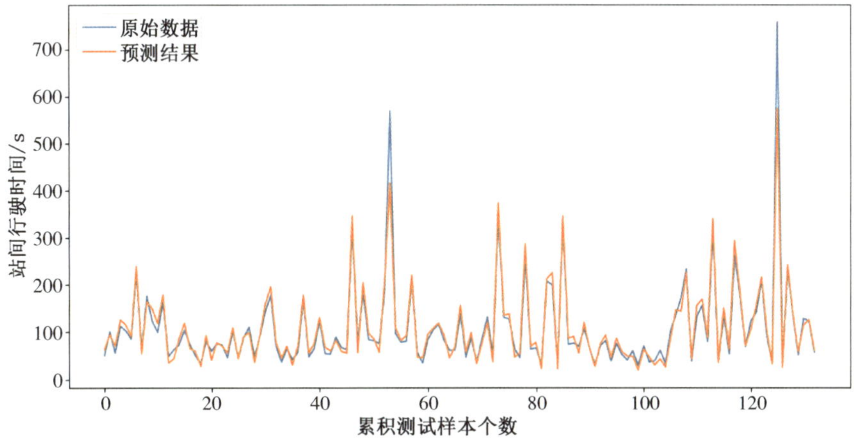

图 5-19　选用 relu 激活函数的 BP 神经网络模型站间行驶时间预测结果

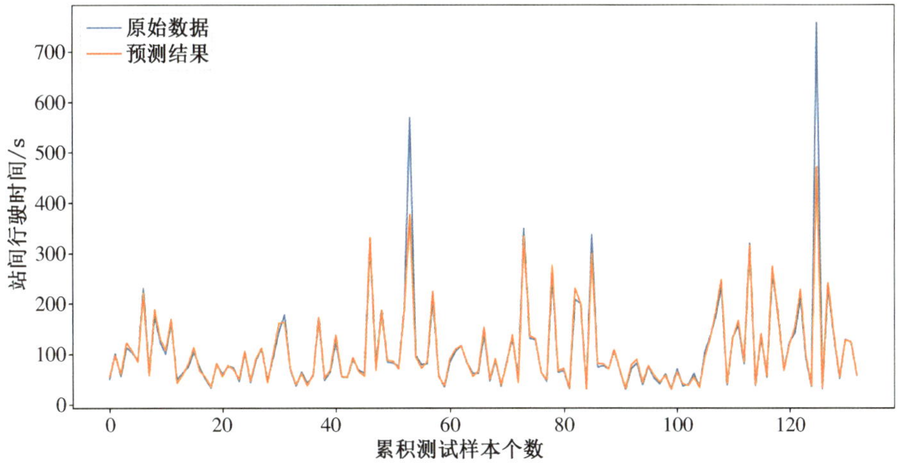

图 5-20　BP-DS 模型站间行驶时间预测结果

表 5-15　站间行驶时间不同模型预测结果评价指标

预测方法	MAE/s	MAPE
BP(logistic)	20.11	17.07%
BP(tanh)	17.83	14.70%
BP(relu)	13.25	13.51%
BP-DS	8.68	5.91%

由表 5-15 可以看出，在站间行驶时间预测中，BP-DS 模型的 *MAE*、*MAPE* 这两个评价指标的值均小于 BP 的三个预测模型，即 BP-DS 模型预测站间行驶时间的整体准确率更高，反映出加入 D-S 证据理论进行权重融合所构建的 BP-DS 模型能提高预测准确度，从而提高模型的有效性。

表 5-16 为 BP-DS 模型在各路段的站间行驶时间预测结果。其中，站间行驶时间预测结果误差排名前三路段为“银苑市场—澜石中学”、“佛山科技学院—弼唐”和“祖庙 A 站—环球国际广场”。结合路段信息可以看出，更长的路段或交叉口数量更多的路段相对而言预测结果误差较大，对于路段行驶和交叉口通过所发生的突发延误，预测精度有待进一步提升。站间行驶时间预测结果误差最小的三个路段为“省纺院—石头村”“石湾公园—陶都”和“茶亭—石湾客运站”。同样地，结合路段信息可以看出，当路段较短、交叉口无信号或设有公交专用道时，相对而言预测结果误差较小，主要是由于路况更简单、更易准确预测。结合路段信息进行分析，可得设有公交专用道的路段的 *MAE* 为 8.21，*MAPE* 为 5.89%；而未设公交专用道的路段的 *MAE* 为 8.55，*MAPE* 为 6.10%，设有公交专用道的路段预测结果更为准确。此外，通过分析每条预测数据，可以得到 BP-DS 模型在预测站间行驶时间时，*MAPE* 值在 5%以内的占 54%，在 10%以内的占 91%；*MAE* 在 5 s 以内的占 65%，在 10 s 以内的占 84%，在 15 s 以内的占 94%。

表 5-16　BP-DS 模型各路段站间行驶时间预测结果

路段	MAE/s	MAPE
火车站—文昌路	11.82	6.40%
文昌路—汽车站 A 站	9.09	6.53%
汽车站 A 站—佛山中医院	6.93	6.07%
佛山中医院—旋宫酒店	8.61	6.74%
旋宫酒店—祖庙 A 站	8.26	6.02%
祖庙 A 站—环球国际广场	11.62	6.43%
环球国际广场—海关	6.62	6.20%
海关—佛山科技学院	7.68	6.35%

（续表）

路段	MAE/s	MAPE
佛山科技学院—弼唐	14.92	6.24%
弼唐—茶亭	7.00	5.34%
茶亭—石湾客运站	5.78	5.24%
石湾客运站—中国陶瓷城	6.67	6.36%
中国陶瓷城—石湾公园	7.08	5.42%
石湾公园—陶都	5.31	5.22%
陶都—跃进路中	8.39	6.88%
跃进路中—美术陶瓷厂	8.09	6.71%
美术陶瓷厂—华榕宫	7.27	6.17%
华榕宫—沙岗	9.11	6.18%
沙岗—潭清里	8.16	5.59%
潭清里—佛山家博城南门	9.44	6.28%
佛山家博城南门—佛山家博城	9.23	6.41%
佛山家博城—澜石一路东	6.65	5.84%
澜石一路东—银苑市场	7.49	6.08%
银苑市场—澜石中学	16.40	6.15%
澜石中学—省纺院	9.18	6.01%
省纺院—石头村	3.20	4.55%

根据聚类分析后的公交运行时段，对各个时段的站间行驶时间预测结果误差进行分析，结果如表 5-17 所列。由此表可知，在同一天内，不同时段的公交站间行驶时间有所不同，早高峰（6:00—9:00）和晚高峰（17:00—19:00）的预测精度相比其他时段要低，这主要是由于高峰时段路段较为拥堵、突发状况较多、交通状况更为复杂，从而加大了预测难度。

表 5-17　站间行驶时间 BP-DS 模型各时段预测结果

时段	MAE/s	MAPE
6:00—9:00	12.40	6.65%
9:00—12:00	6.27	5.68%
12:00—14:00	6.59	5.68%
14:00—17:00	6.55	5.59%
17:00—19:00	14.74	6.69%
19:00—22:00	6.37	5.77%

2. 站点停靠时间预测结果及分析

分别选用激活函数 logistic、tanh、relu 和 BP-DS 模型得到的站点停靠时间预测结果如图 5-21、图 5-22、图 5-23 和图 5-24 所示。

从图 5-21—图 5-24 的预测结果可以看出，对于 BP 神经网络的三个预测模型，选用 logistic 激活函数(图 5-21)当公交的站点停靠时间相对较短时，预测效果较好；选用 relu 激活函数(图 5-23)当公交的站点停靠时间在 100 s 以上长时间停留时，预测效果较好，尤其是站点停靠时间大于 200 s 时，其预测结果与原始数据的拟合程度极高，更适用于对突发状况的预判；选用 tanh 激活函数(图 5-22)则公交站点停靠时间的预测整体结果偏小。而利用 D-S 证据理论权重融合的 BP-DS 模型(图 5-24)，其整体站点停靠时间较单纯 BP 神经网络的预测模型拟合度更高，但是，在权重融合后，对公交站点停靠时间大于 200 s 的突发延误状况的预测效果不如 relu 激活函数。为进一步反映各模型的预测效果，计算公交站点停靠时间各预测模型的评价指标，结果如表 5-18 所列。

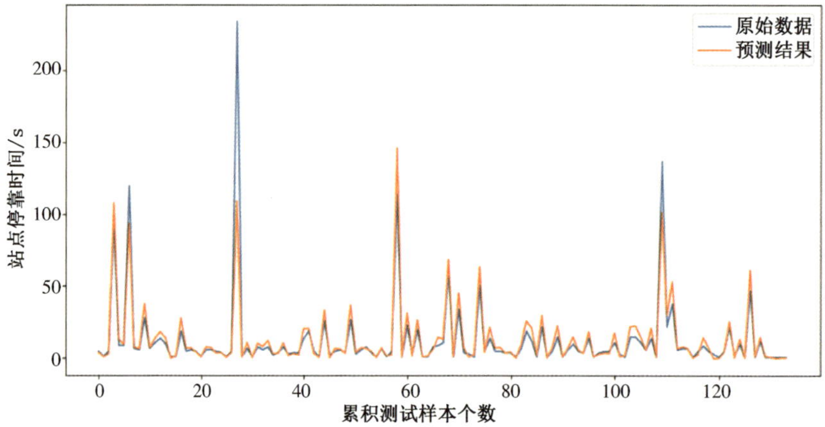

图 5-21 选用 logistic 激活函数的 BP 神经网络模型站点停靠时间预测结果

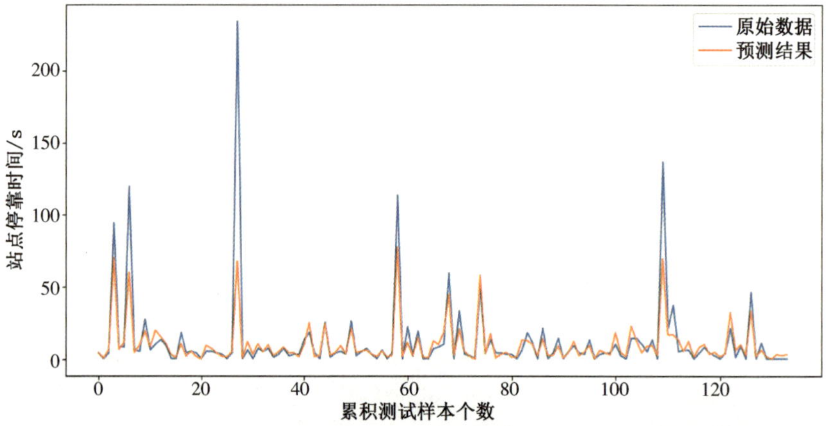

图 5-22 选用 tanh 激活函数的 BP 神经网络模型站点停靠预测结果

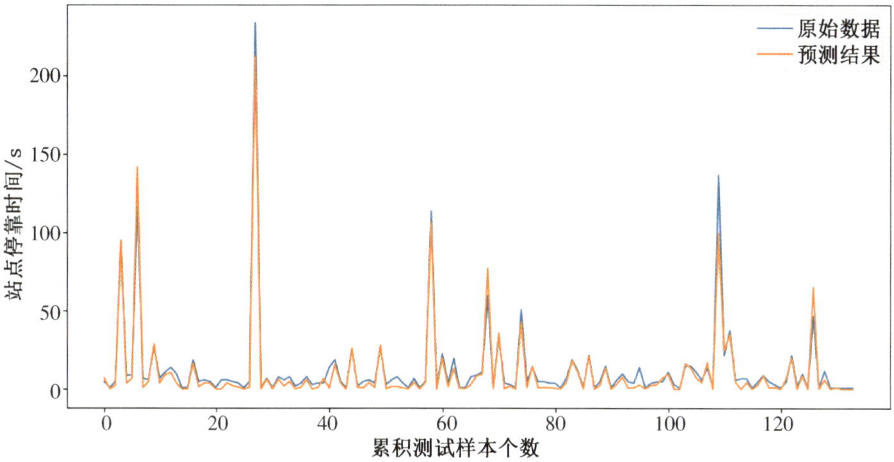

图 5-23　选用 relu 激活函数的 BP 神经网络模型站点停靠时间预测结果

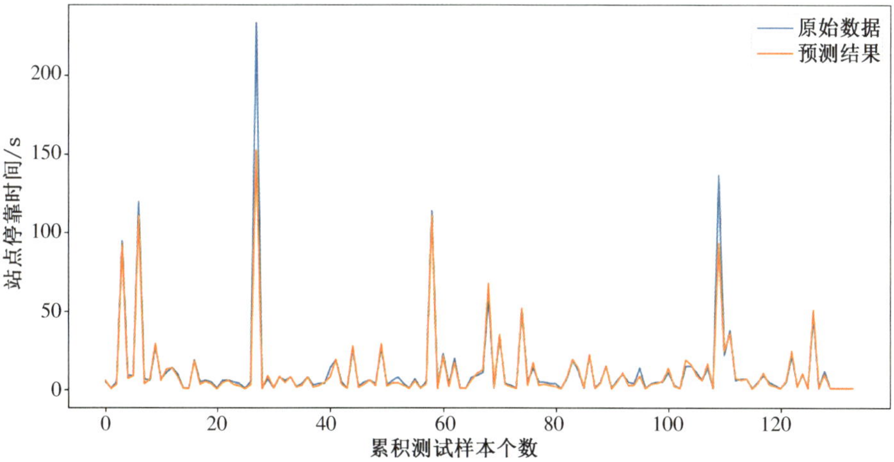

图 5-24　BP-DS 模型站点停靠时间预测结果

表 5-18　站点停靠时间不同模型预测结果评价指标

预测方法	*MAE*/s	*MAPE*
BP(logistic)	4.36	37.07%
BP(tanh)	5.56	63.54%
BP(relu)	3.05	50.46%
BP-DS	2.18	18.98%

由表 5-18 可以看出，在站点停靠时间预测中，BP-DS 模型的 *MAE* 和 *MAPE* 这两个评价指标的值均小于 BP 的三个预测模型，即 BP-DS 模型预测站点停靠时间的整体准确率更高，反映了加入 D-S 证据理论进行权重融合所构建的 BP-DS 模型能提高预测准确度，从而提高模型的有效性。但公交的站点停靠时间的 *MAPE* 值高于站间行驶时间的 *MAPE* 值，这是由于停靠时间整体时长远远小于站间行驶时间，尤其是在停靠时间仅有几秒的时候，一两秒的误差就会使 *MAPE* 达 20%～30%。

表 5-19 为 BP-DS 模型在各站点的停靠时间预测结果。其中，佛山科技学院站的预测误差最大，分析其预测数据、站点信息和 IC 卡刷卡情况，我们发现佛山科技学院站客流量变化较大，约 10%的站点停靠时间在 100 s 以上。BP-DS 模型对站点停靠所产生的突发延误，预测精度也有待进一步提升。此外，通过分析每条预测数据，可以得到 BP-DS 模型在预测站点停靠时间时，*MAPE* 值在 10%以内的占 33%，在 20%以内的占 62%，在 30%以内的占 76%；*MAE* 值在 2 s 以内的占 82%，在 5 s 以内的占 96%。

表 5-19　BP-DS 模型各站点停靠时间预测结果

站点序号	站名	*MAE*/s	*MAPE*
2	文昌路	2.24	17.14%
3	汽车站 A 站	1.81	21.15%
4	佛山中医院	1.72	24.95%
5	旋宫酒店	1.16	21.50%
6	祖庙 A 站	1.54	17.22%
7	环球国际广场	1.80	17.55%
8	海关	1.61	18.50%
9	佛山科技学院	6.55	19.37%
10	弼唐	1.64	19.50%
11	茶亭	1.86	16.52%
12	石湾客运站	2.06	18.63%
13	中国陶瓷城	1.50	17.38%
14	石湾公园	1.72	15.63%
15	陶都	1.97	19.03%
16	跃进路中	2.26	19.73%
17	美术陶瓷厂	2.21	18.10%
18	华榕宫	1.74	16.53%
19	沙岗	2.71	20.12%

（续表）

站点序号	站名	MAE/s	MAPE
20	潭清里	1.90	18.63%
21	佛山家博城南门	2.00	18.12%
22	佛山家博城	2.56	18.05%
23	澜石一路东	2.19	18.21%
24	银苑市场	2.76	19.72%
25	澜石中学	2.79	19.40%
26	省纺院	1.82	17.73%

3. 到站时间预测结果及分析

根据前面的分析可以看出，BP-DS 模型在站间行驶时间和站点停靠时间两方面的预测效果均好于单独的 BP 神经网络模型，根据式(5-7)，在公交到站时间的预测上，BP-DS 模型的预测效果理应优于 BP 神经网络模型。因此，本节不再赘述 BP 神经网络的预测结果，仅展示 BP-DS 预测模型得到的公交到站时间预测结果。

表 5-20 为 BP-DS 模型所得的各站点到站时间预测结果。其中，*MAE* 值排名前二的站点为"弼唐"和"澜石中学"，这主要是因为两个路段的站间距离相对较长、信号交叉口数量较多或站点上下客流较多，在多种因素的共同作用下，预测精度受影响。*MAPE* 值最大的为"跃进路中"，这主要是由于该路段和站点的相对站间行驶时间和站点停靠时间都较短，在误差相同的情况下，偏差更大。同时，公交到站时间预测的 *MAE* 值在 5.53～16.56 之间浮动，*MAPE* 值在 3.65%～8.09%之间浮动，由此可知，BP-DS 模型能够较好地预测公交到站时间。此外，通过分析每条预测数据，可以得到 BP-DS 模型在预测公交到站时间时，*MAPE* 值在 6%以内的占 54%，在 10%以内的占 82%；*MAE* 值在 5 s 以内的占 65%，在10 s 以内的占 68%，在 20 s 以内的占 90%。

表 5-20　BP-DS 模型各站点到站时间预测结果

站点序号	站名	MAE/s	MAPE
2	文昌路	11.82	6.40%
3	汽车站 A 站	9.16	5.82%
4	佛山中医院	8.11	6.56%
5	旋宫酒店	8.28	6.17%
6	祖庙 A 站	8.11	6.44%
7	环球国际广场	12.00	6.29%

（续表）

站点序号	站名	*MAE*/s	*MAPE*
8	海关	7.74	6.63%
9	佛山科技学院	7.40	6.04%
10	弼唐	16.56	5.31%
11	茶亭	7.37	3.65%
12	石湾客运站	6.28	5.34%
13	中国陶瓷城	8.05	7.25%
14	石湾公园	10.49	5.95%
15	陶都	5.97	5.76%
16	跃进路中	10.99	8.09%
17	美术陶瓷厂	9.44	7.26%
18	华榕宫	8.43	6.42%
19	沙岗	8.98	6.00%
20	潭清里	10.36	7.53%
21	佛山家博城南门	10.73	6.60%
22	佛山家博城	9.80	6.28%
23	澜石一路东	8.46	7.55%
24	银苑市场	8.10	6.50%
25	澜石中学	14.94	6.76%
26	省纺院	8.40	5.31%
27	石头村	5.53	7.37%

4. 运行状态变化趋势分析

本节在公交到站时间预测的基础上，分别选取高峰时段和平峰时段两趟车次来分析BP-DS模型预测公交运行状态变化趋势的结果，以验证模型的可靠性。

1）高峰时段公交运行状态变化趋势预测

选取佛山市某工作日晚17:38:11发出的公交101路车辆的多源数据信息，当公交车位于始发站（火车站）时，预测该车次到达下游每个站点的到站时间，结果如表5-21所列。图5-25为高峰时段公交到站时间预测的*MAE*和*MAPE*。

表 5-21　高峰时段公交到站时间 BP-DS 模型预测结果

站点序号	站名	实际时间/s	预测时间/s	*MAE*/s	*MAPE*
2	文昌路	212	195	17	8.02%
3	汽车站 A 站	403	375	28	6.95%
4	佛山中医院	528	512	16	3.03%
5	旋宫酒店	715	689	26	3.64%
6	祖庙 A 站	1 122	1 063	59	5.26%
7	环球国际广场	1 378	1 301	77	5.59%
8	海关	1 595	1 507	88	5.52%
9	佛山科技学院	1 758	1 665	93	5.29%
10	弼唐	2 225	2 093	132	5.93%
11	茶亭	2 659	2 502	157	5.90%
12	石湾客运站	2 908	2 745	163	5.61%
13	中国陶瓷城	3 005	2 846	159	5.29%
14	石湾公园	3 140	2 973	167	5.32%
15	陶都	3 214	3 051	163	5.07%
16	跃进路中	3 510	3 359	151	4.30%
17	美术陶瓷厂	3 727	3 556	171	4.59%
18	华榕宫	3 927	3 768	159	4.05%
19	沙岗	4 097	3 930	167	4.08%
20	潭清里	4 296	4 125	171	3.98%
21	佛山家博城南门	4 392	4 224	168	3.83%
22	佛山家博城	4 535	4 385	150	3.31%
23	澜石一路东	4 600	4 452	148	3.22%
24	银苑市场	4 657	4 512	145	3.11%
25	澜石中学	4 932	4 774	158	3.20%
26	省纺院	5 018	4 866	152	3.03%
27	石头村	5 073	4 921	152	3.00%

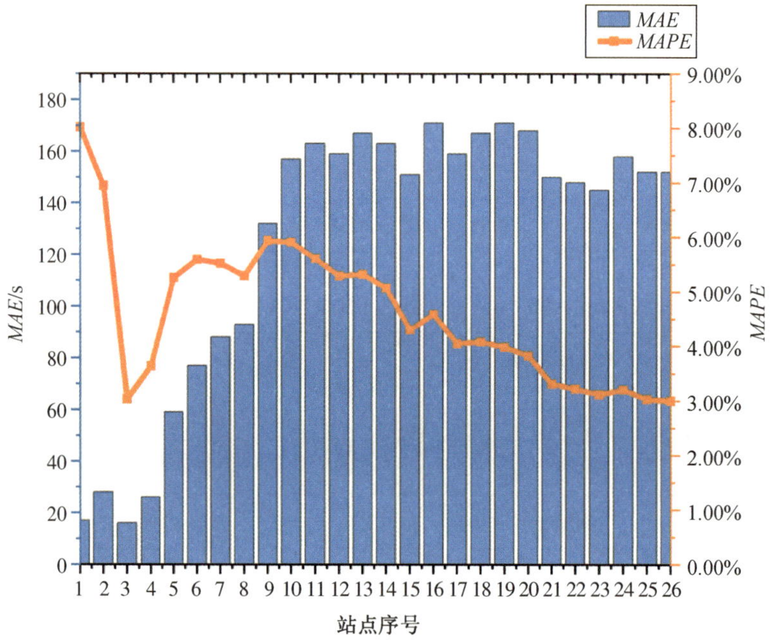

图 5-25　高峰时段公交到站时间预测误差

从图 5-25 可以看出，高峰期间公交车离预测站点距离越远，*MAE* 的值越大，这主要是由于预测距离越远，其受城市道路的影响越大，在影响公交运行的多种因素共同作用下，易造成误差累积，同时，一些不确定性因素及突发状况也会影响预测精度。但是，当站点预测误差累积到一定程度后，由于各站点预测结果存在上下波动，易造成误差中和，有时反而会减少综合误差。而刚开始时 *MAPE* 相对波动较大，随着公交车距离预测站点越远，*MAPE* 的值逐渐下降，这主要是由于刚开始时车辆运行状况不够平稳。对表 5-21 和图 5-25 进行综合分析，高峰时段各站点的 *MAE* 值在 17～171 之间浮动，*MAPE* 值在 3.00%～8.02% 之间浮动。由此可知，BP-DS 模型能够较好地预测高峰时段公交到站时间。

在高峰时段公交到站时间预测的基础上，进一步对表征公交运行状态的几个指标进行预测，其结果和误差如表 5-22 所列。

表 5-22　高峰时段公交运行状态表征指标预测结果及误差

表征指标	实际值	预测值	*MAE*	*MAPE*
车辆运行稳定性	2.74	2.73	0.01	0.21%
全程停站延误/s	531	544	13	2.45%
行程时间指数	4.10	3.98	0.12	3.00%

由表 5-22 可以看出,高峰时段公交运行状态表征指标的预测效果相对实际值的误差会比公交到站时间的预测误差小,尤其是车辆运行稳定性预测,由于不同站点的预测误差在计算站间行驶速度方差时会有一定中和,故站间行驶速度方差相对预测误差较小。高峰时段整体公交运行状态预测 *MAE* 值在 0.01～13 之间浮动,*MAPE* 值在 0.21%～3.00% 之间浮动,因此 BP-DS 模型能够较好地预测高峰时段公交运行状态的变化趋势。

2）平峰时段公交运行状态变化趋势预测

选取佛山市某个工作日 15:00:27 发出的公交 101 路车辆的多源数据信息,当公交车位于始发站(火车站)时,预测该车次到达下游每个站点的到站时间,结果如表 5-23 所列。图 5-26 为平峰时段公交到站时间预测的 *MAE* 和 *MAPE*。

表 5-23　平峰时段公交到站时间 BP-DS 模型预测结果

站点序号	站名	实际时间/s	预测时间/s	*MAE*/s	*MAPE*
2	文昌路	182	177	5	2.75%
3	汽车站 A 站	276	262	14	5.07%
4	佛山中医院	390	364	26	6.67%
5	旋宫酒店	482	461	21	4.36%
6	祖庙 A 站	549	531	18	3.28%
7	环球国际广场	726	699	27	3.72%
8	海关	774	744	30	3.88%
9	佛山科技学院	851	824	27	3.17%
10	弼唐	921	897	24	2.61%
11	茶亭	1 001	981	20	2.00%
12	石湾客运站	1 040	1 022	18	1.73%
13	中国陶瓷城	1 115	1 094	21	1.88%
14	石湾公园	1 331	1 297	34	2.55%
15	陶都	1 404	1 370	34	2.42%
16	跃进路中	1 456	1 426	30	2.06%
17	美术陶瓷厂	1 550	1 515	35	2.26%
18	华榕宫	1 615	1 583	32	1.98%
19	沙岗	1 694	1 658	36	2.13%
20	潭清里	1 934	1 889	45	2.33%

（续表）

站点序号	站名	实际时间/s	预测时间/s	*MAE*/s	*MAPE*
21	佛山家博城南门	2 016	1 972	44	2.18%
22	佛山家博城	2 113	2 065	48	2.27%
23	澜石一路东	2 240	2 190	50	2.23%
24	银苑市场	2 330	2 285	45	1.93%
25	澜石中学	2 503	2 450	53	2.12%
26	省纺院	2 659	2 597	62	2.33%
27	石头村	2 696	2 639	57	2.11%

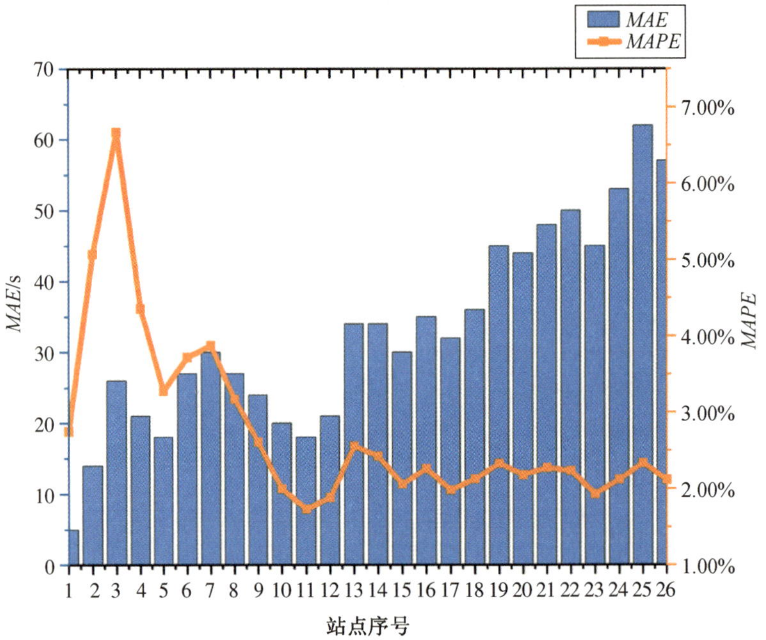

图 5-26　平峰时段公交到站时间预测误差

从图 5-26 可以看出，平峰时段呈现出和高峰时段类似的规律，公交车距离预测站点越远，*MAE* 值越大，且平峰时段的误差累积更为明显，*MAPE* 的值由刚开始较大，到后来逐渐趋于平稳。对表 5-23 和图 5-26 进行综合分析，平峰时段各站点的 *MAE* 值在 5～62 之间浮动，*MAPE* 值在 1.73%～6.67%之间浮动。由此可知，BP-DS 模型能够较好地预测平峰时段公交到站时间。同时，可以看到高峰时段和平峰时段在不同站点的预测效果略有不同，如站点 3“汽车站 A 站”的 *MAPE* 反映出不同的预测效果，这主要是因为“汽车站 A 站”作为重要的枢纽中心，其交通和客流情况较为复杂，且受工作日高峰和平峰的影响，有时平峰时段由于汽车站的城际客流较多，导致乘客数量、站台同时停靠车辆也会较多。此外，平峰时段公交到站时间预测与高峰时段相比误差较小，且浮动范围也较小，预测效果更好，这主要是因为高峰时段道路状况相比平峰时段更为复杂，突发状况更多，因此可能造成的延误也更多，从而影响预测效果。

在平峰时段公交到站时间预测的基础上，进一步对表征公交运行状态的几个指标进行预测，其结果和误差如表 5 24 所列。

表 5-24　平峰时段公交运行状态表征指标预测结果及误差

表征指标	实际值	预测值	*MAE*	*MAPE*
车辆运行稳定性	5.00	5.13	0.12	2.48%
全程停站延误/s	324	316	8	2.47%
行程时间指数	2.18	2.13	0.05	2.11%

由表 5-24 可以看出，平峰时段公交运行状态表征指标的预测效果相对实际值的误差与公交到站时间的预测误差相比偏差不大，平峰时段整体公交运行状态预测 *MAE* 值在 0.05～8 之间浮动，*MAPE* 值在 2.11%～2.48%之间浮动，因此 BP-DS 模型也能够较好地预测平峰时段公交运行状态的变化趋势。

此外，与高峰时段公交运行状态变化趋势预测相比，平峰时段全程停站延误和行程时间指数的 *MAE* 值均小于高峰时段的，但由于平峰时段的实际值较小，故 *MAPE* 值有些大于高峰时段的；而在车辆运行稳定性预测中，平峰时段 *MAE* 和 *MAPE* 的值均大于高峰时段的，这主要是因为平峰时段公交在各站间的运行时间更短，在同样的时间误差下，运行时间越短，速度误差越大。因此，平峰时段站间平均速度方差较高峰时段更大。

5.4.5　公交运行状态改善建议

根据对公交运行状态变化趋势的预测可以看出，高峰时段公交运行状态变化趋势预测误差相较于平峰时段更大，这主要是因为高峰时段道路状况更为复杂，可能发生的延误也更多，模型所要预测的突发状况更多，而模型对于突发状况的预测精度仍有待进一步提高。同时，高峰时段公交车辆的运行稳定性更差、全程停站延误更久、行程时间指数更高。因此，针对高峰时段运行状态较差、预测效果不佳的问题，本章提出以下改进措施。

1. 发展公交优先技术，保障公交路权优先

以佛山市公交 101 路为例，目前仅有汾江中路和江湾二路设有公交专用道，且在部分公交线路集中路段，公交车辆行驶速度较慢，与社会车辆存在相互干扰的情况。另外，由于在道路交叉口处暂无公交信号优先措施，导致高峰时段公交运营的可靠性和准时性缺乏保障。同时，分析高峰时段公交 101 路所有途经设有公交专用道和未设公交专用道站点的站

间平均行驶速度可知，设有公交专用道的站点其站间平均行驶速度为 6.05 m/s，而未设公交专用道的站点其站间平均行驶速度为 5.39 m/s，即设有公交专用道的路段公交车辆的运行速度更快。

因此，在有条件的主干路可设置公交专用道，以保障公交路权优先，从而提高公交运行速度，也为大容量公交吸引客流。同时，在信号交叉口可引入公交信号优先技术，以保障公交路权。通过一系列的公交优先措施以期提升公交竞争力，吸引客流。

2. 引入智能信息技术，建设智慧公交系统

以佛山市公交 101 路为例，目前站点的电子站牌普及度较差，无法让那些在公交站台等待的乘客了解公交车辆的实时信息及到站信息，这不利于乘客选择或调整出行计划。建议普及并完善智能电子站牌系统，同时融合时政新闻、娱乐节目、广告促销、气象信息、旅游线路、日期、政府公告等信息；实现实时到站语音播报、实时视频监控和 IC 卡充值等功能。

目前，佛山市已经完善了对于 GPS 数据和 IC 卡数据的采集工作，但仍存在数据误差较多、质量不高的情况，于是增加了后续公交运行状态分析与预测的工作量，同时缺少完备的信息化管理系统。因此，建议依托大数据、人工智能等先进技术，建立智能公交运营监管系统。通过应用自动车辆定位系统来实时获得车辆的位置、车速、状态以及车头间距等重要的空间定位信息，并结合乘客自动计数系统来获得实时客流信息；通过车辆运行速度诊断交通拥堵状况，进而精准预测公交运行状态变化趋势，并引入智能实时公交调度，实现公交线路的协同发车、高峰跨线运营和公交定制平台实时拼团接单等，从而提高公交的智能化服务水平。

5.5 本章小结

本章首先选取了表征公交运行状态变化趋势的指标；其次，根据车辆在路段的行驶状态，将公交到站时间预测分为站间行驶时间预测和站点停靠时间预测两部分；然后，提出了 BP 神经网络和 D-S 证据理论相结合的公交运行状态变化趋势预测模型；最后，结合实际案例数据对公交运行状态进行预测分析，将 BP-DS 模型的预测结果同 BP 神经网络模型的预测结果进行对比，证明了 BP-DS 模型具有较高的预测精度。

第 6 章　公交运行协同优化方法

本章旨在利用智能网联环境下的多源数据和先进的自动驾驶技术，对车辆运行进行实时控制，通过不同层面策略的协同优化来弥补传统静态公交调度的不足，对公交运行健康改善策略进行多层次一体化组合优化，从而提高公交的运行效率和可靠性，提升公共交通系统的服务水平。

6.1　公交运行协同优化概述

已有公交动态调度问题研究大多采用某种单一的动态控制手段来改善公交运行状况，且考虑的因素不够全面，通常仅以与前车的车头时距为依据建立优化模型，而忽略了公交线路上前后车之间的联动影响，故未能从公交线路系统运行的稳定性角度出发，对公交运行进行协同全面优化。

随着以 5G 通信技术、物联网、人工智能 AI 等为代表的新一代高科技的快速崛起，以及公交 AVL/GPS、公交 App、公交车轨迹、浮动车、IC 卡、手机信令、视频监控等数据的采集和传输技术得到进一步完善，智能公交实时调度的实现成为可能。公交线路运行中的一系列数据均可实时获得，具体包括：

（1）各站点上、下车乘客数；

（2）公交车辆在各站点的到站时间、离站时间；

（3）公交车辆运行过程中的实时车速、位置等信息；

（4）公交运行过程中的道路交通环境、交叉口信号灯等信息。

在人工智能与智能交通迅速发展的今天，公交调度控制中心不仅可以基于实时信息来预测任一公交车的时空运行轨迹，并以此为依据制订动态调度方案，还可以利用人工智能、自动驾驶技术实现对公交运行速度、运行轨迹等的精确控制。

在此背景下，一些学者基于两种或多种控制手段来改善公交运行的可靠性。比如将驻站控制与跃站控制进行组合，使公交线路的运行快速从被干扰状态中快速恢复过来。但是，采用跃站控制策略不可避免地会影响所越过站点的上下车乘客的乘车体验。还有不少学者选择将驻站控制策略与交叉口信号周期控制结合起来，不仅可以减少公交车在交叉口的延误，还提高了公交到站的均匀性。但是，在我国，交叉口信号控制实施难度较大，可行性不强。

此外，以往所提出的公交车调度控制方案大多基于控制车辆与相邻前车的车头时距来实现模型的构建和优化，仅考虑被控车辆自身的运行稳定性，而没有考虑到被控车辆的运行状态发生变化会对后续车辆产生影响，即忽视了系统整体的运行稳定性。

因此，本书将发车间隔与驻站控制、车速诱导策略结合起来进行协同控制，提出一种智能网联公交车运行协同优化方法。该方法既能保证公交车辆到站间隔的稳定性，又能使公交线路的运行快速地从被干扰状态中恢复过来。另外，在进行驻站控制和车速诱导控制的同时，也考虑到了前车和后续车辆的车头时距稳定性。

6.2 公交运行协同优化调度控制策略

1. 公交发车间隔优化调度方法

公交静态调度可以分为两种：公交线路布局优化和调度方案优化。其中，公交线路布局调整对于已建成的线路改善效果有限，且实施起来操作难度较大。而调度方案优化则可以在一定的约束条件下，根据客流规律，通过合理安排公交发车间隔、车辆配置等，达到改善公交运行、提升公交运行服务水平的目的。

在公交线路调度优化过程中，最重要的因素是客流量数据。调度方案的制订需要以公交线路上的客流量数据为基础，以此安排运营的公交车辆，从而满足乘客们的出行需求。而在传统公交调度系统中，通常会利用人工经验法来制订公交调度方案，即通过分析公交线路的历史客流分布规律以及现有车辆数、司机数等情况，并以调度人员的实际工作经验等为依据，来确定该线路的发车间隔等。虽然，智能网联公交车已引起了广大研究者的关注，但在实际应用中，对于公交调度方案的编制大多仍采用经验与实验相结合的办法。这种方法有很大的滞后性和盲目性，无法保障公交的运营效率和服务水平。

随着智能交通的快速发展，公交智能化运营已成为大势所趋。以车联网为基础的公交系统信息化，可以使驾驶员与乘客之间共享实时的交通信息。在智能网联环境下，可以对车辆动态运行信息、站点乘客信息、道路交通状况等数据进行实时采集，这对于公交调度方案的编制有着积极意义。目前，针对公交发车间隔的优化问题，国内外已有丰富的研究成果，但基于智能网联公交调度方案的相关研究还不多见。

2. 公交车辆自适应驻站控制策略

驻站控制策略通过使公交车辆在站台额外停留适当的时间，以快速恢复车头时距的稳定性。常规的驻站控制策略以规定时刻表或相邻两辆公交车的到站时间间隔为基准。基于时刻表的驻站控制策略适用于发车频率较低、有既定时刻表的公交线路。而基于公交到站时间间隔的驻站控制策略则以减少公交到站间隔波动、保证公交运行的稳定性、使公交车辆在整个线路上均匀分布为目标，从而降低乘客的总体等待时间。该策略适用于公交需求量大、服务频率高、车辆到站间隔较短的公交线路，因此该方法对于市区公交或是高峰时段运行的公交线路有较好的适用性。

在建立自适应驻站控制模型之前，先定义本书所定义的驻站时间是指除乘客上、下车时间以外，公交车辆在站点额外停留的时间。在不采取驻站控制策略的情况下，驻站时间为 0；在采取驻站控制策略的情况下，公交车辆在完成乘客上、下车服务后，还需要在该站再停留一定的时间。因此，公交车辆在站点的总停靠时间 $T_{\mathrm{s}}^{i,j}$ 由乘客上下车时间 $T_{\mathrm{p}}^{i,j}$ 和驻站时间 $T_{\mathrm{h}}^{i,j}$ 两部分组成：$T_{\mathrm{s}}^{i,j}=T_{\mathrm{p}}^{i,j}+T_{\mathrm{h}}^{i,j}$。

当公交车辆 i 到达站点 j 时，是否选择驻站控制以及在采取驻站控制策略的情况下额外停留的时间不仅取决于此时公交车 i 与前车即公交车 $(i-1)$ 的车头时距 $h_{i,j}$，也受公交车 i 与后车即公交车 $(i+1)$ 的车头时距 $h_{i+1,j}$ 的影响。

如果仅考虑控制车辆 i 与相邻前车的车头时距，此时的目标是使被控车辆 i 与相邻前车 $(i-1)$ 的实际车头时距为期望车头时距 βH（0.6～0.8 范围内），也就是说，当公交车辆 i 到达站点 j 后，它需要在该站点停留一定的时间，直到前车离站 βH 时刻后再出发，即：

$$d_{i,j}=d_{i-1,j}+\beta H \tag{6-1}$$

$$a_{i,j}+T_{\mathrm{p}}^{i,j}+T_{\mathrm{h}}^{i,j}-d_{i-1,j}=\beta H \tag{6-2}$$

由此，可计算得到在考虑与前车的车头时距保持均衡的情况下，公交车辆 i 在 j 站的驻站时间 $T_{\mathrm{h}}^{i,j}$ 为

$$T_{\mathrm{h}}^{i,j}=\beta H+d_{i-1,j}-a_{i,j}-T_{\mathrm{p}}^{i,j} \tag{6-3}$$

当把被控车辆与相邻前、后车的车头时距同时纳入协调控制考虑时，引入决策控制变量 α_1，公交车 i 在 j 站的总停靠时间应满足 $\alpha_1(h_{i+1,j}-h_{i,j})$，同理，可以得到此时公交车辆 i 在 j 站的驻站时间 $T_{h}^{i,j}$ 为

$$T_{\mathrm{h}}^{i,j}=\alpha_1(h_{i+1,j}-h_{i,j})+d_{i-1,j}-a_{i,j}-T_{\mathrm{p}}^{i,j} \tag{6-4}$$

综上所述，同时考虑前后车的车头时距稳定性的自适应驻站时间计算公式为

$$T_{\mathrm{h}}^{i,j}=\max[\beta H+d_{i-1,j}-a_{i,j}-T_{\mathrm{p}}^{i,j},\ \alpha_1(h_{i+1,j}-h_{i,j})+d_{i-1,j}-a_{i,j}-T_{\mathrm{p}}^{i,j},\ 0] \tag{6-5}$$

式中　α_1 ——驻站时间的控制变量，控制公交车 i 与相邻前后车的车头时距均衡；

$T_{\mathrm{h}}^{i,j}$ ——第 i 辆公交车在站点 j 的驻站时间，s；

$T_{\mathrm{p}}^{i,j}$ ——第 i 辆公交车在站点 j 的上下客时间，s；

H ——期望车头时距，s；

$a_{i,j}$ ——第 i 辆公交车在站点 j 的到站时刻；

$d_{i-1,j}$ ——第 $(i-1)$ 辆公交车在站点 j 的离站时刻；

$h_{i+1,j}$ ——第 $(i+1)$ 辆公交车在站点 j 的预计到站时刻；

β ——驻站系数，表示可以接受的实际车头时距与期望车头时距的比值，根据以往研究，驻站系数的合理取值范围为[0.6, 0.8]。

3. 公交车辆实时车速诱导控制策略

车速诱导控制策略就是利用实时公交运行数据，对公交车辆在路段行驶时的速度进行动态诱导，以达到提升公交运营效率、提升公交车到站均匀性的目的。自动驾驶公交车在智能网联调度控制中心的指引下完成既定线路和时刻表的到站、离站任务。具体控制流程如下：

(1) 公交车辆在每个站点完成上、下客作业后，在其出发之前，公交车辆会通过内置的无线通信设备向智能网联调度控制中心上传本车的车辆编号、站点编号、当前时刻、车内乘客数等信息，并请求动态车速引导。

(2) 智能网联调度控制中心在接收到动态速度引导请求指令后，根据车辆所提供的基本信息、道路交通状况、后续站点的乘客数、在该线路上运营的其他公交车辆的运行状态等，实时生成速度诱导控制方案并发送给该车辆。

(3) 在自动驾驶控制系统的作用下，公交车辆从当前站点出发，并以指定的诱导车速驶向下一个站点。

在考虑与前车的车头时距的情况下，当被控车辆 i 与相邻前车的车头时距大于规定的车头时距(即 $h_{i,j} > H$)时，需要被控车辆 i 加速，以缩小与前车的车头时距。同时，由于到站延误导致乘客在站台积聚，从而增加被控车辆 i 在站点的停靠时间。因此，被控车辆 i 在后续行驶过程中也需要通过加速来弥补这部分的时间延误。

接着考虑被控车辆与后车的车头时距的稳定性。当被控车辆 i 与相邻后车的车头时距大于其与相邻前车的车头时距(即$h_{i+1,j} > h_{i,j}$)时，需要控制车辆 i 减速，以达到均衡被控车辆 i 与相邻前、后车的车头时距的目的。

综上所述，得到计算公式如下：

$$\frac{l_j}{v_m} = \frac{l_j}{v_{i,j}} + \lambda_j \times b \times (h_{i,j} - H) + \alpha_2 \times (h_{i,j} - h_{i+1,j}) \tag{6-6}$$

通过变换，得到 $v_{i,j}$ 的计算公式为

$$v_{i,j} = \frac{l_j \times v_m}{l_j - \lambda_j \times b \times (h_{i,j} - H) \times v_m - \alpha_2 \times (h_{i,j} - h_{i+1,j}) \times v_m} \tag{6-7}$$

式中 α_2 ——速度诱导的控制变量，被控车辆 i 与后续车辆的车头时距均衡；

$v_{i,j}$ ——被控车辆 i 在站点 j 至站点 $(j+1)$ 之间的诱导车速，m/s；
v_m ——公交车辆的平均运行速度，m/s；
l_j ——站点 j 至站点 $(j+1)$ 的站间距，m；
λ_j ——站点 j 的乘客到达率，人/s；
b ——乘客的平均上车速度，s/人；
$h_{i,j}$ ——公交车 i 与公交车 $(i-1)$ 在站点 j 的实际到站时间间隔，s；
H ——期望的车头时距，s。

6.3　公交运行协同优化模型及方法实施步骤

6.3.1　公交运行协同优化模型

1. 目标函数

公交线路调度控制方案涉及两方面的主体利益，包括公交公司的运营成本和乘客的出行成本。在本章中，将公交车辆的发车间隔、运行过程中的驻站时间、动态运行速度作为决策变量，综合考虑多种约束条件，以最小化公交公司运营成本和乘客的出行成本为双优化目标建立多目标优化模型，旨在改善公交串车问题、提升公交运行的可靠性和公交服务水平。

1）公交公司运营成本

公交公司的运营成本主要由两部分组成：一部分是固定成本，主要是指公交基础设施（包括公交站点、公交专用道、公交智能化设备等）建设过程中所产生的各项成本，这部分成本与公交的发车间隔、运营时间等无关，因此在计算公交公司运营成本时可以忽略；另一部分则是可变成本，与公交车辆的发车间隔、公交线路长度、运营时间等因素息息相关，公交公司的运营成本主要由这部分成本组成。由此，得到公交公司运营成本 C_1 的计算公式如下：

$$C_1 = \mu_1 l \sum_{k \in K} \frac{T_k}{I_k} \tag{6-8}$$

式中　μ_1 ——公交车运营成本系数，元/车·km；
l ——公交线路的总长度，km；
T_k ——第 k 个时间段的时间长度，s；
I_k ——第 k 个时间段的发车间隔，s；
K ——公交运营时间段集合。

2）乘客出行成本

乘客出行成本是指乘客乘坐公交车出行的全过程中所花费的成本，通常以乘客出行总时间(成本)来表示，主要包括四部分：从起点出发至上车站点的时间、在站点的候车时间、在公交车内的行程时间以及从下车站点至终点的时间。本书以单线路公交为研究对象，因此不考虑起、终点的接驳时间以及在中间站换乘等待的情况，将乘客的出行成本 C_2 简化为乘客到达站点后的候车时间(成本)与乘客在公交车内的行程时间(成本)之和，即：

$$C_2 = C_a + C_b \tag{6-9}$$

式中 C_a ——乘客的候车时间成本，元；

C_b ——乘客的行程时间成本，元。

乘客的候车时间是指乘客到达站点后在上车之前所花费的时间成本，与公交到站时间间隔、乘客到达率相关，公交到站时间间隔越大，候车乘客数越多，候车时间也就越长，如此便降低了公交的吸引力和乘客的出行满意度。本章假设乘客到达率近似服从泊松分布，基于已有研究，可以得到在站点等待的乘客的平均候车时间为公交车辆到站时间间隔的一半。另外，本章不考虑车辆的容量限制，假设在站点候车的所有乘客都能上车，乘客的候车时间成本 C_a 为

$$C_a = \mu_2 \sum_{i=1}^{N} \sum_{j=1}^{M-1} \left(On_{i,j} \times \frac{h_{i,j}}{2} \right) \tag{6-10}$$

式中 μ_2 ——乘客出行时间价值系数，元/s；

N ——公交车数量；

M ——站点数量；

$On_{i,j}$ ——公交车辆 i 到达站点 j 时在站台等候上车的乘客数；

$h_{i,j}$ ——车辆 i 与车辆 $(i-1)$ 在站点 j 的车头时距，s。

式(6-10)中，在第 i 辆公交车到达 j 站点前在 j 站点等候的乘客数 $On_{i,j}$ 为站点 j 的乘客到达率与车头时距 $h_{i,j}$ 的乘积，即 $On_{i,j} = \lambda_j \cdot h_{i,j}$。由此，可以得到乘客的候车时间成本 C_a 计算公式为

$$C_a = \mu_2 \sum_{i=1}^{N} \sum_{j=1}^{M} \left(\lambda_j \times h_{i,j} \times \frac{h_{i,j}}{2} \right) = \mu_2 \sum_{i=1}^{N} \sum_{j=1}^{M} \left(\lambda_j \times \frac{h_{i,j}^2}{2} \right) \tag{6-11}$$

乘客的行程时间特指乘客在公交车内的行程时间，在本章中主要包括公交车辆在站间的行驶时间以及在站点的驻站时间，即：

$$C_b = \mu_2 \sum_{i=1}^{N} \sum_{j=1}^{M-1} (A_{i,j} \times T_{i,j}) \tag{6-12}$$

式中 $A_{i,j}$ ——公交车辆 i 从站点 j 出发时的车内乘客数；

$T_{i,j}$ ——公交车辆 i 从站点 j 至站点 $(j+1)$ 的行程时间，s。

其中，公交车辆 i 在站点 j 至站点 $(j+1)$ 之间的行程时间 $T_{i,j}$ 等于站点 j 至站点 $(j+1)$ 的站间距离除以该区间的公交行驶速度，即 $T_{i,j}=\dfrac{l_j}{v_{i,j}}$。由此可以得到乘客的行程时间计算公式为

$$C_b=\mu_2\sum_i^N\sum_j^M\left(A_{i,j}\times\frac{l_j}{v_{i,j}}\right) \tag{6-13}$$

综上所述，乘客的出行成本为

$$C_2=C_a+C_b=\mu_2\sum_{i=1}^N\sum_{j=1}^M\left(\lambda_j\times\frac{h_{i,j}^2}{2}\right)+\mu_2\sum_i^N\sum_j^M\left(A_{i,j}\times\frac{l_j}{v_{i,j}}\right) \tag{6-14}$$

2. 约束条件

1）发车间隔约束

对单线路公交而言，在其实际运营过程中，需要对相邻两辆公交车的发车间隔加以约束。为了保证基本的服务水平，尽量减少乘客在站点候车的时间，公交发车间隔不宜过大。但与此同时，每条公交线路的配车数量都是有限的，若在线路上运营的车辆数越多，公交公司的运营成本就越高，因此发车间隔也不宜过小。

$$I_{min}\leqslant I_k\leqslant I_{max} \tag{6-15}$$

式中 I_{min} ——最小发车间隔，s；

I_{max} ——最大发车间隔，s。

2）驻站时间约束

公交车的驻站时间不宜过短，也不宜过长。若公交车辆在站台长时间停靠，不仅会增加车内乘客的出行时间，还会影响后续公交车辆的进站和停靠，因此对于公交车辆在站台的驻站时间应设置上下限。

$$T_{s\,min}\leqslant T_s^{i,j}\leqslant T_{s\,max} \tag{6-16}$$

式中 $T_{s\,min}$ ——最小驻站时间；

$T_{s\,max}$ ——最大驻站时间。

3）公交车辆运行速度条件约束

公交车辆在站间行驶过程中，其行驶速度应满足路段的最低与最高车速要求。

$$v_{min}\leqslant v_{i,j}\leqslant v_{max} \tag{6-17}$$

式中 v_{min} ——车辆最低行驶速度；

v_{max} ——车辆最高行驶速度。

6.3.2 协同优化模型求解

1. 多目标优化问题及算法概述

1）多目标优化进化算法

在实际生活中，大部分的工程优化问题都是多目标优化问题。也就是说，在给定的区间范围内，会同时有大于等于两个的目标需要尽可能地使其达到最优，而这些目标之间往往是互相矛盾和冲突的。

多目标优化问题的求解不同于单目标优化问题，不是简单的一加一。当问题仅有一个优化目标时，研究者会去追寻唯一最优解，这个解通常优于其他所有的可能解，因此被称为全局最优解。而当存在着两个及两个以上的优化目标时，由于各目标之间存在利益冲突，且往往难以比较和转换，所以要想找到一个最优解，使得所有目标能同时达到最优是很困难的，几乎不可能实现。通常我们会遇到的情况是，某个求得的解可能对于其中一个目标函数来说是最优解，但对于其余的目标函数而言却并不是最优解，甚至有可能是最差的结果。所以，在求解多目标优化问题时，通常会得到一个解集。在这个解集中，同时有多个解，而这些解对于总目标来说各有轻重、无法比较孰优孰劣。但总的来说，这些解有一个共同的特性，那就是如果想要对其中某一个目标函数进行进一步优化，那么其他目标函数的优化程度就必然会随之减小。这种解称作非支配解或帕累托(Pareto)最优解。在这种状态下，一旦使某一个目标更优的时候就会损害其他目标函数的利益[191]。

从多目标优化进化算法(Multi-objective Optimization Evolutionary Algorithm, MOEA)的角度来说，目前已有许多成熟的算法可用于求解多目标优化问题，如遗传算法、粒子群算法、蚁群算法等，但在这些算法当中，遗传算法是应用最为广泛的一种。

而对于多目标问题本身来说，目前主流的求解算法主要有以下几类：基于 Pareto 支配关系的方法、基于分解的方法、基于指标预测(Indicator)的方法等。下面主要介绍基于 Pareto 支配关系和基于分解的多目标优化进化算法。

2）基于 Pareto 支配关系

美国密歇根大学的 J. H. Holland 教授受到自然界生物遗传、进化规律的启发，于是模拟生物进化论的自然选择机制以及遗传学中的生物进化过程，设计了一种优化求解算法，这就是遗传算法最初的由来。相较于传统的优化求解算法，遗传算法尤其适用于复杂系统的多目标组合优化问题，这是因为遗传算法有以下特点：

(1) 遗传算法从问题解的串集开始搜索，有利于全局寻优；

(2) 在搜索过程中会同时对群体中的多个个体进行评估，容易实现并行计算；

(3) 采用适应度函数值作为选择依据，而不需要其他辅助知识或是确定规则；

(4) 以交叉和变异概率的形式来指引优化方向，因此其搜索过程具有随机性；

(5) 遗传算法的进化过程具有较强的学习能力和自适应性；

(6) 遗传算法的扩展性很强,经常被用来与其他的优化算法相结合。

随着实际问题的规模不断扩大,组合优化问题的搜索区间和求解复杂度也会急剧增加。当前的计算机受到运算能力的限制,利用枚举法求解速度慢,对于某些复杂问题,甚至无法求出最优解。对于这种问题,目前的研究重点已经由寻找最优解转为寻求问题的次优解(又称满意解)。而遗传算法由于具备群体搜索和启发式随机搜索等特性,对于求解诸如NP完全问题之类的复杂、非确定性问题具有非常显著的效果。

固然遗传算法有很多优势,并且许多国内外学者针对遗传算法进行了一些深入的研究和应用,但不可否认,遗传算法的求解过程中存在着不少问题,如:适应度值的标定方法众多,却没有形成一个简洁、通用、易于使用的方法,这不利于人们广泛传播和使用遗传算法;遗传算法的早熟现象(即很快就收敛到局部较优解而无法求得全局最优解)是最难处理的问题之一;在快接近最优解时,会在极值点附近反复摆动,导致其收敛效率较低。

为了提高经典遗传算法的运算性能,专家学者们的研究重点分别从参数编码、群体的初始化设定、适应度函数标定、遗传算子设计等方面着手。为求得多目标优化问题的Pareto最优解,目前已有各种各样的基于遗传算法的求解法。

(1) 权重系数转换法

权重系数转换法首先对多目标优化问题中的每个优化目标函数赋予相应的权重,不同的权重体现了不同目标函数的重要程度差异;其次,对各子目标函数进行加权求和运算,将多个优化目标合成一个新的单目标函数;最后,利用遗传算法求解该问题,即可得到作为原多目标优化问题的最优解。

(2) 并列选择法

并列选择法的基本原理是:首先,按照目标函数的数量,将初始种群中的全部个体均匀地划分为相应数量的子种群;其次,给每个子种群分配一个目标函数,并在子种群内部,对其所分配到的目标函数进行独立操作;再次,从每个子种群内部选出一部分适应度较高的个体组成一个新的种群;最后,在这个新合并而成的种群内部执行交叉、变异等操作,就可以得到下一代种群。迭代一定次数后,即可求得多目标优化问题的最优解。并列选择法的示意图如图6-1所示。

(3) 排序选择法

排序选择法顾名思义,首先要按照适应度的大小,对种群中的所有个体进行排序;其次,以先后顺序为参考,在选择操作中,优先选择排序靠前的个体进入下一代种群中;最后,迭代一定次数后,即可求得多目标优化问题的最优解。

(4) 共享函数法

在求解多目标优化问题时,理想的情况是最终求得的解集可以均匀分布在整个Pareto最优解的集合内,即得到全局最优解,而不是集中于其中某个较小区域上的局部最优解。为实现这个目标,一些研究人员在经典遗传算法的基础上引入了小生境遗传算法。这种方

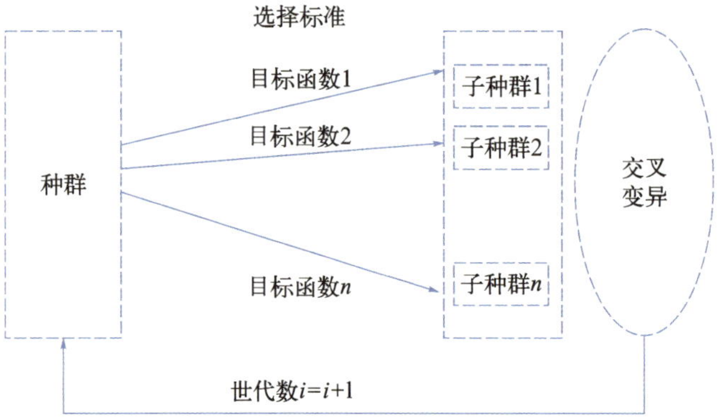

图 6-1　并列选择法示意

法也被称为共享函数法，它是将共享函数的概念与传统的遗传算法相结合，通过限制种群内部相同或相似个体的总数，从而使求得的最优解的种类更加丰富多样。

对于每个个体而言，它周围存在的个体种类及其相似程度都是可以度量的，将计算所得的值称为小生境数，小生境数越小，代表该个体周围的个体种类越丰富且相似程度越小。计算得到每个个体的小生境数，并以此作为选择操作的依据，赋予小生境数更小的个体以更大的概率被选中，使其更有可能遗传到下一代群体中。经过一定循环之后得到解，同时，种类多样性得到了保证。该算法不仅有较高的全局搜索能力，求解过程中收敛速度也是很快的，尤其适合某些复杂多峰的多目标优化问题。

（5）非支配排序遗传算法

非支配排序遗传算法（Non-dominated Sorting Genetic Algorithm，NSGA）是一种基于 Pareto 最优概念的遗传算法，由 Srinivas 和 Deb 于 1995 年提出。

NSGA 算法与经典遗传算法的关键区别在于：NSGA 算法运行过程中，在选择操作执行前，会根据每个个体间的支配与非支配关系进行分层操作，之后的步骤则与经典遗传算法是一样的。具体而言，非支配排序遗传算法的运算流程如下。

Step1：依据个体之间的支配与非支配关系，对种群中的所有个体进行排序；

Step2：找出该种群中所有的非支配个体，合并形成第一个非支配层，赋予该集合中的这些非支配个体一个共享的虚拟适应度；

Step3：除已分层的这些个体之外，种群中剩余的个体继续按照支配与非支配关系，赋予其新的虚拟适应度值，但是这个值要比上一层的值小；

Step4：重复第三步的操作，直到所有个体都被分层。

NSGA 算法以适应度共享策略为基础，指定各层个体的虚拟适应度，且各层的适应度值依次递减。这样不仅可以规范虚拟适应度，还可以在保留优良个体的同时，保证种群的多样性，从而防止结果过早收敛。

NSGA 算法流程如图 6-2 所示。

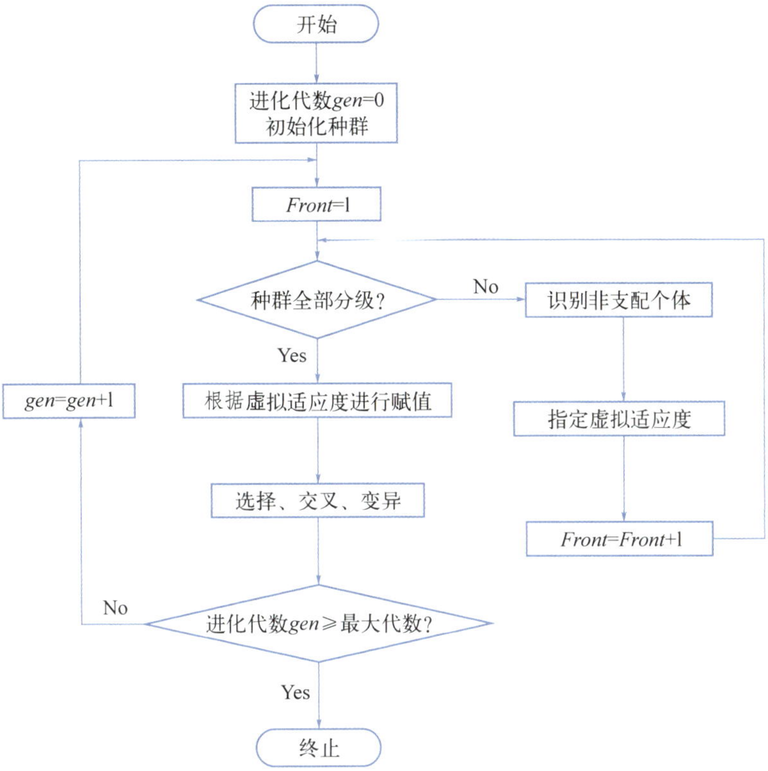

图 6-2　NSGA 算法流程

虽然非支配排序遗传算法在许多问题上得到了实践应用，但该算法仍然存在一些问题。比如，它的计算复杂度较高，尤其是当种群规模较大时，计算求解会非常耗时。此外，在运算求解过程中，需要事先确定共享半径的大小。而该算法最大的问题在于没有引入精英策略。精英策略的引入不仅可以提高算法的运算速度，还可以在一定程度上保证已经寻求到的满意解不会丢失。

(6) 带精英策略的非支配排序遗传算法(NSGA-Ⅱ)

2000 年，Srinivas 和 Deb 在 NSGA 的基础上进行改进和优化，提出了带精英策略的非支配排序遗传算法(NSGA-Ⅱ)。该算法针对原算法存在的问题，从以下三方面进行了改进：

① 提出快速非支配排序算子，从而降低了计算的复杂度，提升计算求解的速度；

② 提出拥挤度的概念以及拥挤度比较算子，无须再预先指定共享半径；

③ 引入精英策略不仅提高了算法的运算速度，还使得父代种群中的较优个体得以保留到下一代，从而达到快速提升种群质量的目的。

总的来说，NSGA-Ⅱ通过使用快速非支配排序来确保算法的收敛性，同时拥挤距离的提出也保证了所求得的解其分布的均匀分散性，尤其是到了算法迭代后期，由于大多数的解都是非支配的，因此大多数的解都集中在第一层。

在 NSGA-Ⅱ被提出之后，一些研究人员基于该算法的思想提出了许多新的算法（如 VaEA、RVEA、NSGA-Ⅲ等），这些算法对于处理高维度的多目标优化问题有很好的效果。

此外，SPEA2（Improving the Strength Pareto Evolutionary Algorithm）也是一种基于 Pareto 支配关系的遗传算法，该算法利用一个外部集来保存那些较为优秀的解。而对于每一个解，以其所支配的解的数量以及基于 KNN 的邻近解的距离为依据进行打分，得分越小的解越有可能被保留和遗传下去。

3）基于分解的多目标进化算法

张青富和李辉在 2007 年发表的一篇文章中提出了区别于基于支配的 MOEAs 的一种基于分解的多目标进化算法[192]。

基于分解的多目标进化算法（Multi-objective Evolutionary Algorithm Based on Decomposition，MOEA/D）的基本思想是：利用一个聚合函数，将多目标优化问题分解成多个单目标优化子问题，接着运用指定数量的相邻子问题的信息，利用进化算法同时对以上这些子问题进行优化求解，最终求得的 Pareto 前沿面上的每个解都对应一个单目标优化子问题的最优解，从而就可以得到一组 Pareto 最优解。由于将多目标拆解为多个子目标，因此该算法可以很好地保证解的分布均匀性，而通过分析相邻问题的信息，则能避免局部最优现象的发生。

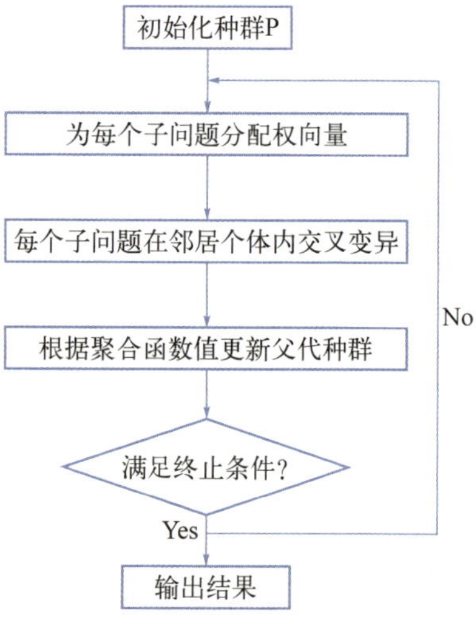

图 6-3　基于分解的多目标进化算法流程

常用的多目标进化分解方法主要有加权和法、切比雪夫法和基于惩罚的边界交集法。图 6-3 所示为基于分解的多目标优化算法流程图。

本章构建的公交协同优化模型是非线性多目标优化问题，目标函数由公交运营成本和乘客出行成本两部分组成，模型的决策变量为不同时段的公交发车间隔、公交车辆在每个站点的驻站时间和站间平均行驶速度。

目前，多目标优化问题大多采用遗传算法进行求解，但是传统的遗传算法所采用的进化策略相对而言比较简单且固定不变，对于复杂问题，尤其是多目标优化问题的求解速度和结果并不理想。因此，本章结合 NSGA-Ⅱ算法与差分进化算法（Differential Evolution algorithm，DE）各自的优点提出了新的算法，该算法不仅可以保留大量的优质解，还能在提高寻求最优解效率的同时，保证所求解的多样性。

4）算法原理及基本流程

（1）带精英策略的非支配排序遗传算法（NSGA-Ⅱ）的基本原理

NSGA-Ⅱ在第一代算法的基础上引入精英策略，对其中的非支配排序方法进行了改进。具体而言，对于每一个个体 i 都设有两个参数，分别为 $n(i)$ 和 $S(i)$。其中，$n(i)$ 表示在种群中支配个体 i 的个体总数，也就是别的解支配个体 i 的数量；$S(i)$ 表示在种群中被个体 i 所支配的个体的集合，即个体 i 支配别的解的集合。

Step1：找到种群中所有未被其他解支配的个体，也就是要找到种群中所有不被其他个体支配的个体 i[即 $n(i)=0$]，并将其放入第一层，即集合 $F(1)$。

Step2：在当前集合 $F(1)$ 中，将个体 j 所支配的集合 $S(j)$ 中个体 k 的 $n(k)$ 减去 1，即支配个体 k 的解的个数减去 1[因为支配个体 k 的个体 j 已经放入当前集合 $F(1)$]，如果 $n(k)-1=0$，则将该个体 k 存入一个新的集合 H。

Step3：将 $F(1)$ 作为第一级非支配个体集，并赋予该集合内所有个体一个相同的非支配序 $i(rank)$。

Step4：对集合 H 重复 Step3，直到初始种群中的所有个体都被分级。对于一个目标函数个数为 m、种群大小为 N 的问题来说，其计算复杂度为 $O(mN^2)$。

在第一代算法中，为了保证种群的多样性，采用共享适应度函数的策略，但这需要事先指定共享半径的大小。为解决这一问题，我们在 NSGA-Ⅱ算法中创新性地提出了拥挤度的概念，它表示种群中某个个体 i 附近个体的密度，用 i_d 表示。如图 6-4 所示，它是一个在个体 i 周围，除个体 i 之外不含其他任何个体的一个最大的长方形。

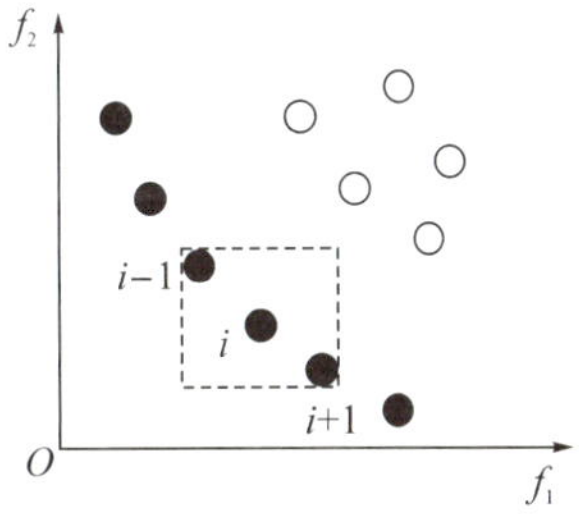

图 6-4　拥挤度示意

从图 6-4 可以看出，i_d 值越小，说明个体 i 附近的密度越大，越拥挤。为了保持种群的多样性和解集的均匀分散性，需要一个可以用来比较拥挤度的算子。

如前所述，在经过快速非支配排序和拥挤度的计算后，种群中的每个个体 i 都会被赋予两个属性值：非支配序 $i(rank)$ 和拥挤度 i_d。引入一种偏序关系 $<_n$，其定义为：当满足 $i(rank)<i_d$ 时，或满足 $i(rank)=i_d$ 且 $i_d>j_d$ 时，则令 $i<_n j$。也就是说，在两个个体的非支配排序不同的情况下，选择非支配排序较小的个体；如果两个个体的非支配排序相同，则取周围密度更小的个体。NSGA-Ⅱ算法流程如图 6-5 所示。

(2) 差分进化算法

差分进化算法(DE)源于群体贪婪进化特性，是一种启发式随机搜索算法。它以群体智能理论为基础，模拟了自然界中生物之间在相互合作与竞争中不断进化的过程，进化过程中产生的新一代种群会智能地指引最优解的搜索和进化方向，并最终将更适应环境的较优个体遗传下来。差分进化算法对所求解问题的数学模型并无要求，其求解过程所需参数少、结构简单、收敛速度快，且求得的最优解也有较高的鲁棒性，因此被广泛用来求解实际工程中复杂的组合优化问题。

差分进化算法的核心思想是群体的自适应全局寻优，主要用于求解实数优化问题。其

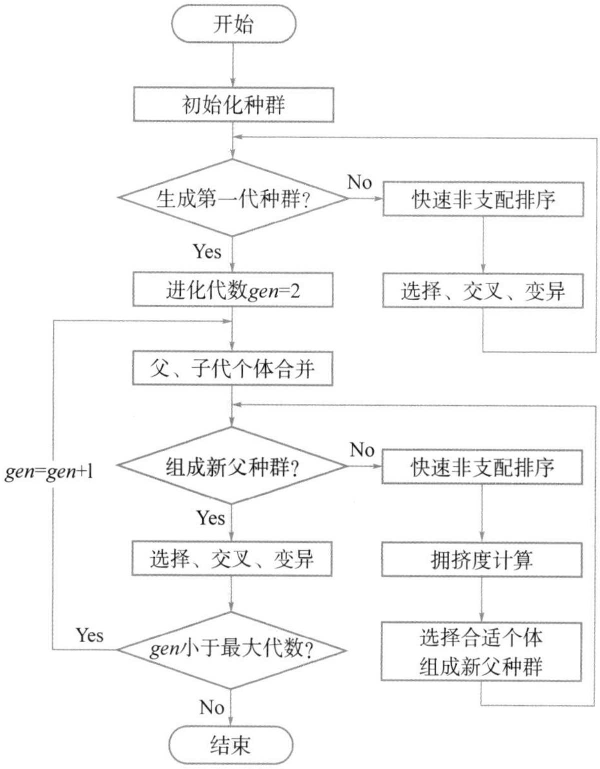

图 6-5　NSGA-Ⅱ算法流程

进化过程与遗传算法非常类似，都是以适应度作为选择依据，也都包括变异、交叉和选择这三个步骤，但具体操作流程却有所不同。差分进化算法的核心参数主要有三个，分别是种群规模、缩放因子和交叉概率。

在种群初始化的时候，需要对种群的规模大小加以限制。种群规模越大，表示种群所包含的信息越丰富，所求得的解集的种类就会更加多样化，但与此同时，算法的计算速度也会大大降低；种群规模太小，虽然可以提高计算的求解速度，但是解的精度会降低、解集的种类也会相应减少。一般而言，对于一个 n 维优化问题，合理的种群规模应为 $5n \sim 10n$。

缩放因子，顾名思义，缩放的是算法的搜索范围大小。缩放因子越大，意味着算法的搜索范围越大，越容易得到全局最优解，但搜索范围增大也会增加算法的计算量；反之，缩放因子越小，算法的计算速度越快，但是会产生早熟等问题，所得到的最优解往往只是局部最优解。因此，有必要对缩放因子的取值加以限制，一般在 0.6～0.8 之间。

交叉概率指的是个体之间信息交换的概率，它的取值主要取决于决策变量之间的相关程度。若所要求解的问题的决策变量之间相关性较小，交叉概率的取值也较小。

在差分进化算法的群体中，每个个体都对应一个解向量。假设有一个优化问题的初始种群规模为 NP，其优化目标的维度为 D，相应的优化问题如式(6-18)所示：

$$\min f(x_1, x_2, \cdots, x_D) \tag{6-18}$$

$$\text{s.t. } x_j^{\mathrm{L}} \leqslant x_j \leqslant x_j^{\mathrm{U}} \quad (j=1, 2, \cdots, D) \tag{6-19}$$

式中，x_j^{L}、x_j^{U} 表示第 j 个分量 x_j 取值范围的上、下界。

差分进化算法具体流程如下：

① 种群初始化

对于种群个体 x_i 来说，其初始化过程就是对第 0 代个体 x_i 进行随机化赋值。根据所求解问题的规模，随机产生初始种群，其具体表达式如下：

$$x(0)=\{x_1^0, x_2^0, \cdots, x_{NP}^0\} \tag{6-20}$$

其中：$\{x_i^0 \mid x_{j,i}^{\mathrm{L}} \leqslant x_{j,i}^0 \leqslant x_{j,i}^{\mathrm{U}}, i=1, 2, \cdots, NP; j=1, 2, \cdots, D\}$

$$x_{j,i}^0 = x_{j,i}^{\mathrm{L}} + rand(0, 1) \cdot (x_{j,i}^{\mathrm{U}} - x_{j,i}^{\mathrm{L}}) \tag{6-21}$$

式中　$x(0)$ ——初始种群，即第 0 代种群；

x_i^0 ——第 0 代种群的第 i 个个体；

$x_{j,i}^0$ ——第 0 代种群第 i 个个体的第 j 条基因；

$x_{j,i}^{\mathrm{U}}$、$x_{j,i}^{\mathrm{L}}$ ——第 i 个个体的第 j 条基因取值范围的上、下界。

② 变异操作

在差分进化算法的变异操作中，对父代种群采用了差分策略，这就是它与遗传算法等其他进化算法有所区别的地方。

最常见的差分策略的基本原理是：首先，从父代种群中随机选取两个不同的个体，对其做向量差，从而生成一个差分矢量；其次，利用缩放因子对差分矢量进行缩放；最后，从父代种群中随机选择另外一个不同的个体与缩放后的差分矢量进行求和，由此得到一个变异中间体。其数学表达式如下：

$$v_i^{g+1} = x_{r1}^g + F \times (x_{r2}^g - x_{r3}^g) \quad (i \neq r1 \neq r2 \neq r3) \tag{6-22}$$

式中　F ——缩放因子；

v_i^{g+1} ——下一代即第 $(g+1)$ 代的第 i 个变异中间体；

x_{r1}^g、x_{r2}^g、x_{r3}^g ——第 g 代种群空间中三个互不相同的个体。

在此过程中，若生成的变异中间体中存在不满足取值范围要求的基因，则需要按照式(6-18)对该基因进行初始化操作。如此，在对所有个体都实施了差分、变异操作之后，会产生一组变异中间体的集合，我们称之为中间体：

$$\{v_i^{g+1} \mid v_{j,i}^{L} \leqslant v_{j,i}^{g+1} \leqslant v_{j,i}^{\mathrm{U}}, i=1, 2, \cdots, NP; j=1, 2, \cdots, D\} \tag{6-23}$$

③ 交叉操作

将上述变异生成的变异中间体种群 v_i^{g+1} 与父代种群 x_i^g 的个体以一定的交叉概率进行交叉，得到新的交叉种群，数学表达式如下：

$$u_{j,i}^{g+1}=\begin{cases}v_{j,i}^{g+1}, & rand(0,1)\leqslant CR \parallel j=j_{rand}\\ x_{j,i}^{g}, & else\end{cases} \tag{6-24}$$

式中 $u_{j,i}^{g+1}$ ——第 $(g+1)$ 代的交叉个体；

CR ——交叉概率；

j_{rand} ——从[1, 2, …, D]中随机取出的一个整数。

这个数学表达式的含义是：在 (0, 1) 之间生成一个随机数，并判断这个随机数与预先设定的交叉概率 CR 之间的大小关系。若 CR 大于所生成的随机数，则将变异中间体的该基因赋予相应的交叉中间体；反之，则不进行交叉。与此同时，为了保证在变异中间体中至少能有一个基因通过交叉操作遗传给下一代，也会从变异中间体中随机选取某一条基因，不论随机数与交叉概率的大小关系如何，都将该变异基因赋予交叉中间体中相应位置的基因，从而保证种群的多样性。

④ 选择操作

选择操作的判断依据是个体的适应度。当中间体的个体适应度值优于当前种群的个体适应度值时，选择 u_i^{g+1} 作为下一代种群的个体，否则选择 x_i^g。在求解最小化问题的时候，适应度值较小的个体更优，反之亦然。其数学表达式如下：

$$x_i^{g+1}=\begin{cases}u_i^{g+1}, & f(u_i^{g+1})<f(x_i^g)\\ x_i^g, & else\end{cases} \tag{6-25}$$

式中，$f(u_i^{g+1})$、$f(x_i^g)$ 分别为交叉中间体和当前种群个体的适应度值。

综上所述，差分进化算法的计算流程如图 6-6 所示。

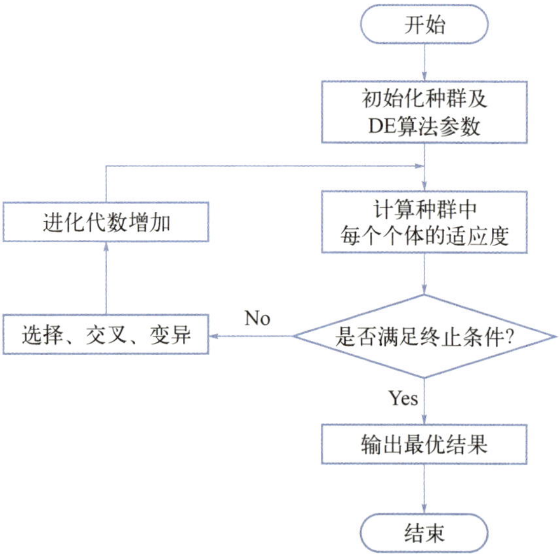

图 6-6 差分进化算法流程

5）算法设计

本书借鉴了带精英策略的非支配排序的遗传算法（NSGA-Ⅱ）和差分进化算法（DE）各自的优点，将两种算法组合使用，从而更高效地求解模型。

其中，NSGA-Ⅱ算法在求解多目标优化问题时，容易在算法运行后期收敛速度趋缓，而差分进化算法高效的全局收敛能力可以弥补该弱项。与此同时，差分进化算法由于采取了差分和贪婪选择策略，导致在交叉选择的过程中，会丢失部分解，而 NSGA-Ⅱ算法引入的快速非支配排序和拥挤度策略则恰好能解决该问题，从而保证了解集的多样性。将优化后的算法称为 NSGA Ⅱ-DE 算法，具体流程如图 6-7 所示。

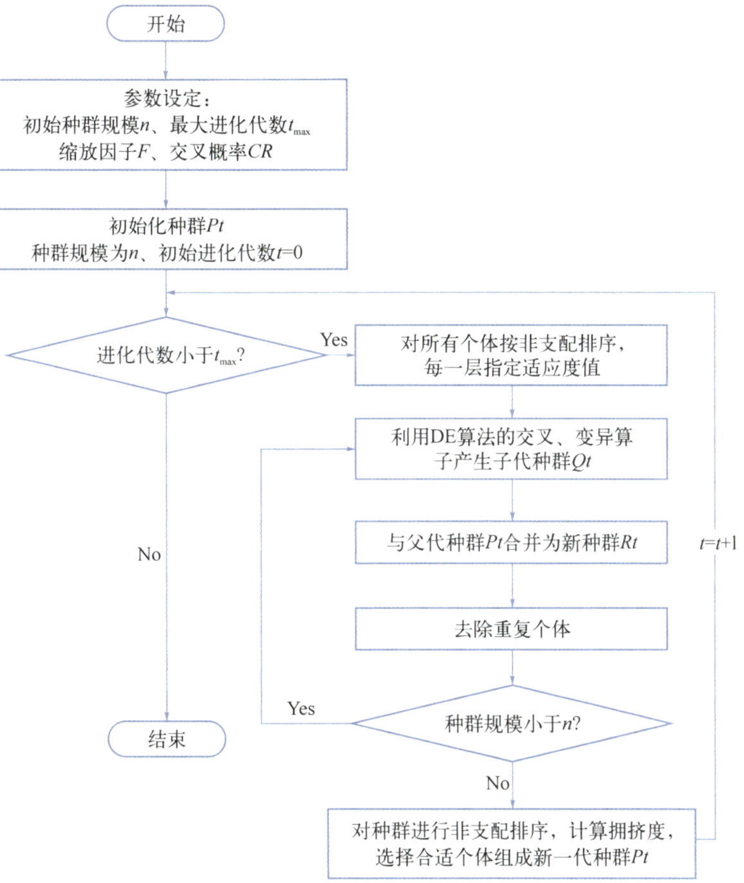

图 6-7　NSGA Ⅱ-DE 算法流程

NSGA Ⅱ-DE 算法的具体操作步骤如下。

Step1：算法开始，参数设定。根据所要求解的问题的规模大小来设定初始种群规模 n、最大进化代数 t_{max}、缩放因子 F、交叉概率 CR 等参数。

Step2：种群初始化。随机生成初始化种群 Pt，并定义初始进化代数 $t=0$。

Step3：判断当前种群代数 t 是否达到最大进化代数 t_{max}。若判断结果为是，则算法结束，输出当前的 Pareto 解集；若判断结果为否，则对种群中的所有个体进行非支配排序和分层，并给每一层指定适应度值。

Step4：执行差分进化算法中的交叉和变异操作，产生子代种群 Qt。

Step5：将生成的子代种群 Qt 与父代种群 Pt 合并为新种群 Rt。

Step6：去除新生成的种群 Rt 中的重复个体。

Step7：判断种群 Rt 的规模是否小于 n。若判断结果为是，回到 Step4；若判断结果为否，对种群 Rt 进行非支配排序，计算拥挤度，并从中选取较优的 n 个个体组成下一代个体 Pt，回到 Step3。

6.3.3 公交运行协同优化方法的实施步骤

本书提出的协同优化模型是基于与前后车的车头时距，以公交公司运营成本和乘客总出行成本最小为优化目标，通过求解，得到优化的发车间隔调度、动态驻站控制和实时车速诱导方案，从而协同优化线路上的公交车辆的行驶状态，使得线路上的公交车辆尽可能地均匀分布。具体实施步骤如下。

1. 确定发车间隔

根据不同运营时段各站点乘客上下车的规律，在公交车辆发车前，根据协同优化模型的求解结果，可以得到公交车辆在不同运营时段的发车间隔：平峰时段的发车间隔为 h_{normal}，高峰时段的发车间隔为 h_{peak}。

2. 公交车辆站点停靠

将公交车辆在站点的停靠过程拆分为两个子过程。

Step1：乘客上下车服务的过程。当公交车辆 i 到达站点 j 时，下车的乘客数量为当前车内乘客数与下车比例的乘积，即 $Off_{i,j}=A_{i,j-1}\times\gamma_j$；在站台等候上车的乘客数量为该站的乘客到达率与前车车头时距的乘积，即 $On_{i,j}=\lambda_j\times h_{i,j}$。待乘客完成上下车后，更新此时的车内乘客数，即 $A_{i,j}=A_{i,j-1}-Off_{i,j}+On_{i,j}$，并计算乘客上车所花费的时间与乘客下车所花费的时间，公交车辆 i 在 j 站完成上下客服务的耗时取二者中的较大值，即 $T_{\text{p}}^{i,j}=\max(a\times Off_{i,j},\ b\times On_{i,j})$。

Step2：实施驻站控制的过程。在此阶段，公交车辆仅停留，不允许上、下客。根据公交车辆 i 与前车 $(i-1)$ 在站点 j 的到站时间间隔以及与后车 $(i+1)$ 的预计到站时间间隔，利用协同优化模型求解得到的驻站控制参数 α_1，可以计算出公交车辆 i 在该站的驻站时间为 $T_{\text{h}}^{i,j}$。

综上所述，可以得到公交车辆 i 的离站时刻为 $d_{i,j}=a_{i,j}+T_{\text{s}}^{i,j}=a_{i,j}+T_{\text{h}}^{i,j}+T_{\text{p}}^{i,j}$。

3. 公交车辆站间运行

公交车辆 i 从 j 站出发前，基于前后车的车头时距，利用协同优化模型求解得到驻站控制参数 α_2，计算得到公交车辆 i 在 j 站至 $(j+1)$ 站之间的运行速度 $v_{i,j}$，并由此预测公交车辆 i 在 $(j+1)$ 站的到站时刻为 $a_{i,j+1}=d_{i,j}+T_{i,j}=d_{i,j}+\dfrac{l_j}{v_{i,j}}$。

6.4　公交串车协同优化方法

6.4.1　公交串车现象产生的原因

公交串车现象是指当公交车晚于计划时间到达站点时，会有大量等待的乘客上车，从而延长了停靠时间，导致进一步的延误；后一辆车由于只需搭乘更少的乘客，减少了停靠时间，反而速度加快，最终追上前一辆车的现象。

假设 A、B、C 是同一条线路或多条线路共线段依次从起始站出发的三辆公交车。在图 6-8 中，B 车由于某些原因，提前到达站点 S1，S1 站等候的乘客数量少于 B 车正常到达时的数量，B 车在 S1 站上下客时间缩短，B 车进一步比预计时间提前，最终与 A 车在 S2 站发生串车；C 车正常到达 S1，原本应乘坐 B 车的乘客由于 B 车早到没有赶上 B 车，最终只能搭乘 C 车，导致 C 车上客人数比预计多，因此 C 车在 S1 站上下客时间延长，导致 C 车延误，B 车和 C 车的车头时距不断扩大。

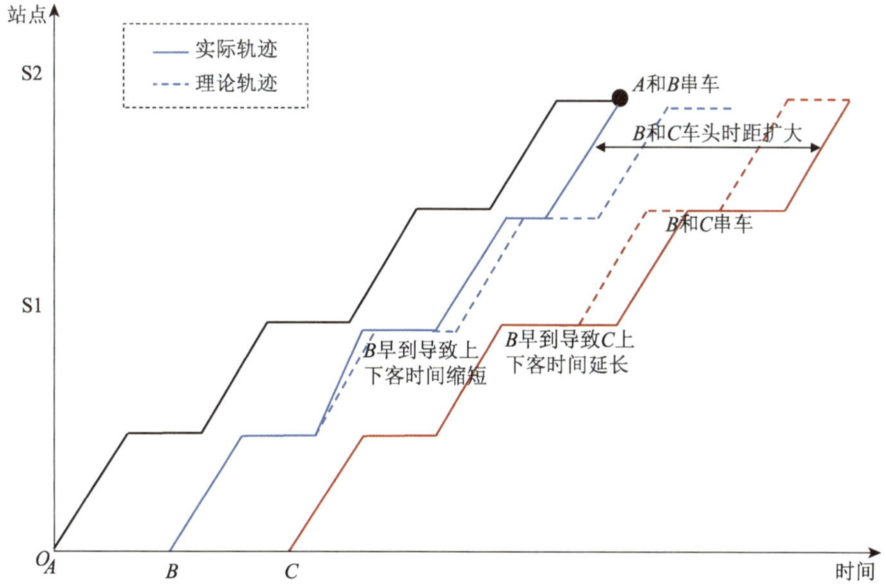

图 6-8　公交车早到站导致的公交串车示意

在图 6-9 中，B 车由于某些原因晚到 S1 站，S1 站等待的乘客数量比计划多，B 车上下客时间延长，进一步发生延误，与 A 车的车头时距不断扩大。C 车正常到达 S1 站，但原本应乘坐 C 车的乘客由于 B 车晚到而乘坐了 B 车，导致乘坐 C 车的乘客减少，C 车上下客时间缩短，C 车提前离开 S1 站，B 车和 C 车的车头时距不断减少，最终发生公交串车。

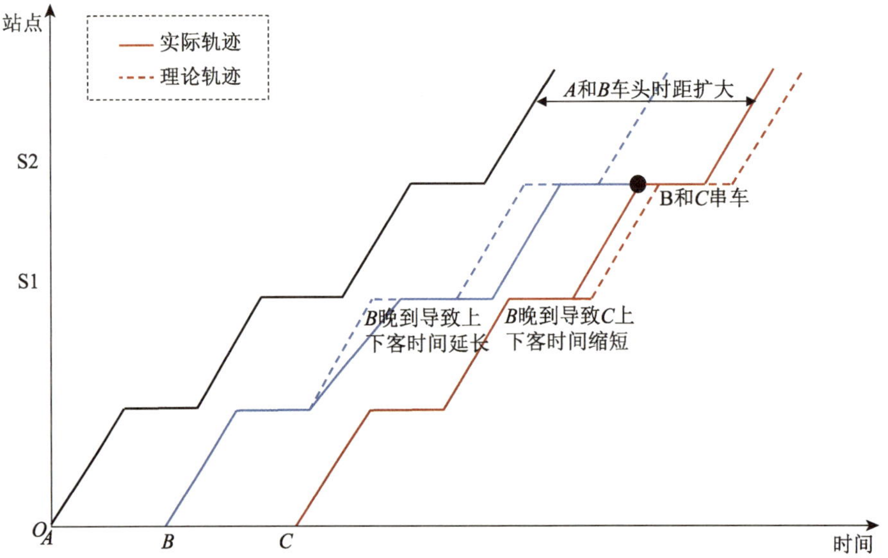

图 6-9　公交车晚到站导致的公交串车示意

6.4.2　公交串车协同优化策略

为了提高公交服务的可靠性，研究者从各个方面进行了研究。改善公交串车现象的方法有很多，主要有调整时刻表、公交动态调度、公交信号优先、公交专用道规划、线路设计等，本书对其进行了归纳和分类，见表 6-1。

表 6-1　改善公交串车的策略

策略	描述	分类
调整时刻表	根据客流需求等情况，设计合理的公交运行时刻表	调度
公交动态调度	根据公交车的实时运行状态，采用驻站、跃站等策略，使得公交车车头时距保持稳定	
公交信号优先	公交车到达交叉口时给予信号优先，使其快速通过交叉口，减少在交叉口的等待时间	公交优先
公交专用道规划	规划公交专用道，减少公交运行过程中社会车辆的干扰	
线路设计	合理规划公交线路的长度、走向等	其他
公交站设计	改变公交车站数、公交车站布局等	
公交司机培训	通过对公交司机进行培训，减少由于司机操作不规范造成的运行时间不稳定	
备用公交车和司机	合理安排备用司机和公交车，当出现突发情况时，及时替补或增加班次	

6.4.3　单线路公交串车协同优化模型

1. 模型假设

(1) 公交车不存在超载现象，即所有的乘客都能在车辆到达时上车。

(2) 乘客在车辆到达时全部选择上车，而不会根据车内拥挤情况选择等待后一辆车。

(3) 共线路段内的两条线路不存在竞争关系。

(4) 在驻站时间内到达的乘客可以正常上车。

2. 模型建立

在解决公交串车问题时，绝大多数研究以乘客等待时间或乘车总费用最小为目标函数进行最优化求解，但是这些目标的研究难度和求解复杂度较高，往往用于一条线路，单一控制点，甚至依次发车的两辆公交车。基于车头时距稳定的驻站策略的主要目标是通过在站点驻站来调节车头时距，乘客平均等待时间与平均车头时距、车头时距方差有关，见式(6-26)：

$$E(W)=\frac{E(H)}{2}+\frac{Var(H)}{2E(H)} \tag{6-26}$$

式中　$E(W)$——乘客平均等待时间，s；

$E(H)$——平均车头时距，s；

$Var(H)$——车头时距方差。

基于车头时距稳定性的驻站方式既能提高车头时距的稳定性，又能减少乘客平均等待时间。这种驻站方式的主要原理是：当公交车与前一辆公交车的车头时距小于计划车头时距 h 时，就对该公交车实施驻站策略，以调整公交车在下一站与前车的车头时距。驻站策略的实施会导致公交运行时间延长，此外，由于实施驻站策略后下一路段的公交运行速度具有不确定性，因而常常导致在本站实施驻站策略使车辆与前车过小的车头时距趋于正常，却因为下一路段的延误反而使得与前车的车头时距过大，这表明部分驻站时间是不必要的。

为了减少不必要的长时间驻站，引入一个系数 $\beta(0<\beta\leqslant 1)$，$\beta h$ 为允许的最小车头时距，只有当车辆与前车的车头时距小于 βh 时才需要实施驻站策略。之前的研究表明，β 在 0.6 与 0.8 之间是比较合适的，本书的模型中 β 取中间值 0.7。公交车实施驻站策略势必会导致公交车在站点停靠时间延长，从而使得乘客在车内的等待时间延长，然而乘客在车内能够忍受的等待时间是有限的，因此本书另外设置一个允许的最大驻站时间 g_{max}，本书中 g_{max} 取值为 90 s。

如图 6-10 所示，本书的驻站时间是指公交车在站点实施驻站策略比不实施驻站策略时多停留的时间。假设线路总站点数为 n，驻站时间计算如下：

$$g_{i,j}=\begin{cases}\min\left[\max\left[0,\ \beta h_{i-1,i}-(d_{i,j}-\bar{d}_{i-1,j})\right],\ g_{\max}\right], & i\neq 1\\ 0, & i=1\end{cases} \tag{6-27}$$

$$\bar{d}_{i,j}=d_{i,j}+g_{i,j} \tag{6-28}$$

式中 i ——从起始站依次发出的公交车编号，第一辆车编号为 1，依次递增，$i=1,2,3,\cdots$；

j ——公交站点序号，起始站为 1，依次递增，$j=2,3,\cdots,n-2$；

$g_{i,j}$ ——公交车 i 在站点 j 的驻站时间，s；

$d_{i,j}$ ——公交 i 在站点 j 的原离站时间（不使用策略时）；

$\bar{d}_{i-1,j}$ ——公交车 $(i-1)$ 在站点 j 的实际离站时间；

$h_{i-1,i}$ ——公交车 $(i-1)$ 与公交车 i 的计划车头时距，s；

$g_{\max}$ ——允许的最大驻站时间，本书取 $g_{\max}=90$ s。

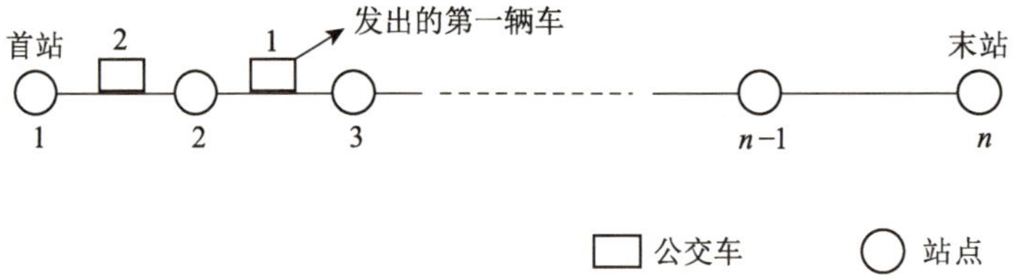

图 6-10　单条公交线路示意

3. 模型解释

式(6-24)中的 $\beta h_{i-1,i}-(d_{i,j}-\bar{d}_{i-1,j})$ 表示根据公交车在站点不实施策略时与上一辆公交车的车头时距和允许的最小车头时距计算出来的驻站时间，当这个值小于 0 时，$g_{i,j}$ 的值为 0，即不需要实施驻站策略，公交车正常驶出公交站点；当这个值大于 $g_{\max}$（允许的最大驻站时间）时，尽管这是计算出来的可以使得车头时距稳定的理想驻站时间值，但因这个驻站时间过长而导致车内乘客等待时间过长，因此按照 $g_{\max}$ 的驻站时间停留；当这个值介于 0 和 $g_{\max}$ 时，则按照计算出来的 $\beta h_{i-1,i}-(d_{i,j}-\bar{d}_{i-1,j})$ 进行驻站控制。

对于从起始站发车的第一趟车不进行驻站控制，而从第二趟车开始实施驻站策略。另外，对于终点站和倒数第二站也不进行驻站控制。倒数第二站实施驻站控制没有意义，这是因为在倒数第二站实施驻站策略直接影响的是公交车在下一站（终点站）的到站时间，而终点站不会有乘客候车。因此，实施驻站控制策略的站点应为第 2 站至倒数第 3 站。

基于单条公交线路的驻站策略下文均简称策略Ⅰ，如图 6-11 所示。

6.4.4　多线路公交串车协同优化模型

1. 模型建立

由以上分析可知，当两条公交线路在一个共线路段内运行时，会互相干扰，从而使公交

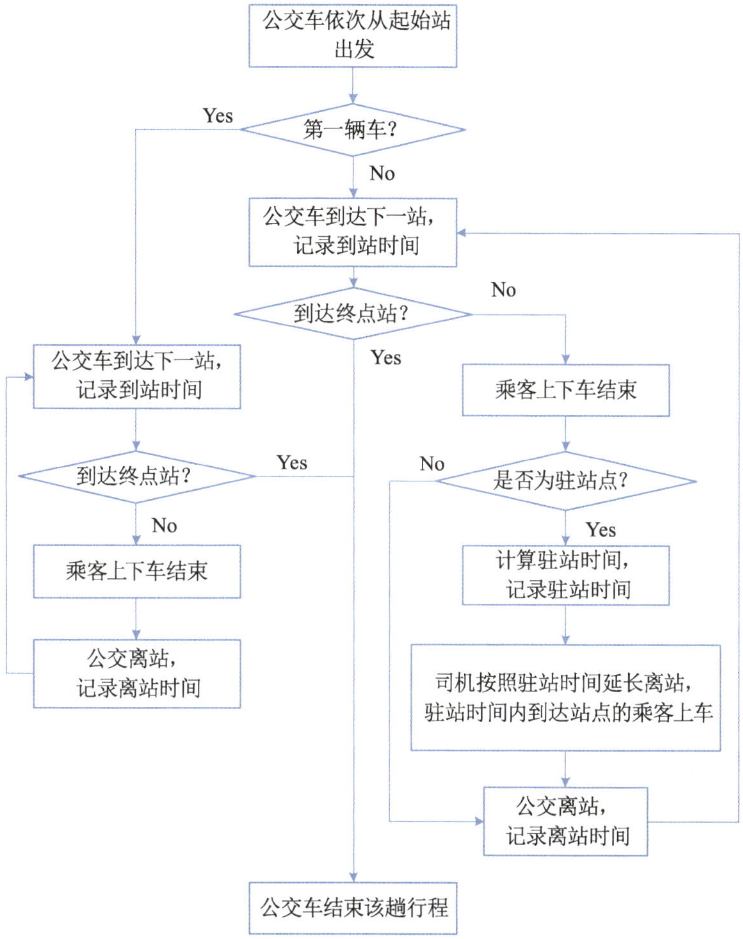

图 6-11　策略 Ⅰ 实施流程

串车现象的发生更为频繁。因此，对公交车进行策略控制的时候，还需考虑共线路段内另一条公交线路的影响。由于公交车在路段内的行驶速度不易控制，因此本书通过对不同线路的公交车在站点的停靠时间进行协同控制，以减少不同线路公交车在共线路段内的相遇次数，从而减少公交串车现象的发生。在共线路段内和共线路段外，驻站时间的计算方法不同，在共线路段内需要考虑其他线路的影响。

两条公交线路站点编号示意如图 6-12 所示，如两条公交线路在一条共线路段内共线，共同的站点数量为 n 个，站点标记为 $S+1$，$S+2$，…，$S+n$。A 线路在共线路段前有 n_{A1} 个站点，在共线路段后有 n_{A2} 个站点；B 线路在共线路段前有 n_{B1} 个站点，在共线路段后有 n_{B2} 个站点（$S \geqslant n_{A1}$，$S \geqslant n_{B1}$）。

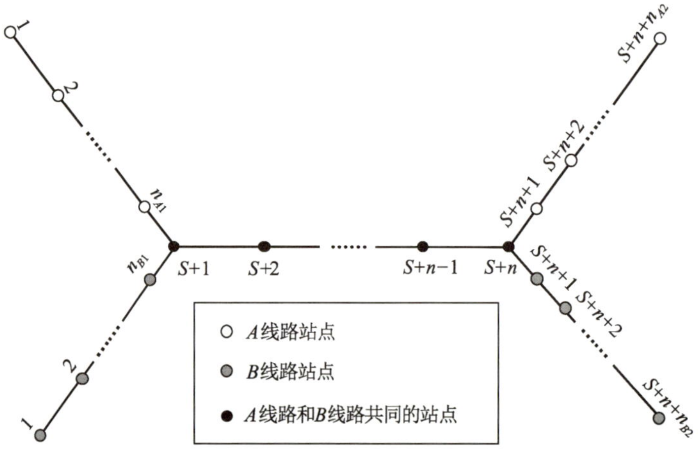

图 6-12　两条公交线路站点编号示意

(1) 对于共线路段内的两条公交线路而言,各自的驻站时间计算如下。

① 对于公交线路 A:

$$g_{i,j}=\begin{cases} \min\{ \\ \max[\min[\max[0,\beta h_{i-1,i}-(d_{i,j}-\bar{d}_{i-1,j})],g_{\max}],\max[0,c-(d_{i,j}-D_j)]], \\ \min[\max[0,h_{i-1,i}-(d_{i,j}-\bar{d}_{i-1,j})],g_{max}]\}, \\ (D_j\neq 0,i\neq 1) \\ \min[\max[0,\beta h_{i-1,i}-(d_{i,j}-\bar{d}_{i-1,j})],g_{\max}], \\ (D_j=0,i\neq 1) \\ 0, \\ (i=1) \end{cases}$$

(6-29)

$$\bar{d}_{i,j}=d_{i,j}+g_{i,j} \tag{6-30}$$

$$d_j=\bar{d}_{i,j} \tag{6-31}$$

② 对于公交线路 B:

$$G_{k,j}=\begin{cases} \min\{ \\ \max[\min[\max[0,\beta H_{k-1,k}-(D_{k,j}-\bar{D}_{k-1,j})],g_{\max}],\max[0,c-(D_{k,j}-d_j)]], \\ \min[\max[0,H_{k-1,k}-(D_{k,j}-\bar{D}_{k-1,j})],g_{\max}]\}, \\ (d_j\neq 0,k\neq 1) \\ \min[\max[0,\beta H_{k-1,k}-(D_{k,j}-\bar{D}_{k-1,j})],g_{\max}], \\ (d_j=0,k\neq 1) \\ 0, \\ (k=1) \end{cases}$$

(6-32)

$$\bar{D}_{k,j}=D_{k,j}+G_{k,j} \tag{6-33}$$

$$D_j=\bar{D}_{k,j} \tag{6-34}$$

在式(6-29)至式(6-34)中，j 为共线路段内 A 线路和 B 线路共同站点的编号，$j=S+1, S+2, \cdots, S+n-1$，其中取 $S=\max(n_{A1}, n_{B1})$，其余字母含义见表 6-2。

对于共线路段内的最后一个站点，即站点 $S+n$，也按照共线路段外的站点进行处理，这是因为在这一站无论是否以避免不同线路的两辆公交车相遇为目的进行策略实施，这两辆公交车都不会在下一站相遇。

（2）在共线路段外，按照单线路模型进行驻站控制。

① 对于公交线路 A：

$$g_{i,p}=\begin{cases}\min[\max[0, \beta h_{i-1,i}-(d_{i,j}-\bar{d}_{i-1,p})], g_{\max}], & i\neq 1\\ 0, & i=1\end{cases} \tag{6-35}$$

$$\bar{d}_{i,p}=d_{i,p}+g_{i,p} \tag{6-36}$$

式中，p 为公交线路 A 在共线路段外的站点编号，$p=2, \cdots, n_{A1}$；或 $p=S+n+1, S+n+2, \cdots, S+n+n_{A2}-2$，其余字母含义见表 6-2。

② 对于公交线路 B：

$$G_{k,q}=\begin{cases}\min[\max[0, \beta H_{k-1,k}-(D_{k,j}-\bar{D}_{k-1,q})], g_{\max}], & i\neq 1\\ 0, & i=1\end{cases} \tag{6-37}$$

$$\bar{D}_{i,q}=D_{i,q}+G_{i,q} \tag{6-38}$$

式中，q 为公交线路 B 在共线路段外的站点的编号，$q=2, \cdots, n_{B1}$；或 $q=S+n, S+n+1, \cdots, S+n+n_{B2}-2$，其余字母含义见表 6-2。

表 6-2　字母含义

字母	含　义
i	公交线路 A 从起始站发出的公交车编号，第一辆车编号为 1，依次递增，$i=1, 2, 3, \cdots$
k	公交线路 B 从起始站发出的公交车编号，第一辆车编号为 1，依次递增，$k=1, 2, 3, \cdots$
$g_{i,j}$	公交线路 A 公交车 i 在站点 j 的驻站时间(s)
$h_{i-1,i}$	公交线路 A 公交车 i 与公交车$(i-1)$的计划车头时距(s)
$d_{i,j}$	公交线路 A 公交车 i 在站点 j 的原离站时间(不使用策略时)
$\bar{d}_{i,j}$	公交线路 A 公交车 i 在站点 j 的实际离站时间(使用策略后)

（续表）

字母	含 义
d_j	最新的公交线路 A 公交车在站点 j 的离站时间（线路 A 的每辆公交车在站点 j 离开时这个值都会更新，初始值为 0）
$G_{k,j}$	公交线路 B 公交车 k 在站点 j 的驻站时间（s）
$H_{k-1,k}$	公交线路 B 公交车 k 与公交车（$k-1$）的计划车头时距（s）
$D_{k,j}$	公交线路 B 公交车 k 在站点 j 的原离站时间（不使用策略时）
$\bar{D}_{k,j}$	公交线路 B 公交车 k 在站点 j 的实际离站时间（使用策略后）
D_j	最新的公交线路 B 公交车在站点 j 的离站时间（B 线路的每辆公交车在站点 j 离开时这个值都会更新，初始值为 0）
g_{max}	允许的最大驻站时间，$g_{max}=90$ s
β	$\beta=0.7$
c	判断公交车在站点不会相遇的最小车头时距，与判断是否串车取值一致，$c=60$ s

2. 模型解释

基于两条公交线路协同控制的驻站模型由基于单条线路的驻站时间模型演变而来。当公交线路 A 和公交线路 B 的公交车在共线路段外时，两条线路的公交车不会互相干扰，因此其控制方法与单条线路的控制方法相同。

当公交线路 A 和公交线路 B 的公交车在共线路段内时，两条线路的公交车可能会在站点或者路段中相遇从而互相干扰，因此在实施驻站策略时应考虑两条公交线路的相互影响，本书所采用模型的原则是尽量避免不同线路的公交相遇。当在某个站点时，公交线路 A 的公交车与从该站点刚驶走的公交线路 B 的公交车的车头时距小于 c 时，认为两条线路的公交车过近，需要对公交线路 A 的公交车进行策略控制，其驻站时间为 $\max[0,\ c-(d_{i,j}-D_j)]$。同时，应满足只基于同线路车头时距稳定性计算出来的驻站时间，取两个驻站时间中的较大值。由于最终目标是使得线路车头时距保持稳定，不能为避免两条线路的公交车相遇而舍本逐末，因此引入使得同线路车头时距稳定的最大允许驻站时间 $\min[\max[0,\ H_{k-1,k}-(D_{k,j}-\bar{D}_{k-1,j})],\ g_{max}]$，以防止因避免不同线路公交车相遇而使得公交车驻站时间过长。公交车过晚驶出站点，反而会使公交车与前车的车头时距过大，从而得不偿失。

图 6-13 所示两条公交线路的起始站相同，391 路有明显的公交串车现象，而 378 路没有明显的公交串车现象，此种情况比较常见，因此驻站策略可以简化处理，按照图 6-13 实施驻站策略：①在共线路段内对公交 378 路和公交 391 路同时实施改善策略；②由于共线路段外的公交站点只存在于公交 391 路在共线路段之后的路段上，所以仅对公交 391 路实

施共线路段外的驻站策略；③由于公交 378 路与公交 391 路的起始站相同，因此在第一站就进行驻站判别（即发车时刻调整），以防止公交 391 路和公交 378 路在起始站同时发车。

对驻站策略进行简化，即：

$$g_{i,1}=\min[0,c-(d_{i,1}-D_1)] \quad (6\text{-}39)$$

$$D_{i,1}=\min[0,c-(D_{i,1}-d_1)] \quad (6\text{-}40)$$

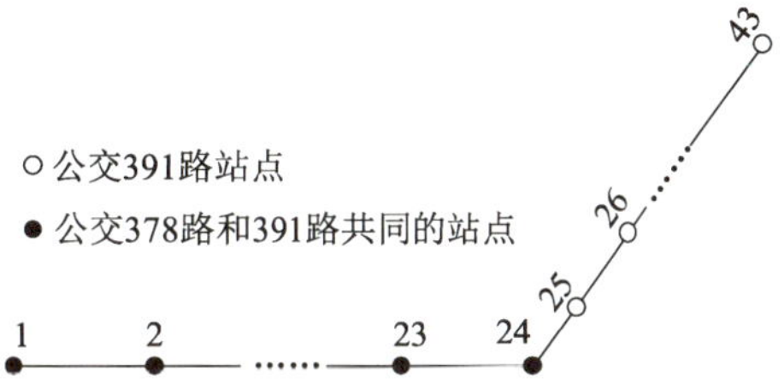

图 6-13 模型简化示意

基于两条公交线路协同控制的驻站策略以下简称策略Ⅱ，其实施流程见图 6-14。

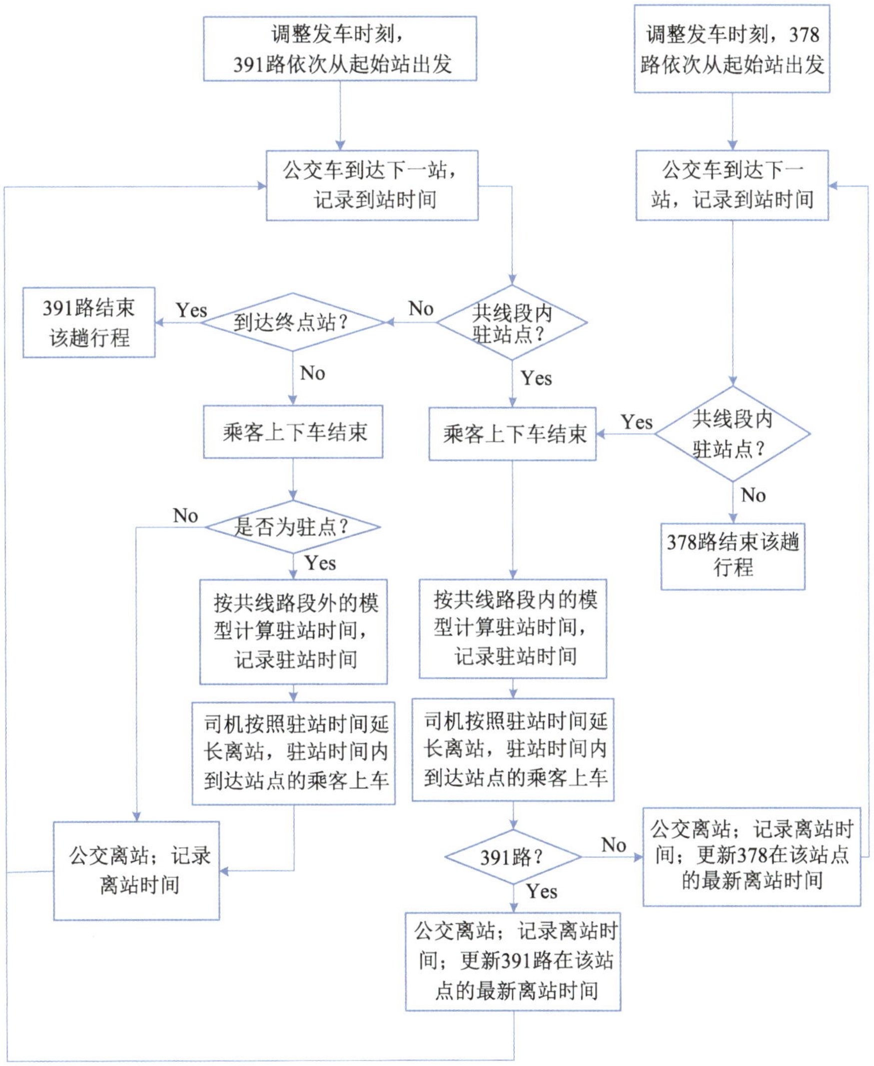

图 6-14 策略Ⅱ实施流程

6.5 案例分析

6.5.1 公交运行协同优化案例

1. 协同优化方案及仿真模拟

1）线路基本参数

本章仿真实验中设置的公交线路全长 5 km，包括首末站在内共设有 11 个站点且均为控制站点，站间距为 500 m。据以往研究，常规公交的站间运行速度范围为 10～25 km/h，公交车的最小发车间隔为 2 min，最大发车间隔为 10 min，站点最小驻站时间为 3 s，最大驻站时间为 90 s。公交公司的运营成本系数 μ_1 取为 4(元/min)，乘客的出行时间价值系数 μ_2 取为 0.5(元/min)[193]。

为了分析不同运营时段对客流数据的影响，仿真运行设置了平峰、高峰两个不同的运营时段，平峰时段的运营时长为 2 h，高峰时段的运营时长为 1 h，针对平峰和高峰时段分别设置两种乘客到达率情景。假设各站点的乘客到达率和下车比例服从均匀分布，分别为区间 (λ_1, λ_2) 和 (a_1, a_2) 的随机量。各个站点的乘客到达率根据实际特征模拟生成，其规则为：越靠近首站，乘客到达率越高；越靠近末站，乘客到达率越低。平峰时段和高峰时段的乘客到达率及下车情况如表 6-3 和表 6-4 所列。

表 6-3　平峰时段公交线路乘客到达率和下车情况模拟

站点编号	1	2	3	4	5	6	7	8	9	10	11
λ_1/(人·min^{-1})	0	0	0	2	0	1	2	1	0	0	0
λ_2/(人·min^{-1})	1	2	1	3	2	2	3	2	2	1	0
a_1	0.0	0.2	0.1	0.1	0.3	0.1	0.2	0.4	0.3	0.4	1.0
a_2	0.0	0.3	0.4	0.5	0.4	0.4	0.3	0.6	0.5	0.6	1.0

表 6-4　高峰时段公交线路乘客到达率和下车情况模拟

站点编号	1	2	3	4	5	6	7	8	9	10	11
λ_1/(人·min^{-1})	0	2	1	3	1	1	3	2	1	0	0
λ_2/(人·min^{-1})	3	5	3	6	4	5	6	6	4	3	0
a_1	0.0	0.2	0.1	0.1	0.3	0.1	0.2	0.4	0.3	0.4	1.0
a_2	0.0	0.3	0.4	0.5	0.4	0.4	0.3	0.6	0.5	0.6	1.0

其中,每个乘客的平均上车时间为 2 s,平均下车时间为 1.5 s[194],每个站点的上车乘客人数为该站点的乘客到达率与前后两辆公交车在该站点的到站时间间隔的乘积,每个站点的下车乘客人数为到达站点时的车内人数与该站点的下车乘客比例的乘积。

2) 协同优化方案求解

本章的求解算法及数值仿真采用 Python3.7 进行编程。运用 NSGA Ⅱ-DE 算法对所提出的优化模型进行求解,算法中的父代种群个体数目为 30 个,交叉率为 0.9,变异率为 0.2,迭代次数为 200,求解得到 28 组 Pareto 最优解集及目标函数,每个 Pareto 解的目标函数值分布如图 6-15 所示。

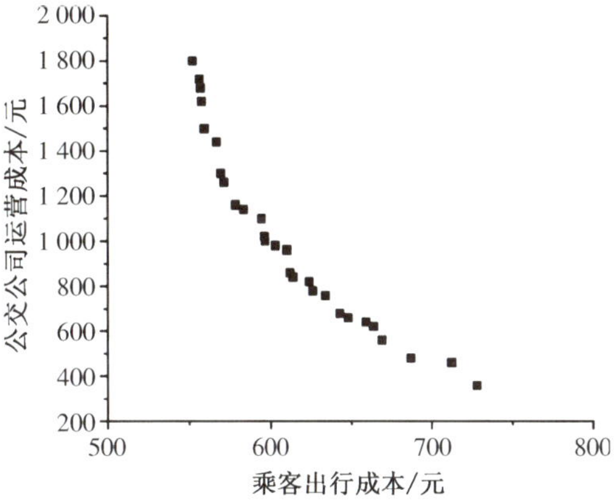

图 6-15 Pareto 最优解集分布

由图 6-15 可知,公交公司运营成本与乘客出行成本呈负相关,公交发车间隔越小,乘客的出行和等待时间越少,但与此同时,公交公司运营成本却会随着发车班次的增多而增加。

本章综合考虑了公交公司运营成本和乘客出行成本,选取二者之和最小的一组作为最优解,从而得到该实验线路的协同优化方案,即平峰时段的发车间隔为 578 s,高峰时段发车间隔为 295 s,公交车辆在各站点的驻站时间由驻站控制参数($\alpha_1=0.17$)计算得到,在各区间内的运行车速由车速诱导控制参数($\alpha_2=0.43$)计算得到。协同优化方案的仿真流程如图 6-16 所示。

3) 仿真实验方案设计

通过求解本章所提出的协同优化模型,得到该线路的优化控制方案,包括在不同运营时段客流条件下的发车间隔调度方案,以及每辆公交车在不同路段、不同车站的驻站控制和速度控制策略。为了验证该方案对于公交运行健康的改善效果,在相同的线路基本参数条件下,设计了四种不同的仿真实验场景,与求解所得的优化控制方案下的公交运行状态进行对比。

其中,场景 1、场景 2、场景 3 的发车间隔均采用求解所得的最优策略,即平峰时段发车间隔为 578 s,高峰时段发车间隔为 295 s;场景 4 采取均匀固定的发车间隔,为保证公交总发车数不变,取 578 s 和 295 s 的平均值,约 437 s。

在公交运行过程中,场景 1 不采取任何动态控制策略,公交车辆的站间运行速度是以 15 km/h 为中间数波动的随机数,在各个站点的停留时间仅满足基本的乘客上下车需求,不做额外的驻站等待。场景 2 仅采取驻站控制策略,利用与前车的车头时距计算驻站时间;不采取速度诱导控制,站间运行速度也是以 15 km/h 为中间数波动的随机数。场景 3 同时采取了驻站控制和速度控制策略,但也只考虑了与前车的车头时距。场景 4 采取本章所提出

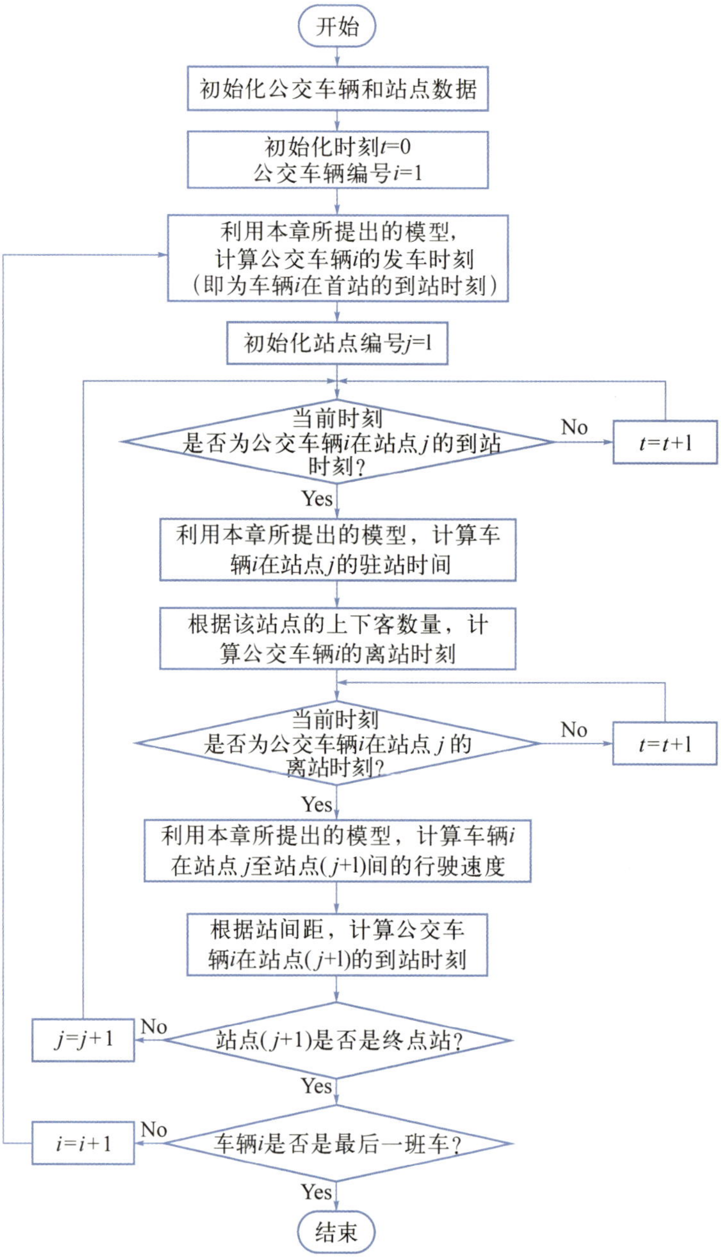

图 6-16　协同优化方案的仿真流程

的动态控制策略，在同时考虑与相邻前、后车的车头时距的情况下，分别利用求解所得的驻站控制参数 α_1 和车速控制参数 α_2 来计算公交车在各个控制站点的驻站时间以及站间公交车辆的运行速度。

四种仿真实验场景及本章所提出优化控制方案的具体设计说明如表 6-5 所列。

表6-5 仿真场景的设计说明

设计说明	场景编号	发车间隔	站间运行速度	站点驻站时间
不同动态控制策略对比	1	高峰：578 s 平峰：295 s	不控制	不控制
	2		不控制	根据前车的车头时距来计算
	3		根据前车的车头时距来计算	根据前车的车头时距来计算
不同发车间隔策略对比	4	437 s	同时考虑前后车的车头时距	同时考虑前后车的车头时距
优化控制方案		高峰：578 s 平峰：295 s	同时考虑前后车的车头时距	同时考虑前后车的车头时距

场景1、场景2和场景3用于探究不同的动态控制策略对公交运行稳定性的影响。其中，场景1不采取任何控制策略，作为对比实验的参照组；场景2仅采用驻站控制，为的是探究采用驻站控制策略所造成的影响；场景3同时采用了驻站控制和速度控制，主要用于验证在驻站控制和速度控制协同作用下对公交运行的改善效果；与优化控制方案的不同之处在于，场景3在控制过程中，仅考虑了与前车的车头时距，而优化控制方案在驻站控制和速度控制过程中，会同时考虑到与前车及后车的车头时距，主要用于验证在同时考虑相邻前后车的车头时距条件下，对公交运行改善效果的影响；场景4则用于探究本书所建立的协同优化模型中发车间隔变化对公交运行改善效果的影响，场景4中采用均匀发车间隔的方案，而优化控制方案在高峰时段和平峰时段采用了不同的发车间隔。

2. 协同优化结果对比与分析

对利用NSGA Ⅱ-DE算法求得的协同优化方案以及设计的四种实验场景进行仿真模拟，通过计算不同仿真场景下高峰、平峰两个时段的公交车辆运行结果，从公交运行可靠性、车头时距稳定性、公交车辆平均行程时间和公交车辆平均运行速度四个方面对仿真结果进行深入的对比分析。

1）公交运行可靠性

根据每辆公交车在各个站点所记录的到站时刻，绘制得到公交运行时空图。

场景1中，在不采取任何控制的情况下，由于受到站点客流以及站间运行速度波动的影响，第3、4辆公交车在站点6、第5、6辆公交车在站点9都发生了串车，如图6-17所示，导致整条公交线路的运行稳定性较差，到站时间非常不均匀，尤其在高峰时段，公交车辆不均匀到达的情况更为明显。

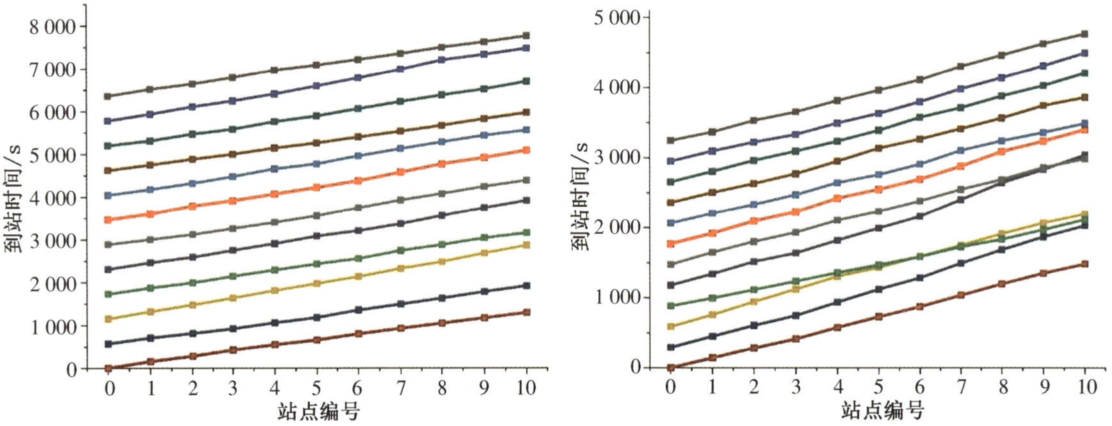

(a) 平峰时段　　(b) 高峰时段

图 6-17　场景 1 中公交车辆的到站时间分布

场景 2 中，在驻站控制情况下，公交串车问题得到了改善，但公交到站时间均匀程度仍然较差，如图 6-18 所示。

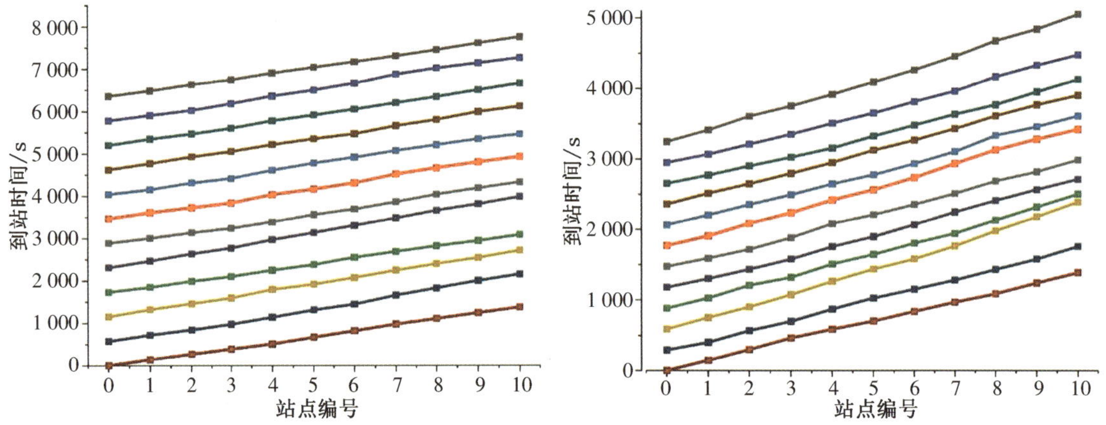

(a) 平峰时段　　(b) 高峰时段

图 6-18　场景 2 中公交车辆的到站时间分布

场景 3 中，在驻站和速度诱导组合控制下，公交车辆的到站时间分布变得较为均匀，公交的运行稳定性得到了显著改善，但某些班次，尤其是前几辆公交车在某些站点的到站时间仍存在不均匀的情况，如图 6-19 所示。这是因为第一辆车，没有前车的车头时距作为依据，其运行状态中是不受驻站或是速度控制的；与此同时，它的后续车辆在运行过程仅考虑了与前车，即第一辆车的车头时距，导致后续车辆的到站时间也存在一定的不稳定性。在前车运行状态不稳定的情况下，后续车辆的运行可靠性会受影响。这说明在仅考虑前车动态控制的条件下，公交到站时间的不稳定存在着某种“传递效应”。

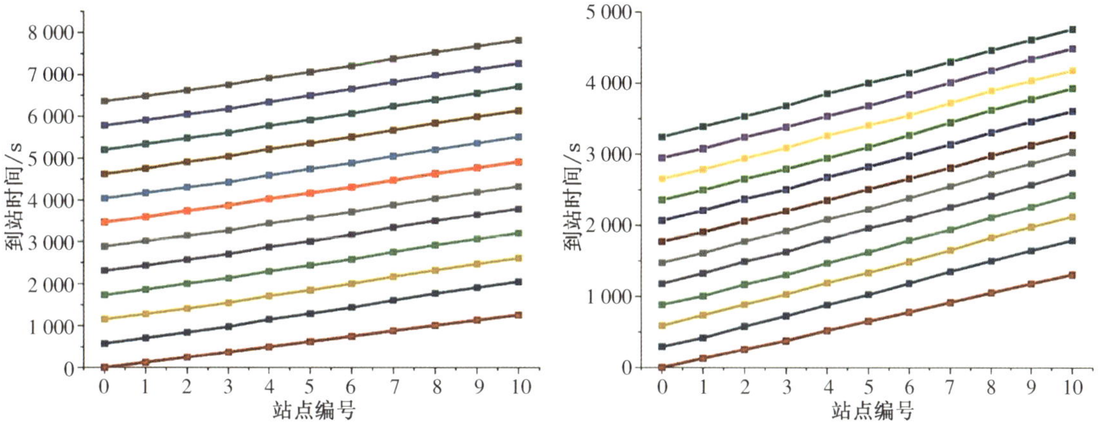

(a) 平峰时段　　(b) 高峰时段

图 6-19　场景 3 中公交车辆的到站时间分布

场景 4 中，平峰时段由于公交发车间隔更密集，因此公交车辆到站时间更均匀，而在高峰时段，因为仍然采用了与平峰时段相同的发车间隔，因此在某些站点公交车辆的到站时间仍存在着一些不均匀的情况，如图 6-20 所示。这说明在相同的动态控制条件下，发车间隔的不同会对公交车辆的运行可靠性产生影响。发车间隔越小，公交车辆的到站时间越均匀，但发车间隔减小也会导致公交公司运营成本增加，因此应根据不同时段客流分布情况，确定不同的发车间隔，以实现公交公司运营成本和公交运行可靠性之间的平衡。

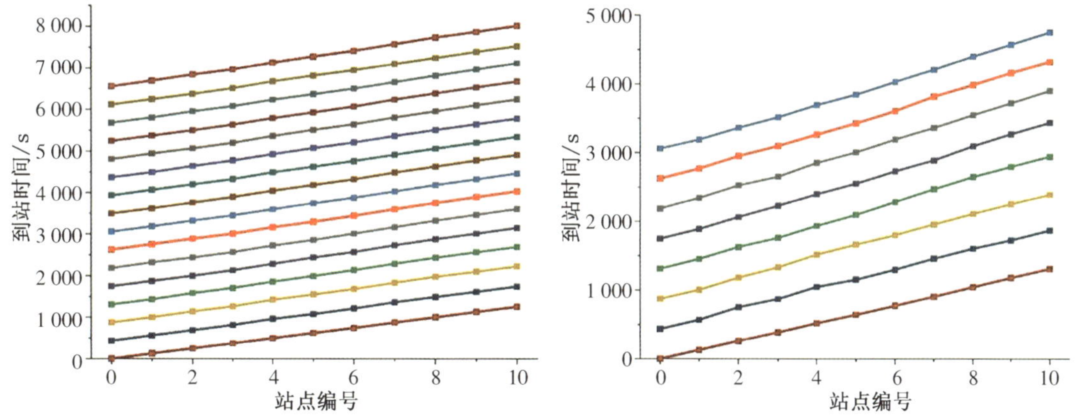

(a) 平峰时段　　(b) 高峰时段

图 6-20　场景 4 中公交车辆的到站时间分布

如图 6-21 所示，在本章的协同优化方案中，根据不同运营时段的客流规律采取不同的发车间隔方案，且在同时考虑了前、后车的车头时距稳定性的驻站和速度诱导协调控制情况下，对于公交运行稳定性的改善效果最为显著，不论是在平峰还是在高峰时段，每一趟车次的公交运行稳定性和到站时间间隔均匀性都比上述四种场景更佳。

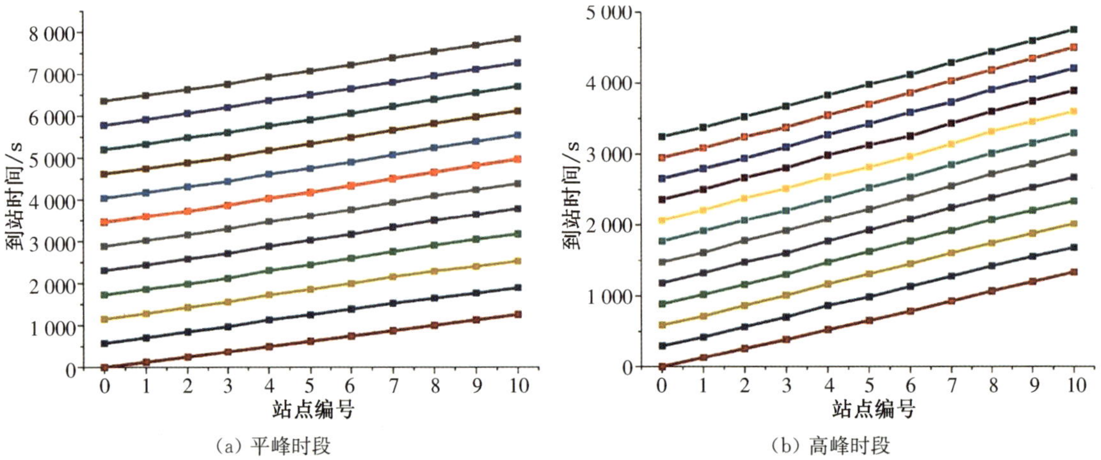

图 6-21　协同优化方案中公交车辆的到站时间分布

2）车头时距稳定性

车头时距稳定性是衡量高频公交线路服务水平最关键的指标，因此本章采用车头时距变异系数来评价公交运行的可靠性。通过仿真运行结果，计算出不同场景下平峰和高峰时段的车头时距变异系数，并绘制得到图 6-22。从图 6-22 可以发现，高峰时段的车头时距变异系数普遍高于平峰时段，这是因为相比平峰时段，高峰时段各站点的客流量较大、在站点的停靠时间也会增加，从而导致车辆运行延误加剧。

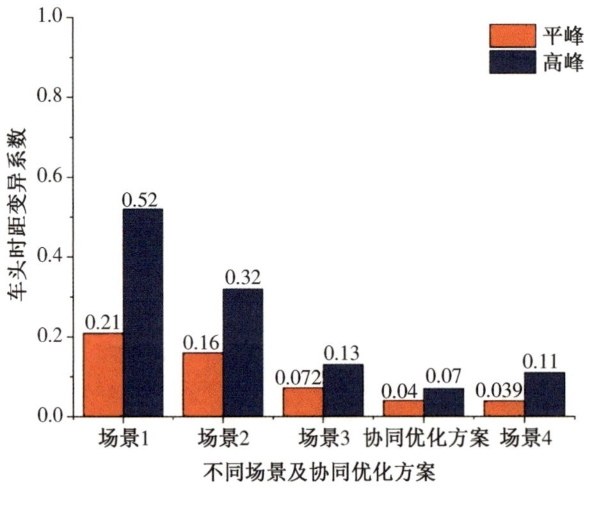

图 6-22　四种场景及协同优化方案控制下的车头时距变异系数

对比场景 1、场景 2、场景 3 以及本章所提出的协同优化方案可以发现，在不同的控制策略下，车头时距变异系数在不断递减，且本章所提出的协同优化方案中的车头时距变异系数最小，这说明对公交车辆进行动态控制有利于提升公交车辆的运行稳定性。而本章所提出的协同优化动态控制策略不仅同时采用了驻站和速度控制，也同时考虑了前、后车的车头时距的影响，因此对公交运行系统稳定性的改善效果最为显著。

下面定义两个名词：

（1）前车车头时距：公交车与前一辆车在该站点的车头时距；

（2）后车车头时距：公交车与下一辆车在该站点的车头时距。

对比场景 4 和本章所提出的协同优化方案可以发现，由于场景 4 也采取了本章提出的动态控制策略，因此场景 4 的车头时距变异系数与本书所提出的协同优化方案的相差不多，但协同优化方案中的平均车头时距变异系数比场景 4 的要小。这说明在动态控制条件相同的情况下，根据不同运营时段的客流特点采用不同的发车间隔对于控制车头时距的稳定性效果更好。

为了更好地分析车头时距的变化情况，根据仿真模拟的到站时间，计算实际车头时距与规定车头时距的偏差，以便进一步分析公交车车头时距的变化情况。

场景 1 中，在没有采取任何控制措施的条件下，平峰时段的车头时距偏差范围在[－289 s，366 s]之间，高峰时段的车头时距偏差范围比平峰时段更大一些，即在[－391 s，628 s]之间，最大偏离值达 628 s，且偏差都随着站点编号的增加而呈现不断扩大的趋势，如图 6-23 所示，公交的运行健康状况较为恶劣，公交的服务水平和乘客出行体验也较差。

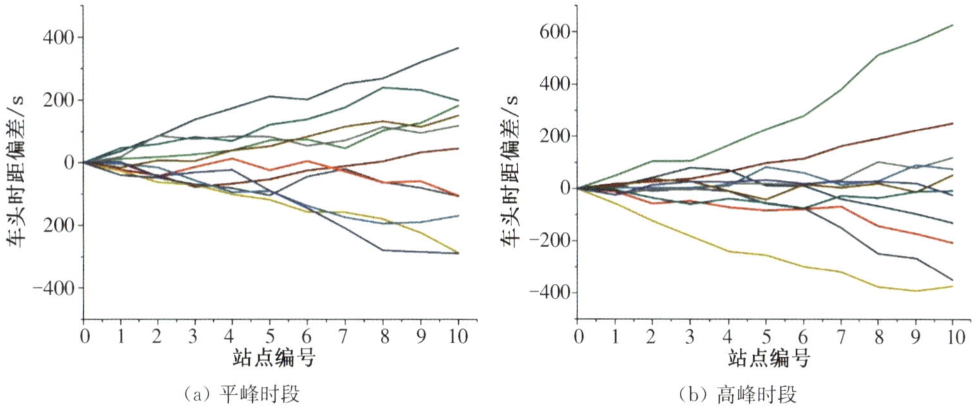

(a) 平峰时段　　(b) 高峰时段

图 6-23　场景 1 中公交车的车头时距偏差

场景 2 中，平峰时段的车头时距偏差范围为[－235 s，324 s]，高峰时段的车头时距偏差范围为[－188 s，338 s]，如图 6-24 所示，与场景 1 中的偏差范围相比均有所减小，且高峰时段的偏差改善效果更为明显一些，这说明驻站控制对保持公交运行稳定性有一定的效果，但车头时距稳定性仍然较差。此外，场景 2 中的车头时距偏差发展趋势与场景 1 相同，都是随着公交车辆的运行过程呈扩大趋势，说明单纯的驻站控制无法缓解车头时距的传播和扩大趋势。

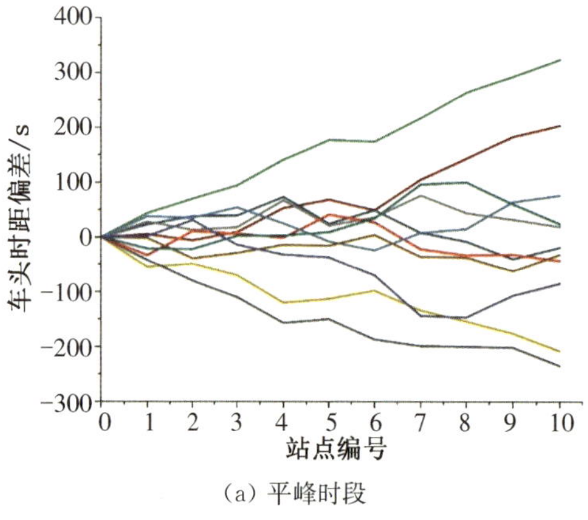

图 6-24 场景 2 中公交车的车头时距偏差

场景 3 中,平峰时段的车头时距偏差范围为[−45 s, 214 s],高峰时段的车头时距偏差范围为[−51 s, 184 s],大约是场景 2 中车头时距偏差范围的一半,如图 6-25 所示。这说明在驻站控制和车速诱导的双重控制下,公交运行稳定性得到了进一步的提升,但个别车次的车头时距与期望车头时距之间仍存在较大差距,这也是由于在其运行过程中只考虑了与前车的车头时距所致。

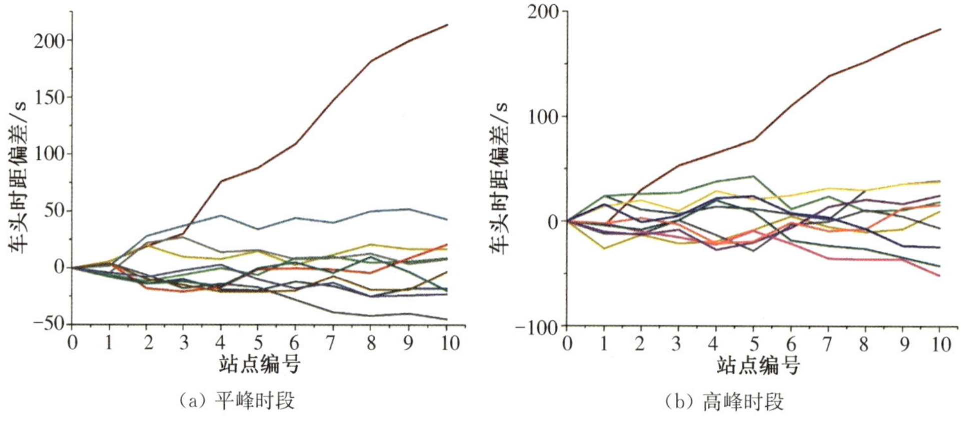

图 6-25 场景 3 中公交车的车头时距偏差

由于场景 4(图 6-26)和本章所采用的协同优化方案(图 6-27)在公交运行过程中都采用了本章所提出的协同优化模型,且同时考虑了前后车的车头时距,因此公交运行的整体稳定性与场景 1、场景 2、场景 3 相比偏差范围均明显减小。

通过深入比较场景 4 和本章所提出的协同优化方案可以发现,平峰时段的车头时距偏差相差无几。在场景 4(图 6-26)中,平峰时段的车头时距偏差范围为[−24 s, 57 s],在协同优化方案中(图 6-27),平峰时段的车头时距偏差范围为[−24 s, 74 s]。

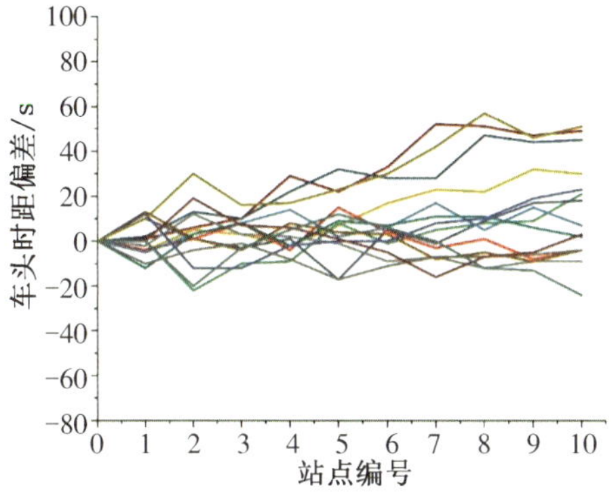

（a）平峰时段　　（b）高峰时段

图 6-26　场景 4 中公交车的车头时距偏差

而在高峰时段，场景 4（图 6-26）中的车头时距偏差范围较大，为[−44 s，123 s]，全线最大车头时距偏差超过了 2 min；而在协同优化方案中（图 6-27）高峰时段的车头时距偏差范围为[−47 s，60 s]，全线最大车头时距偏差控制在 60 s 以内，基本维持在一个比较稳定的范围内。

这是由于协同优化方案在高峰和平峰时段采用了不同的发车间隔方案，高峰时段发车间隔更为密集，因此协同优化方案中不仅车头时距偏差较小，而且随公交运行过程逐渐扩大的车头时距偏差传播趋势也得到了明显的抑制。这说明本章提出的协同优化模型对于客流波动较大的公交线路来说，有较好的公交运行健康改善效果。

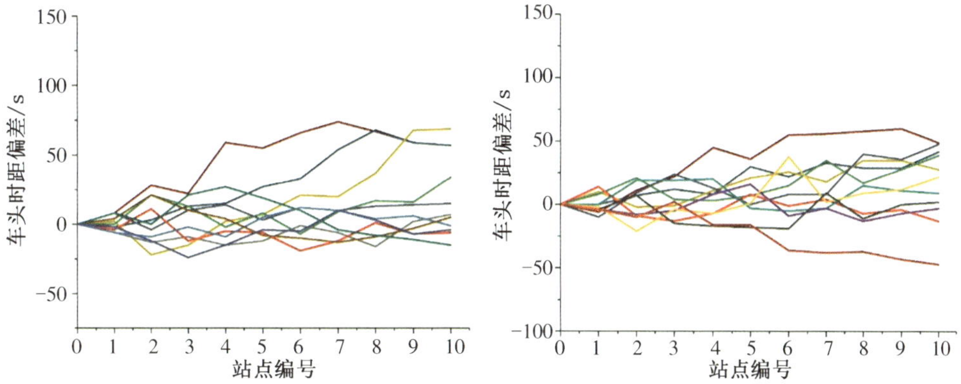

（a）平峰时段　　（b）高峰时段

图 6-27　协同优化方案中公交车的车头时距偏差

3）公交车辆平均行程时间

根据仿真模拟结果和行程记录可以得到不同场景下公交车辆的单程平均行程时间，绘制得到图 6-28。

在图 6-28 中，红色实线为高峰时段不同场景下的公交单程平均行程时间，蓝色实线为

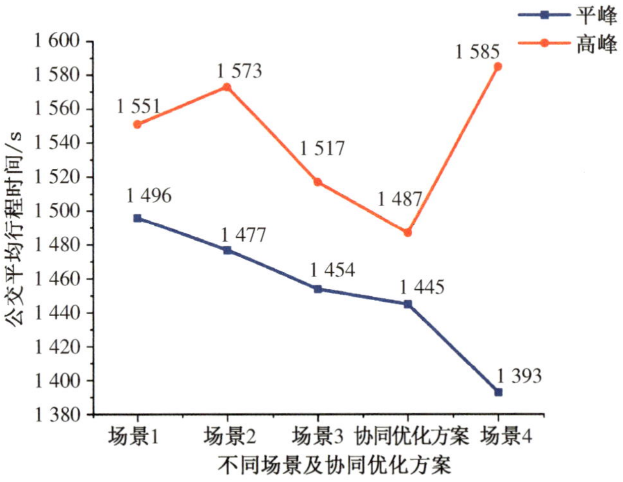

图 6-28　四种场景及协同优化方案控制下公交车辆的单程平均行程时间

平峰时段不同场景下的公交单程平均行程时间。首先,对比场景 1、场景 2、场景 3 和协同优化方案可以发现,不论是在高峰还是在平峰时段,协同优化方案中的公交车辆平均行程时间都是最短的。这说明在协同优化动态控制条件下,公交的运行效率得到了显著提升。

在高峰时段,场景 2 的公交单程平均行程时间出现了不降反升的现象,分析其原因,这是因为高峰时段场景 2 中,公交车辆的车头时距偏差较大,因此为了保证线路上运行的公交车辆的均匀性,会在站点处进行驻站控制,从而增加了站点的停靠时间,并最终导致公交行程时间增加,即以公交行程时间的增加为牺牲换取了公交运行稳定性的提升。

其次,对比场景 4 和协同优化方案,从图 6-28 可以发现,在平峰阶段,场景 4 中的公交单程平均行程时间数值更小,比协同优化方案减小了 3.6%;而在高峰阶段,场景 4 中的公交单程平均行程时间却是这几种不同的场景中最大的,比协同优化方案增加了 6.6%。这说明发车间隔的不同也会对公交车辆的平均行程时间产生影响,发车间隔越小,在站点完成上下客的时间越少,公交平均行程时间也就越少。

4) 公交车辆平均运行速度

根据仿真模拟结果和行程记录可以得到不同场景下公交车辆的站间平均运行速度变化情况,绘制得到图 6-29。

从图 6-29 可以发现,场景 1 和场景 2 在不同区间的运行速度波动性较大,这是因为在场景 1 和场景 2 中,并没有对公交车辆的运行速度进行控制,因此其速度变化存在盲目性和不规律性。场景 3 中采取了速度控制,因此其速度的变化幅度较为稳定。

场景 4 和协同优化方案在公交运行过程中均采用了本章提出的协同优化模型中的动态控制策略,综合考虑了前、后车的车头时距,对公交车的站间运行速度进行控制,因此二者公交运行速度比其他三种场景中的更快,且随着站点编号的增加呈现出逐渐上升的趋势。

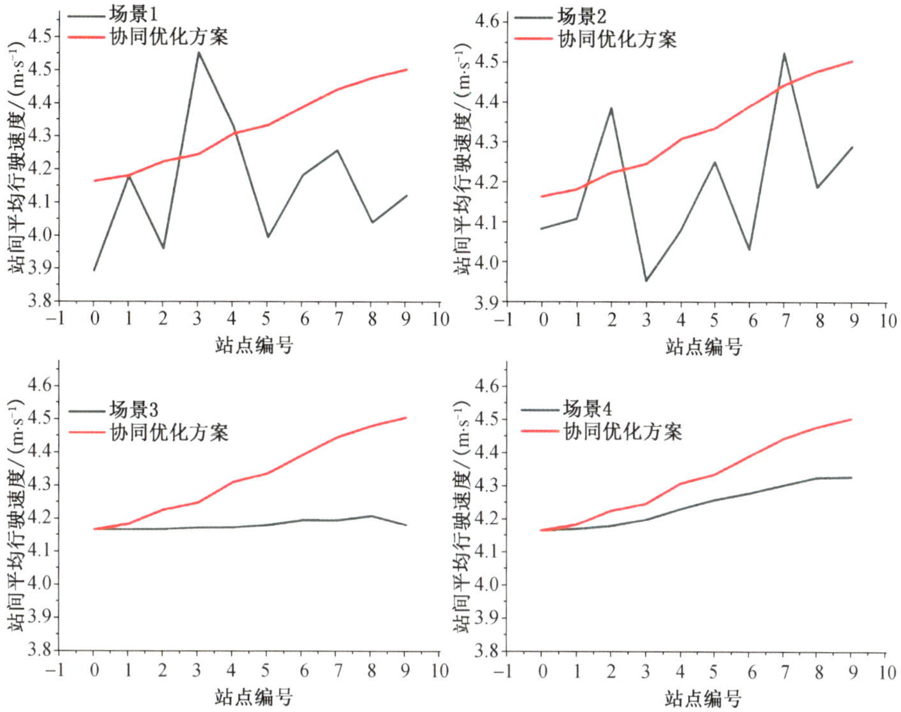

(a) 平峰时段

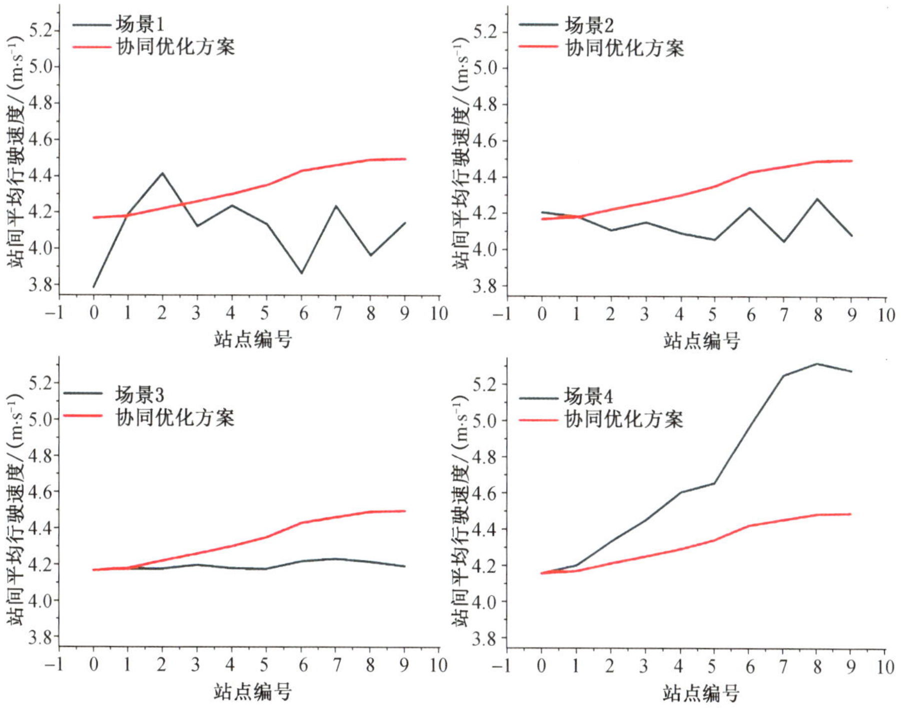

(b) 高峰时段

图 6-29　四种场景及协同优化方案控制下公交车辆的站间平均运行速度

这主要是因为公交车的车头时距偏差是随着站点编号的增加而增加的，为了保证公交车辆到站的均匀性，因此在靠后的站点区间，公交车辆的运行速度会增加。在图 6-29(b)中，由于高峰时段场景 4 的车头时距偏差范围要比协同优化方案更大，所以场景 4 的速度增加幅度较大。

3. 综合分析

对四种不同仿真场景及协同优化方案控制下的公交运行指标进行计算并汇总，形成表 6-6。

表 6-6　四种仿真场景及协同优化方案控制下的各项指标汇总

运营时段	指标	场景 1	场景 2	场景 3	场景 4	协同优化方案
平峰时段	发车间隔/s	578	578	578	437	578
	发车数/辆	12	12	12	16	12
	驻站时间/s	—	99	0	0	0
	车头时距变异系数	0.21	0.16	0.072	0.039	0.04
	车头时距偏差区间值/s	655	559	259	81	98
	公交平均行程时间/s	1 496	1 477	1 454	1 393	1 445
	公交平均运行速度/($m \cdot s^{-1}$)	4.15	4.19	4.18	4.25	4.33
高峰时段	发车间隔/s	295	295	295	437	295
	发车数/辆	12	12	12	8	12
	驻站时间/s	—	288	13	0	0
	车头时距变异系数	0.52	0.16	0.013	0.11	0.07
	车头时距偏差区间值/s	1 019	526	235	167	117
	公交平均行程时间/s	1 551	1 573	1 517	1 585	1 487
	公交平均运行速度/($m \cdot s^{-1}$)	4.11	4.14	4.19	4.73	4.34

通过场景 1、场景 2、场景 3 与协同优化方案的各项指标对比可以发现，在发车间隔相同的情况下，采用驻站和速度协同控制相比于不控制或是仅采用驻站控制，其公交运行改善效果显著增加。而对比场景 3 和协同优化的指标可以发现，在协同控制过程中，除前车车头时距以外，将后车的车头时距也纳入考虑，不仅能进一步提升公交到站时间的均匀性、减少车头时距偏差、提升公交线路系统的稳定性和可靠性，还能提高公交的运行速度和运营效率。

值得注意的是，在协同优化方案中，由于车头时距偏差始终保持在一个较小的范围内，没有到需要采取驻站控制的程度，仅通过站点间的速度调节就可以使车头时距保持稳定，因此其驻站时间为 0。

从场景 4 和协同优化方案的各项指标对比来看，由于均采用了本章所提出的动态控制策略，因此在这两种场景下公交运行状态相差不大，且各项指标都要比场景 1、场景 2、场景 3 中的公交运行状态更稳定。但是在高峰时段，在总发车数和动态控制策略相同的情况下，根据不同运营时段客流分布的不同，采取不同发车间隔的协同优化方案的公交运行稳定性要高于采用均匀发车间隔的场景 4。这说明发车间隔的减小能一定程度上提升公交的运行可靠性，但是其对于公交运行改善的边际效应是递减的。随着发车间隔的不断减小，公交运行可靠性的提升效果是有限的，当发车间隔减小到一定程度时，改善效果的提升相比起公交公司运营成本的不断增加，反而是得不偿失的。因此，在总发车数以及动态控制策略相同的情况下，根据不同时段的实际客流采用不同的发车间隔，这对于公交的运行健康改善以及经济成本分配的效果是更优的。

综上所述，通过将场景 1、场景 2、场景 3、场景 4 与协同优化方案的各项公交运行指标进行对比，可以证明本书所提出的公交协同优化模型，以公交运行过程中相邻前后车的车头时距均衡性为依据，从公交发车间隔、运行过程中的驻站控制和速度控制三个方面对公交运行状态进行协同优化，可以有效提升公交运行的可靠性和系统稳定性，实现公交公司和乘客二者效益的最大化，从而达到提高公交服务水平和公交吸引率的目的。

6.5.2　公交串车协同优化案例

1. 公交串车协同优化方案及仿真

在仿真条件下对公交 391 路实施驻站策略后，获得 391 路新的运行数据，通过对运行数据进行处理，并与不实施公交策略时的公交运行状态进行对比分析。将驻站策略 Ⅰ 实施前后公交在各个站点的离站时间和到站时间绘制成公交运行轨迹图，如图 6-30、图 6-31 所示。

通过对比分析驻站策略 Ⅰ 实施前后公交 391 路的运行轨迹，可以比较为明显地看到，驻站策略 Ⅰ 实施后，公交 319 路相邻两辆公交车之间的发车间隔变得更加均匀。

以上车头时距在起点站以离站时间计算，其余站点以到站时间计算。

分别计算各个站点的前车车头时距和后车车头时距，并以前车车头时距为 x 轴，后车车头时距为 y 轴，绘制前、后车的车头时距分布图。图 6-32 和图 6-33 分别为策略 Ⅰ 实施前后公交 391 路的前、后车车头时距分布图。为了直观地观察两张图车头时距分布的不同，两张图的 x 轴和 y 轴的刻度范围与刻度增量相同。可以清楚地看到，在策略 Ⅰ 实施前，公交 391 路前、后车的车头时距在图中呈现向周围分散的状态，表明前、后车的车头时距偏差很大，即公交运行非常不稳定。在实施策略 Ⅰ 后，公交 391 路前、后车的车头时距向中间聚拢，表明车头时距变得稳定。

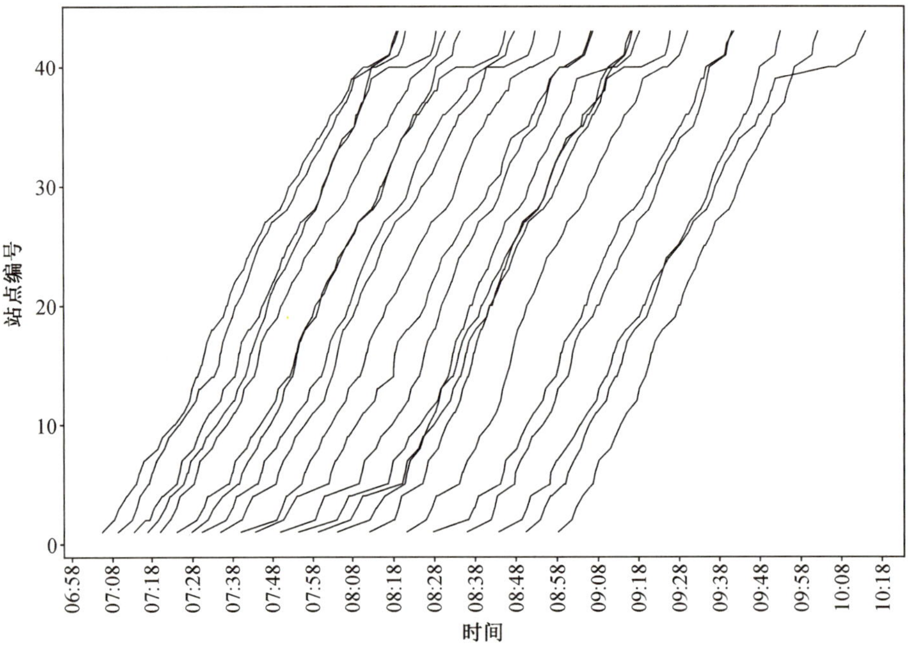

图 6-30　公交 391 路运行轨迹图(策略Ⅰ实施前)

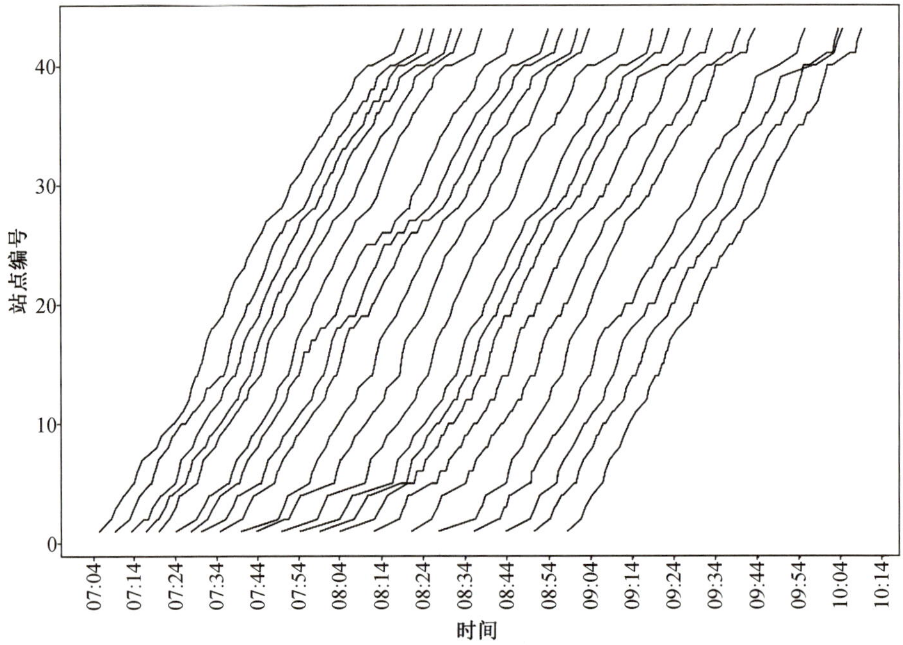

图 6-31　公交 391 路运行轨迹图(策略Ⅰ实施后)

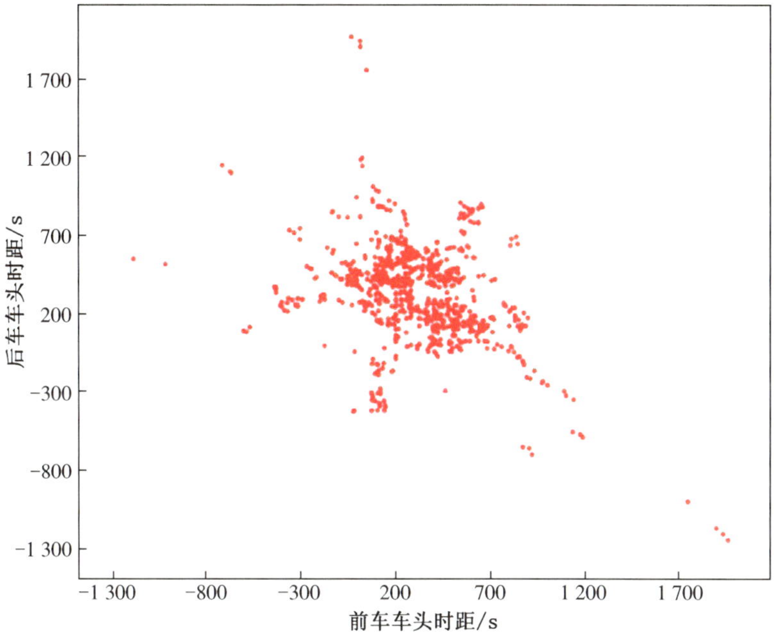

图 6-32　公交 391 路前、后车车头时距分布图(策略Ⅰ实施前)

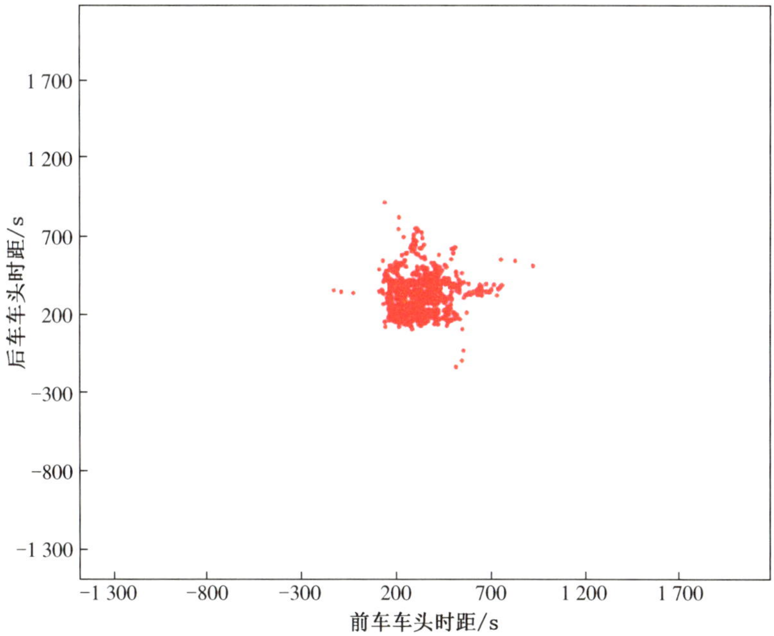

图 6-33　公交 391 路前、后车车头时距分布图(策略Ⅰ实施后)

选取部分站点(第 8 站、第 18 站、第 28 站和第 38 站),并绘制这些站点的前、后车车头时距分布图。图 6-34 为第 8 站、第 18 站、第 28 站和第 38 站驻站策略实施前后的前、后车车头时距分布对比图,每张图 x 轴和 y 轴的刻度范围和刻度增量相同。

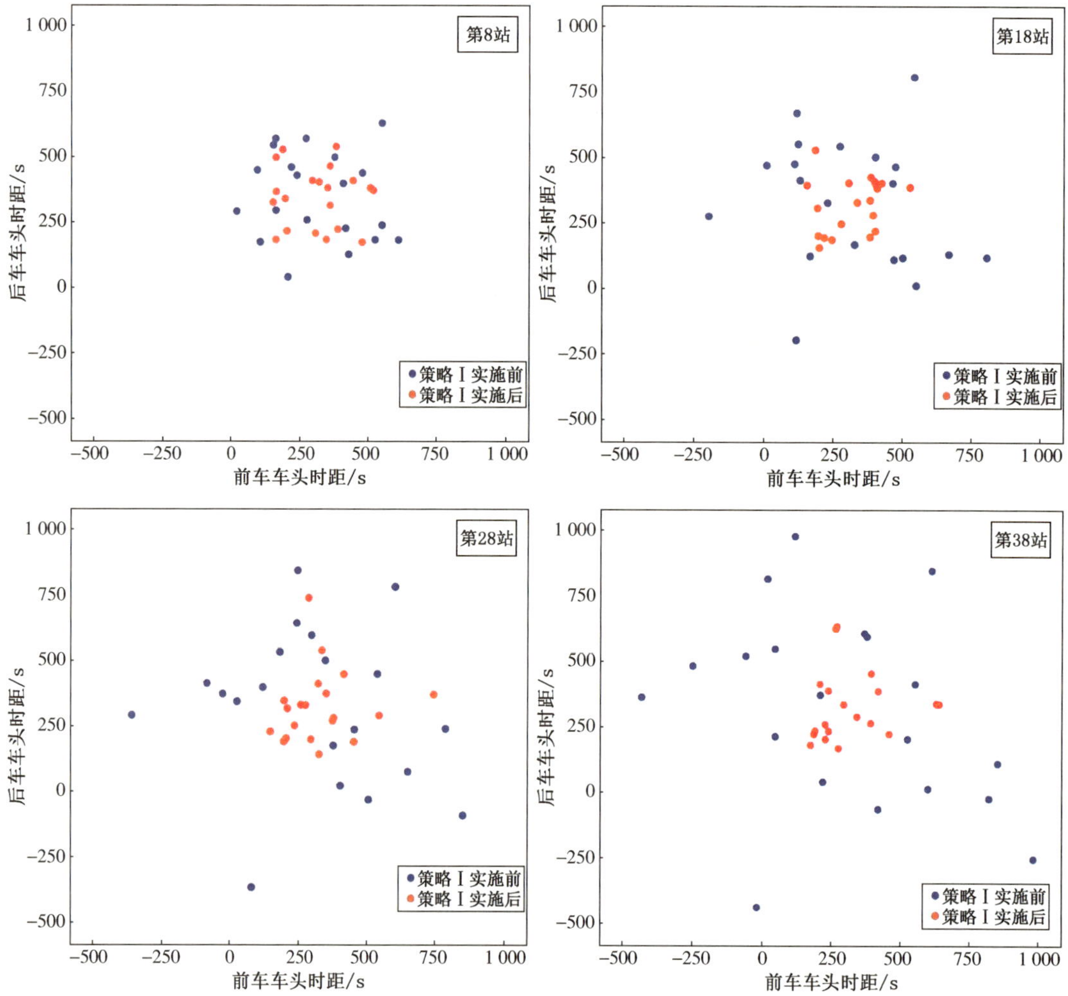

图 6-34　策略Ⅰ实施前后部分公交站点前、后车车头时距分布对比

由策略Ⅰ实施前后各站点的前、后车车头时距分布对比图可以明显地看到,策略Ⅰ实施后,每个站点的前、后车车头时距由策略Ⅰ实施前的分散状态(蓝色)向聚拢状态(红色)变化,这说明车头时距在策略Ⅰ实施后变得更均匀,策略Ⅰ对于改善车头时距的稳定性是有效。此外,从这 4 个站点来看,策略Ⅰ实施前后,各站点的前、后车车头时距都呈现出由聚拢逐步向周围扩散的状态。这表明随着站点的增加,车头时距会变得更加不稳定,更加容易发生公交串车,这与已有研究所得结论是一致的,即随着公交的运行,车头时距不稳定程度会不断累积,最终导致公交串车。

计算策略Ⅰ实施前后各个站点的车头时距变异系数(表 6-7),并绘制成图 6-35。从图中可以很明显地看出,策略Ⅰ实施后各站点的车头时距变异系数非常明显地降低了,表明策略Ⅰ实施后公交 391 路在各个站点发生公交串车的概率明显减小了。

表 6-7 策略Ⅰ实施前后公交 391 路各站点车头时距变异系数

站序	策略Ⅰ实施前	策略Ⅰ实施后	站序	策略Ⅰ实施前	策略Ⅰ实施后	站序	策略Ⅰ实施前	策略Ⅰ实施后
2	0.335 42	0.335 42	16	0.664 05	0.346 74	30	0.941 28	0.413 69
3	0.346 44	0.328 78	17	0.681 18	0.349 25	31	0.969 14	0.412 27
4	0.353 75	0.326 65	18	0.732 76	0.368 78	32	0.962 55	0.413 04
5	0.470 92	0.405 82	19	0.781 33	0.378 48	33	0.945 88	0.413 71
6	0.482 54	0.401 97	20	0.789 78	0.372 40	34	0.948 12	0.430 86
7	0.446 99	0.367 05	21	0.799 91	0.366 22	35	0.999 50	0.407 91
8	0.505 15	0.382 06	22	0.789 21	0.368 87	36	1.022 60	0.430 57
9	0.527 41	0.371 84	23	0.812 25	0.372 09	37	1.071 64	0.417 99
10	0.515 24	0.381 63	24	0.839 81	0.377 75	38	1.117 00	0.405 62
11	0.524 02	0.373 43	25	0.824 1	0.421 68	39	1.134 77	0.640 89
12	0.587 81	0.368 33	26	0.838 51	0.474 05	40	1.697 43	0.615 33
13	0.593 09	0.358 72	27	0.853 88	0.467 38	41	2.157 18	0.535 80
14	0.646 04	0.390 50	28	0.875 71	0.468 36	42	2.207 90	0.528 34
15	0.656 85	0.375 89	29	0.928 92	0.463 15	43	2.182 57	0.399 33

此外,本章还计算了其他指标,使得可以用百分比来量化改善后的效果,具体包括如下这些指标。

(1) 平均车头时距变异系数:各站点车头时距变异系数的平均值;

(2) 车头时距标准差:所有公交站点所有车次的车头时距标准差;

(3) 公交运行总时间:所有公交车从起始站到终点站经过的时间之和;

(4) 公交站点总停靠时间:公交车在每个站点的停靠站时间之和,不包括起始站和终点站;

(5) 公交路段运行总时间:公交车从一个站点到下一个站点的运行时间之和;

(6) 公交串车总次数:所有站点发生公交串车的次数总和。

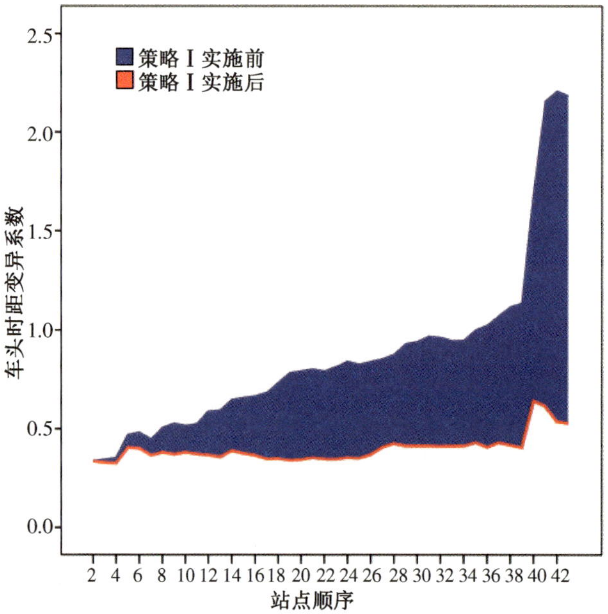

图 6-35 策略Ⅰ实施前后车头时距变异系数对比

由表 6-8 可知,驻站策略实施后,平均车头时距变异系数、车头时距标准差、公交串车总次数都有了较大幅度的减少,表明策略Ⅰ能显著改善公交串车。但是由于驻站策略的实施,大幅度增加了公交车在站点的停靠时间,策略Ⅰ实施后的站点总停靠时间比策略Ⅰ实施前增加了 105.12%,这也是驻站策略的主要缺点。在相同的交通条件下,实施驻站策略后,公交车在路段运行的总时间并未发生明显变化,而公交运行总时间则由于站点总停靠时间的增加而增加。但由于公交车在站点的停靠时间在整个运行时间中所占比重较小,因此公交运行总时间仅增加了 5.56%。

表 6-8 策略Ⅰ实施前后公交各个指标汇总

指标	策略Ⅰ实施前	策略Ⅰ实施后	差异
平均车头时距变异系数	0.870 491	0.399 331	−54.13%
车头时距标准差	314.674 6	123.988 8	−60.60%
公交运行总时间/s	97 586	103 009	5.56%
公交站点总停靠时间/s	5 649	11 587	105.12%
公交路段运行总时间/s	91 937	91 422	−0.06%
公交串车总次数/次	125	4	−96.8%

2. 基于两条公交线路协同控制的实时策略

在仿真条件下,对公交 391 路按照基于两条公交线路协同控制的驻站策略(策略Ⅱ)实施后，得到新的公交运行数据，并将其与不实施公交策略Ⅱ时的公交运行状态进行对比分析。将驻站策略Ⅱ实施前后公交车辆在各个站点的离站时间和到站时间绘制成公交运行轨迹图，如图 6-36、图 6-37 所示。

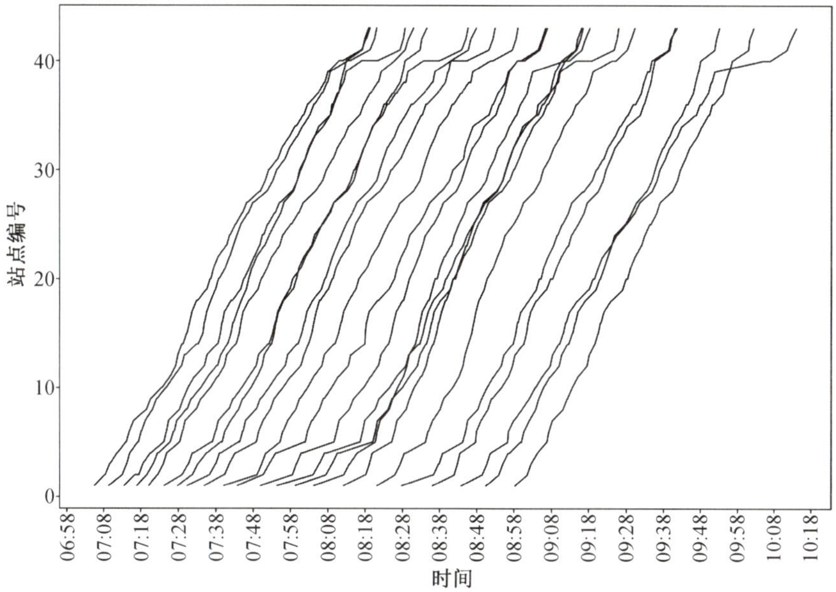

图 6-36　公交 391 路运行轨迹图(策略Ⅱ实施前)

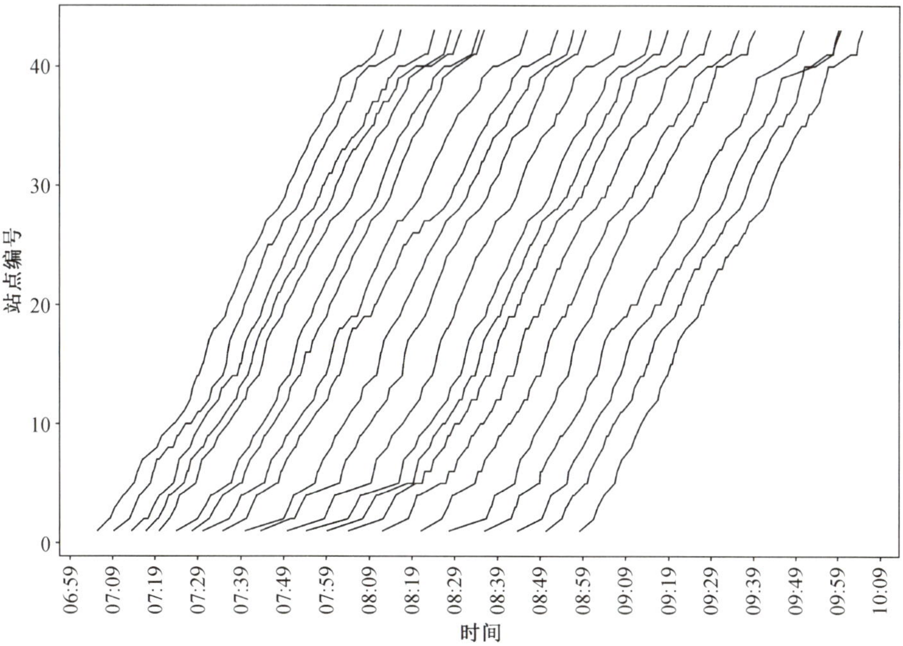

图 6-37　公交 391 路运行轨迹图(策略Ⅱ实施后)

对比分析驻站策略Ⅱ实施前后公交 391 路的运行轨迹图，可较为明显地看到，驻站策略Ⅱ实施后，公交 319 路相邻两辆公交车之间的发车间隔变得更加均匀。分别计算公交车在各个站点的前车车头时距和后车车头时距，并绘制前、后车头时距分布，如图 6-38、图6-39 所示。

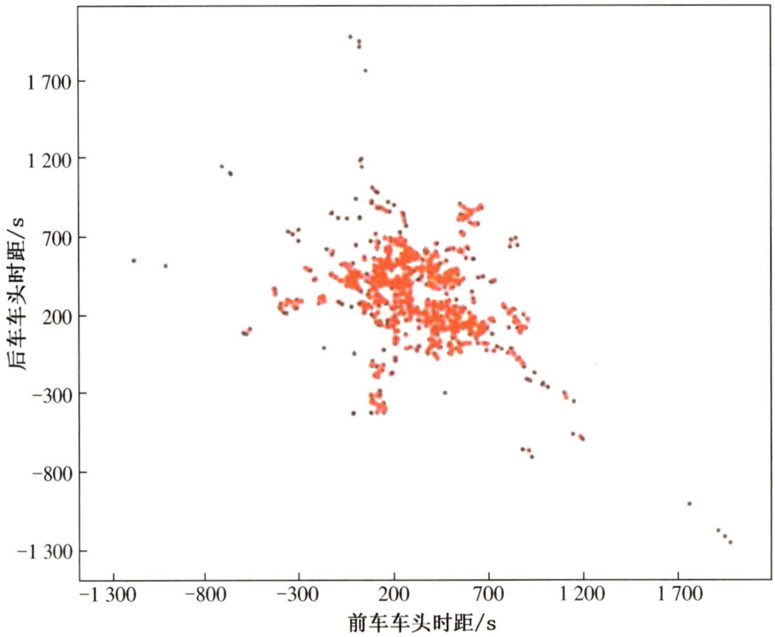

图 6-38　公交 391 路前、后车车头时距分布图（策略Ⅱ实施前）

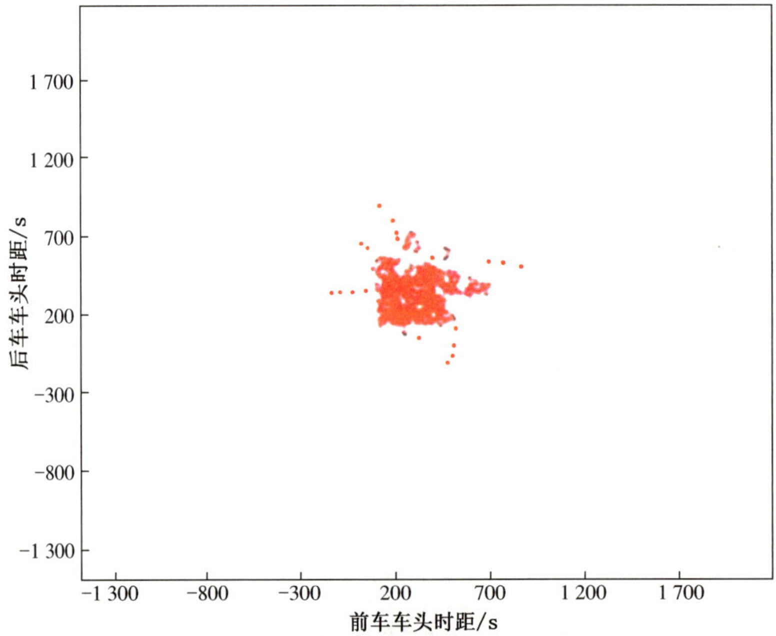

图 6-39　公交 391 路前、后车车头时距分布（策略Ⅱ实施后）

为了直观地观察图 6-38 和图 6-39 中车头时距分布的不同，两张图的 x 轴和 y 轴的刻度范围与刻度增量相同。可以清楚地看到，策略Ⅱ实施前，公交 391 路的前、后车车头时距在图中呈分散状态，表明前、后车的车头时距偏差很大，即公交运行非常不稳定。实施策略Ⅱ后，公交 391 路前、后车的车头时距向中间聚拢，表明车头时距变得稳定。

选取部分站点(第 8 站，第 18 站、第 28 站和第 38 站)，并绘制这些站点的前、后车车头时距分布图。图 6-40 为第 8 站、第 18 站、第 28 站和第 38 站策略Ⅱ实施前后的前、后车车头时距分布对比图。

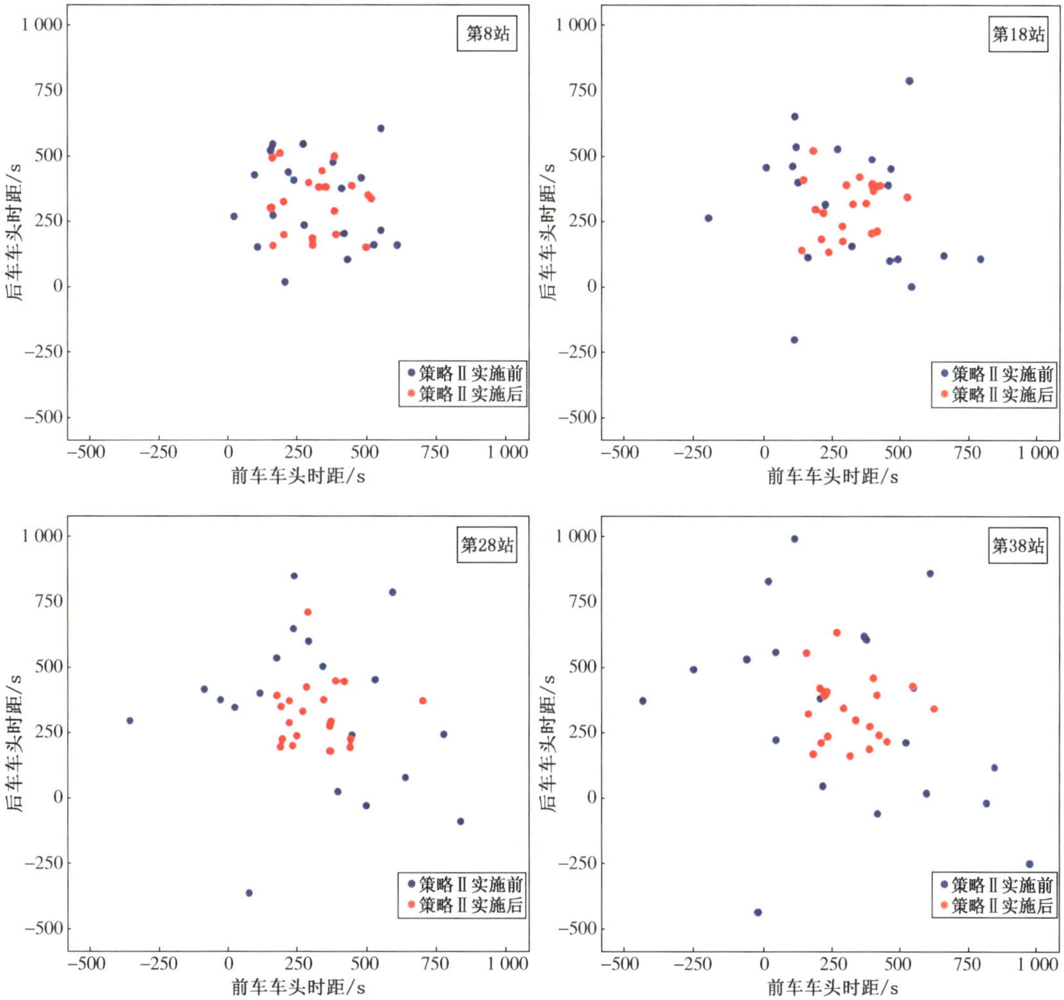

图 6-40　策略Ⅱ实施前后部分公交站点前、后车头时距分布对比

由策略Ⅱ实施前后各站点的前、后车车头时距分布对比图可以明显地看到，策略Ⅱ实施后，每个站点的前、后车车头时距均由策略实施前的分散状态(蓝色)向聚拢状态(红色)变化，即车头时距在策略Ⅱ实施后逐渐变得均匀，这说明策略Ⅱ具有显著效果。此外，从这

4 个站点来看，无论在策略Ⅱ实施前或实施后，前、后车车头时距都呈现出逐步向周围扩散的状态，但在策略Ⅱ实施后，扩散范围相比策略Ⅱ实施前小，说明策略Ⅱ可以有效地抑制公交车的车头时距向不稳定方向变化。

计算策略Ⅱ实施后各个车站的车头时距变异系数(表 6-9)，并绘制策略Ⅱ实施前后各车站的车头时距变异系数对比图。从图 6-41 中可以很明显地看出，策略Ⅱ实施后各站点的车头时距变异系数非常明显地降低了，这说明策略Ⅱ实施后公交 391 路在各个站点发生公交串车的概率明显减小了。

表 6-9　策略Ⅱ实施前后公交 391 路各站点车头时距变异系数

站序	策略Ⅱ实施前	策略Ⅱ实施后	站序	策略Ⅱ实施前	策略Ⅱ实施后	站序	策略Ⅱ实施前	策略Ⅱ实施后
2	0.335 42	0.335 42	16	0.664 05	0.346 74	30	0.941 28	0.469 17
3	0.346 44	0.325 62	17	0.681 18	0.349 25	31	0.969 14	0.466 97
4	0.353 75	0.323 09	18	0.732 76	0.368 78	32	0.962 55	0.469 79
5	0.470 92	0.401 93	19	0.781 33	0.378 48	33	0.945 88	0.469 08
6	0.482 54	0.391 56	20	0.789 78	0.372 40	34	0.948 12	0.476 79
7	0.446 99	0.362 11	21	0.799 91	0.366 22	35	0.999 50	0.458 00
8	0.505 15	0.378 50	22	0.789 21	0.368 87	36	1.022 60	0.484 45
9	0.527 41	0.368 28	23	0.812 25	0.372 09	37	1.071 64	0.478 45
10	0.515 24	0.374 68	24	0.839 81	0.377 75	38	1.117 00	0.461 39
11	0.524 02	0.370 89	25	0.824 1	0.421 68	39	1.134 77	0.645 22
12	0.587 81	0.366 37	26	0.838 51	0.474 05	40	1.697 43	0.594 04
13	0.593 09	0.355 67	27	0.853 88	0.467 38	41	2.157 18	0.510 07
14	0.646 04	0.385 90	28	0.875 71	0.468 36	42	2.207 90	0.507 92
15	0.656 85	0.372 30	29	0.928 92	0.463 15	43	2.182 57	0.418 18

此外，本章还计算了相关指标以量化策略Ⅱ实施前后的差异，指标含义与前文一致，此处不再赘述。

由表 6-10 可知，策略Ⅱ实施后，公交 391 路的平均车头时距变异系数降低了 51.96%，车头时距标准差降低了 56.33%，这表明策略Ⅱ对车头时距稳定性的改善是明显的。此外，公交串车总次数由 125 次降到 5 次，改善效率达 96%，且 5 次公交串车均发生在最后 4 站，从数据结果来看，策略Ⅱ基本解决了公交串车问题。尽管由于策略Ⅱ的实施，公交站点总停靠时间增加了 78.33%，但由于策略Ⅱ尽可能地避免了在共线路段内与其他线路(如 378 路)的公交车相遇，公交路段运行总时间反而降低了 5.54%，表明公交运行速度有所增加，这同时也佐证了不同公交线路共线会对公交车辆的运行速度产生影响。公交运行总时间降低了 0.69%，尽

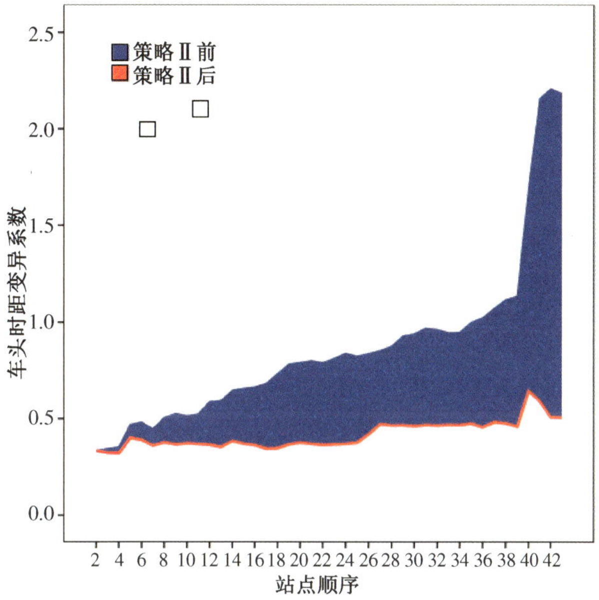

图 6-41　策略Ⅱ实施前后车头时距变异系数对比

管这个幅度很小，但表明策略Ⅱ虽然使得公交车在站点停靠时间延长，但公交整个运行时间并未因此明显延长。

表 6-10　策略Ⅱ实施前后公交各个指标汇总

指标	策略Ⅱ实施前	策略Ⅱ实施后	差异
平均车头时距变异系数	0.870 491	0.418 18	−51.96%
车头时距标准差	314.674 6	137.417 0	−56.33%
公交运行总时间/s	97 586	96 915	−0.69%
公交站点总停靠时间/s	5 649	10 074	78.33%
公交路段运行总时间/s	91 937	86 841	−5.54%
公交串车总次数/次	125	5	−96.00%

3. 对比分析

策略Ⅰ和策略Ⅱ都有效地改善了公交 391 路的串车现象。现将对两种策略进行对比。

1）公交串车改善效果对比

将策略Ⅰ和策略Ⅱ实施后的前、后车车头时距数据绘制成前、后车车头时距分布对比图，如图 6-42 所示。图中黄色透明区域为策略Ⅰ和策略Ⅱ实施后公交 391 路的前、后车车头时距的主要分布范围（策略Ⅰ实施后有 85.83%的点落在该区域内，策略Ⅱ实施后有 87.26%的点落在该区域内），前、后车车头时距分布在 100～500 之间。从图 6-42 可知，两种策略实施后的前、后车车头时距分布范围较为相似，具有很高的重叠度，说明两种策略对于公交串车的改善效果相似。

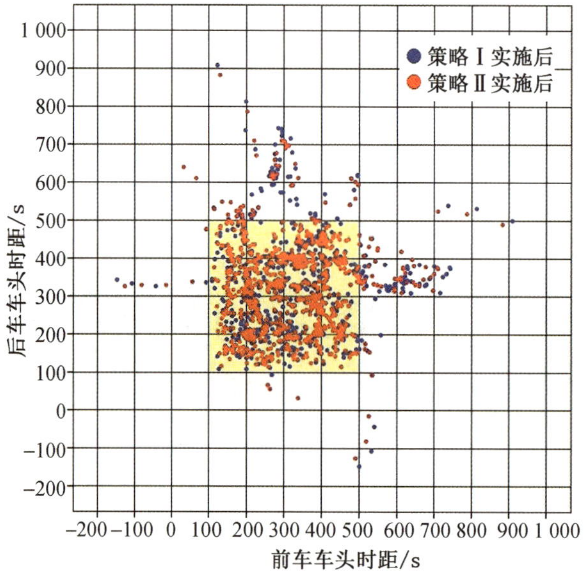

图 6-42　策略Ⅰ和策略Ⅱ实施后的前、后车车头时距分布对比

为了更好地量化两种策略对车头时距改善效果的差异性，我们对比了两种策略实施后的车头时距变异系数，如图 6-43 所示。

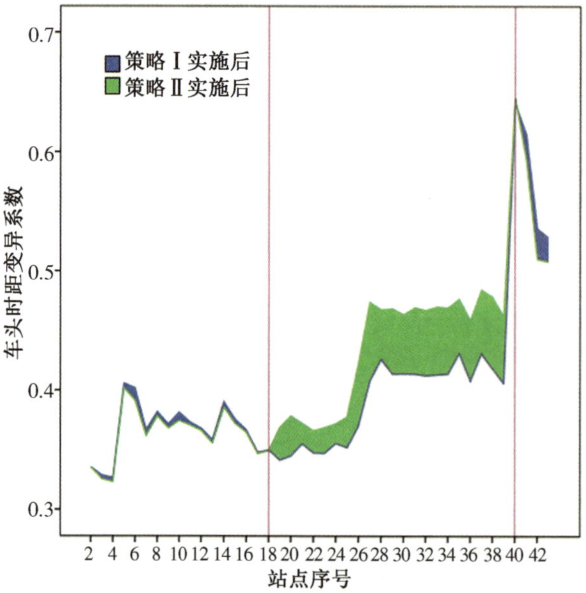

图 6-43　策略Ⅰ和策略Ⅱ实施后各站点车头时距变异系数对比

由图 6-43 可知，策略Ⅰ实施后的车头时距变异系数大于策略Ⅱ实施后的车头时距变异系数（蓝色面积）的情况主要存在于开头的一些站点（第 2～18 站）及最后几站（第 40～42 站）。第 40～42 站为线路的最后几站，乘客上车需求量小，此时即便发生公交串车，对于乘客等待时间的影响也不大。其余站点（第 19～39 站）均为绿色面积，即策略Ⅱ的车头时距变异系数大于策略Ⅰ的车头时距变异系数，表明第 19～39 站在实施策略Ⅱ时车头时距更加不均匀，且绿色面积明显大于蓝色面积，表明当策略Ⅰ和策略Ⅱ的车头时距变异系数出现差异时，策略Ⅱ比策略Ⅰ的车头时距变异系数大得更加明显。

统计两种策略下公交 391 路的串车次数，如图 6-44 所示。两种策略实施后，公交串车情况全部发生在最后 4 站，其中第 41 站在策略Ⅱ实施后发生串车的次数比策略Ⅰ多 1 次，其余 3 站二者串车次数均为 1 次。

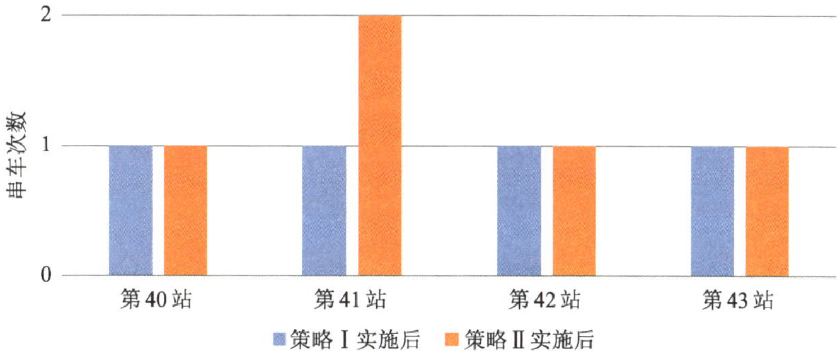

图 6-44　策略Ⅰ和策略Ⅱ实施后公交 391 路的串车次数对比

表 6-11 总结了两种策略实施后各个指标的数据，从平均车头时距变异系数、车头时距标准差和串车总次数这三个指标来看，策略Ⅰ的实施效果略好于策略Ⅱ。

表 6-11　策略Ⅰ和策略Ⅱ实施后公交 391 路相关指标统计表

指标	策略Ⅰ实施后	策略Ⅱ实施后
平均车头时距变异系数	0.399 3	0.418 2
车头时距标准差	123.988 8	137.417 0
串车总次数	4	5

2）驻站次数与驻站时间对比

由于两种改善策略的驻站判别标准不同，因而驻站时间和驻站次数也会有所不同。驻站次数增多会增加公交车司机的工作复杂度，驻站时间延长则会增加公交车在站点的停靠时间，最终影响公交车的运行时间，因此有必要对两种策略下的驻站时间和驻站次数进行对比分析。在实施驻站策略时，每个站点每启动一次驻站，便会记录下车次编号及驻站时间。

（1）驻站次数

图 6-45 为公交 391 路各个车次在各个站点是否实施驻站的示意图，图中每个方块表示车次和站点的坐标，方块颜色为深色表示该车次在该站点实施了驻站，方块颜色为浅色则表示该车次在该站点未实施驻站。由两种策略下的示意图对比可知，策略Ⅰ实施时深色方块面积明显比策略Ⅱ实施时更大，即策略Ⅰ实施驻站的次数比策略Ⅱ多。为了避免公交 378 路和公交 391 路在起始站同时发车，策略Ⅱ在起始站就对公交 391 路和公交 378 路进行驻站判别，而策略Ⅰ则从第 2 个站点开始进行驻站判别，因此由图 6-45 可以看出，策略Ⅰ在第 1 站无驻站控制，而策略Ⅱ在第 1 站出现了 3 次驻站控制。无论哪种策略，车次编号为 11、12、13 的公交车的驻站次数都较少，因为这几辆公交车的车头时距比较稳定，而车次编号为 15、16、17 的公交车则反复实施驻站策略，表明这几辆车的车头时距比较不稳定，且在实施一次驻站策略后效果不佳，需要进行多次驻站，这可能与该时段内整体交通状况较差有关。

大部分车次都在一个以上的站点实施了驻站策略，这说明选择一两个控制点实施驻站策略并不能很好地改善公交串车现象，因为驻站点之后的各种可能导致公交串车现象的因素仍然存在，依然会继续作用于公交车运行，导致其车头时距继续往不稳定的方向发展。

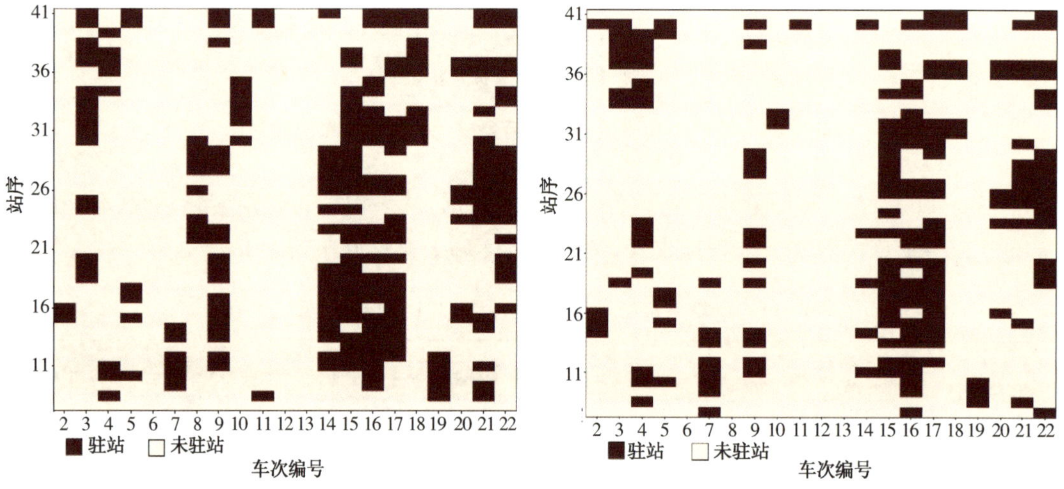

（a）策略Ⅰ实施时各车次在各站点是否驻站示意

（b）策略Ⅱ实施时各车次在各站点是否驻站示意

图 6-45 策略Ⅰ和策略Ⅱ实施时各车次在各站点是否驻站示意

计算各个驻站的串车总次数，结果见表 6-12，并绘制折线图如图 6-46 所示。当对每个站点都进行驻站策略判别时，控制点的驻站次数随站点的增加并没有表现出明显的规律。对于大多数站点，策略Ⅱ的驻站次数比策略Ⅰ的驻站次数少。策略Ⅰ所有驻站次数合计为 225 次，而策略Ⅱ为 175 次，策略Ⅱ比策略Ⅰ少 50 次。驻站次数增多会增加公交车司机的工作复杂度，因此，已有研究往往只选择一两个驻站点，以避免公交车在运行过程中出现反复驻站的情况。因此从驻站次数的角度，策略Ⅱ要优于策略Ⅰ。

表 6-12　策略Ⅰ和策略Ⅱ实施后各站点驻站总次数

站序	策略Ⅰ实施后	策略Ⅱ实施后	站序	策略Ⅰ实施后	策略Ⅱ实施后	站序	策略Ⅰ实施后	策略Ⅱ实施后
1	0	3	15	5	4	29	5	4
2	4	3	16	6	5	30	6	5
3	4	3	17	0	0	31	6	2
4	5	5	18	6	4	32	4	3
5	8	6	19	6	6	33	6	5
6	7	5	20	5	5	34	2	2
7	3	0	21	5	2	35	6	5
8	6	5	22	4	3	36	8	8
9	6	6	23	8	6	37	4	3
10	9	6	24	6	5	38	3	3
11	7	4	25	6	4	39	1	3
12	6	4	26	6	4	40	9	11
13	5	4	27	7	4	41	10	3
14	7	8	28	8	4	合计	225	175

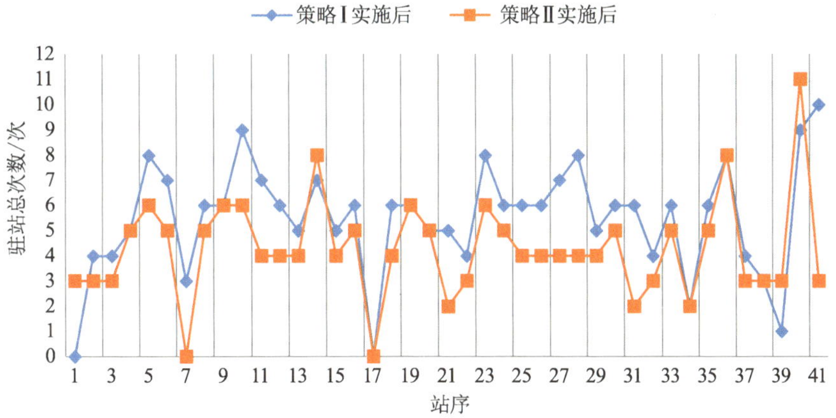

图 6-46　策略Ⅰ和策略Ⅱ实施后各站点驻站总次数折线图

（2）驻站时间

图 6-47 为策略Ⅰ和策略Ⅱ实施后各车次在各个站点的驻站时间热力图，颜色越深表明该车次在该站点的驻站时间越长。对比图 6-47 的(a)、(b)两图可以明显地看到，策略Ⅰ的深色色块多于策略Ⅱ的深色色块，这表明策略Ⅱ大部分的驻站时间少于策略Ⅰ的驻站时间。

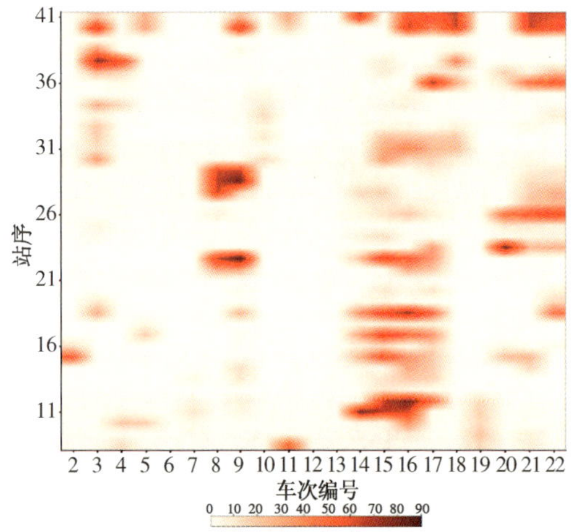

(a) 策略Ⅰ实施后各车次在各站点的驻站时间热力图

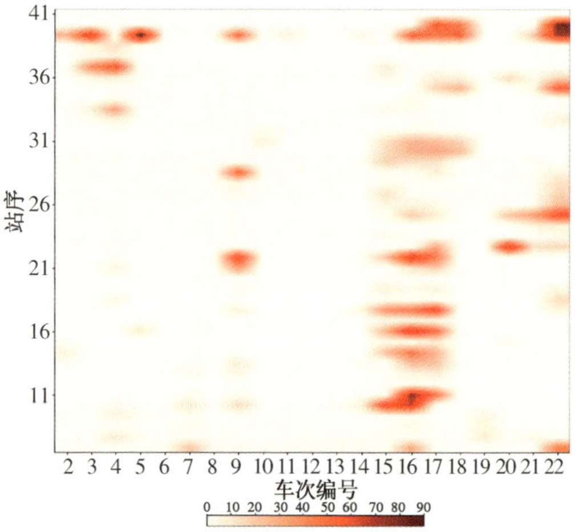

(b) 策略Ⅱ实施后各车次在各站点的驻站时间热力图

图 6-47 策略Ⅰ和策略Ⅱ实施后各车次在各个站点的驻站时间热力图

计算策略Ⅰ和策略Ⅱ实施后各车次的驻站总时间，如表 6-13 所列，并绘制对比图，见图 6-48。由图 6-48 可知，车次 12 和车次 13 在两种策略条件下都没有发生驻站行为。对于车次 22 和车次 4，策略Ⅱ的驻站总时间大于策略Ⅰ，其余各车次策略Ⅱ的驻站总时间均小于策略Ⅰ。从整个时段来看，策略Ⅰ的驻站总时间为 5 231 s，而策略Ⅱ的驻站总时间为 3 051 s，策略Ⅱ的总驻站时间比策略Ⅰ少 41.67%。驻站时间导致公交车在站点的停靠时间延长，从而导致公交运行时间延长。因此，驻站时间越长，对公交延误的影响越大。所以从驻站时间角度来看，策略Ⅱ优于策略Ⅰ。

表 6-13 策略Ⅰ和策略Ⅱ实施后各车次的驻站总时间 单位：s

车次	策略Ⅰ实施后	策略Ⅱ实施后	车次	策略Ⅰ实施后	策略Ⅱ实施后	车次	策略Ⅰ实施后	策略Ⅱ实施后
2	63	41	9	452	245	16	728	587
3	392	130	10	65	13	17	554	527
4	130	169	11	99	9	18	273	163
5	102	107	12	0	0	19	83	24
6	0	0	13	0	0	20	199	112
7	28	49	14	320	29	21	401	96
8	304	0	15	583	293	22	455	457

3）公交运行时间对比

驻站策略实施后，公交车的运行状态发生了改变，公交车的站点停靠时间、路段运行时间、运行总时间等指标也会随之发生变化。因此，从这几方面对策略Ⅰ和策略Ⅱ进行比较。

为了直观地比较策略Ⅱ和策略Ⅰ实施后公交 391 路在各个站点的停靠时间，我们计算

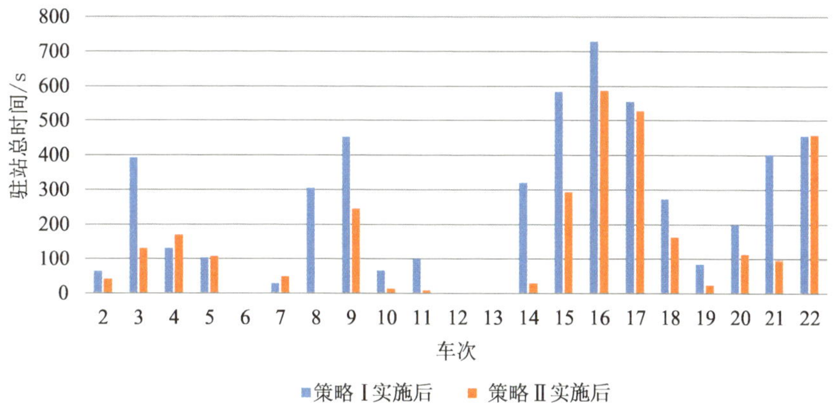

图 6-48　策略Ⅰ和策略Ⅱ实施后各车次驻站时间对比

了停靠时间差，即用策略Ⅱ的停靠时间减去策略Ⅰ的停靠时间，并将停靠时间差绘制成图 6-49。在该图中，白色表示策略Ⅰ和策略Ⅱ的站点停靠时间相等，红色表示策略Ⅱ的站点停靠时间大于策略Ⅰ，蓝色则表示策略Ⅱ的站点停靠时间小于策略Ⅰ，红色和蓝色的颜色越深表示停靠时间差越大。在图 6-49 中，蓝色色块比红色色块多，表明在很多站点策略Ⅰ比策略Ⅱ的停靠时间长，这也与驻站时间的分析结论一致，即大部分驻站点策略Ⅰ比策略Ⅱ的驻站时间更长。尽管蓝色色块较多，但大部分色块的颜色较浅，这表明尽管策略Ⅰ虽然比策略Ⅱ的站点停靠时间更长，但差值并不明显。在表 6-14 中，策略Ⅱ的公交站点停靠总时间比策略Ⅰ的少 13.06%，这与图 6-49 的结果相符。策略Ⅱ的公交路段运行总时间为 86 841 s，比策略Ⅰ的公交路段运行总时间少 5.01%。策略Ⅱ在站点对公交 391 路进行驻站

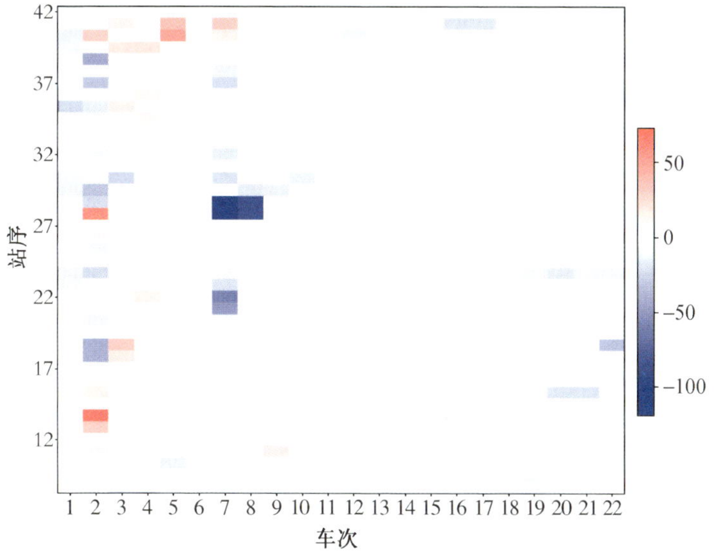

图 6-49　策略Ⅱ与策略Ⅰ的站点停靠时间差热力图

控制后，公交 378 路与公交 391 路减少了在共线路段内的相遇，公交 391 路受到公交378 路的干扰减少，故公交车路段速度会略有提升。

由于策略Ⅱ的公交站点停靠总时间与公交路段运行总时间均比策略Ⅰ少，因此策略Ⅱ的公交运行总时间最终比策略Ⅰ少 5.92%。

因此，从公交运行总时间、公交站点停靠总时间和公交路段运行总时间三个指标来看，策略Ⅱ优于策略Ⅰ。

表 6-14　公交运行时间相关指标统计

指标	策略Ⅰ	策略Ⅱ	差异
公交运行总时间/s	103 009	96 915	−5.92%
公交站点停靠总时间/s	11 587	10 074	−13.06%
公交路段运行总时间/s	91 422	86 841	−5.01%

4. 不同策略对共线段内其他公交线路影响的对比分析

尽管策略Ⅰ仅对公交 391 路进行控制，但是公交 391 路的运行状态改变后可能会对共线路段内公交 378 路的运行状态产生影响。而策略Ⅱ不仅对公交 391 路进行控制，同时也对公交 378 路进行控制，因此策略Ⅱ实施后公交 378 路的运行状态会发生一定的变化。因此，有必要对两种策略实施后公交 378 路的运行状态进行分析。由于本章只仿真了公交 378 路在与公交 391 路的共线路段，因此仅对公交 378 路在共线路段的运行状态进行分析。图 6-50—图 6-52 分别为公交 378 路在策略实施前、策略Ⅰ实施后及策略Ⅱ实施后的公交车运行轨迹图。

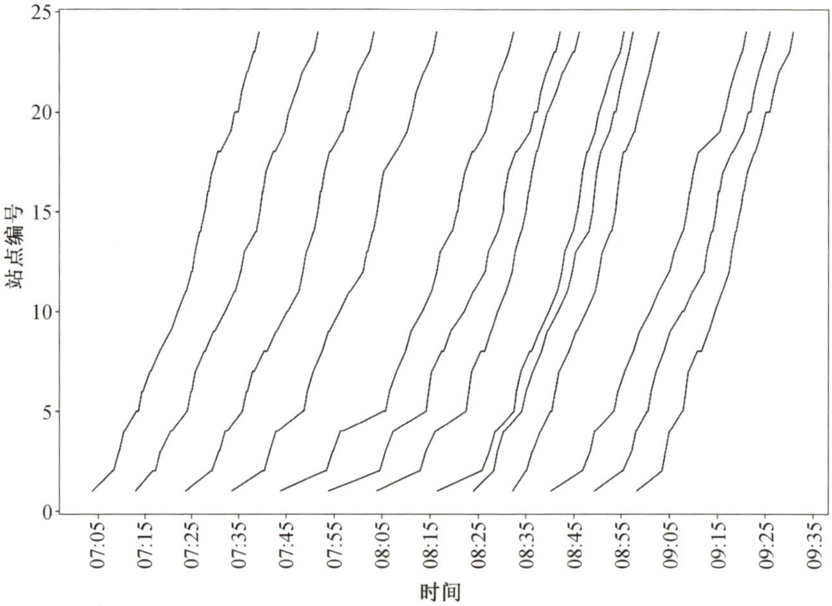

图 6-50　公交 378 路车辆运行轨迹(策略实施前)

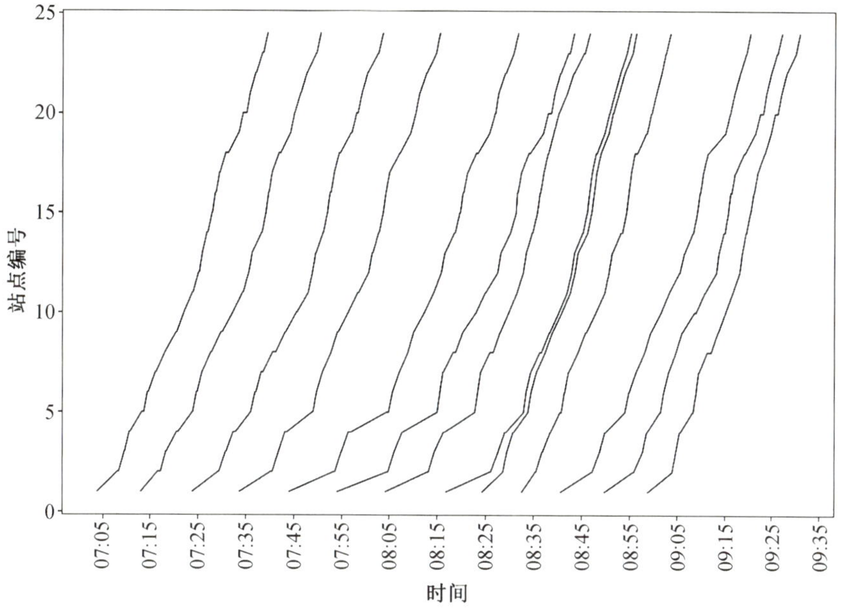

图 6-51　公交 378 路车辆运行轨迹(策略Ⅰ实施后)

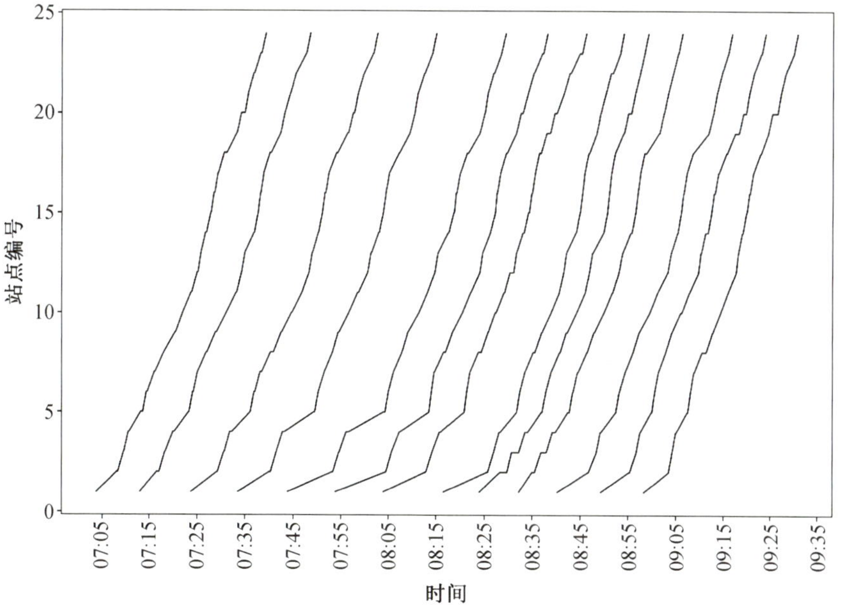

图 6-52　公交 378 路车辆运行轨迹(策略Ⅱ实施后)

对比策略实施前和策略Ⅰ实施后的公交车辆运行轨迹图可知，尽管策略Ⅰ未对公交378路采取策略控制，但是当共线路段内因为策略Ⅰ实施后改变了公交391路的运行状态，导致公交378路的运行状态也随之改变。这从侧面说明，在共线路段内，不同线路的公交车会相互影响。此外，策略Ⅱ实施后公交车辆的运行轨迹更加均匀，这是因为策略Ⅱ不仅以避免公交378路与公交391路在共线路段内相遇为目标，还以公交378路车头时距稳定为目标，因此策略Ⅱ实施后公交378路的车辆运行轨迹更加稳定。

由表6-15和图6-53可知，策略Ⅰ实施后公交378路的车头时距变异系数在部分站点略有增加，但影响不大。策略Ⅱ实施后，公交378路的车头时距变异系数明显下降，这表示策略Ⅱ实施后公交378路的可靠性有所提高，即策略Ⅱ实施后不仅改善了公交391路公交串车的情况，还提升了公交378路的运行可靠性。

表6-16是公交378路在策略实施前、策略Ⅰ实施后及策略Ⅱ实施后的公交运行相关指标汇总。在策略Ⅰ实施后，公交378路的站点停靠总时间、路段运行总时间和公交运行总时间均有一定的下降。策略Ⅱ实施后，由于公交378路在部分站点驻站，站点停靠时间有所增加，但由于受到公交391路的干扰减少，路段运行总时间减少，最终公交运行总时间有一定的减少。

表6-15　三种情况下公交378路各站点的车头时距变异系数

站序	策略实施前	策略Ⅰ实施后	策略Ⅱ实施后	站序	策略实施前	策略Ⅰ实施后	策略Ⅱ实施后
2	0.229 84	0.229 84	0.229 84	14	0.414 80	0.427 24	0.261 13
3	0.259 32	0.251 70	0.213 87	15	0.415 97	0.427 87	0.259 20
4	0.241 94	0.242 93	0.176 41	16	0.416 39	0.422 10	0.255 79
5	0.359 31	0.352 06	0.250 68	17	0.424 58	0.429 51	0.259 48
6	0.360 22	0.351 03	0.248 01	18	0.433 73	0.440 51	0.265 59
7	0.378 43	0.364 04	0.250 88	19	0.511 41	0.501 08	0.289 09
8	0.371 16	0.359 72	0.245 44	20	0.512 78	0.503 16	0.287 67
9	0.363 65	0.353 82	0.234 84	21	0.496 56	0.492 99	0.271 48
10	0.367 25	0.363 77	0.243 02	22	0.499 13	0.492 62	0.272 08
11	0.367 00	0.367 38	0.239 36	23	0.510 58	0.488 67	0.271 31
12	0.384 25	0.403 43	0.253 36	24	0.507 62	0.492 11	0.277 02
13	0.390 88	0.410 91	0.250 00	平均	0.400 73	0.398 63	0.252 41

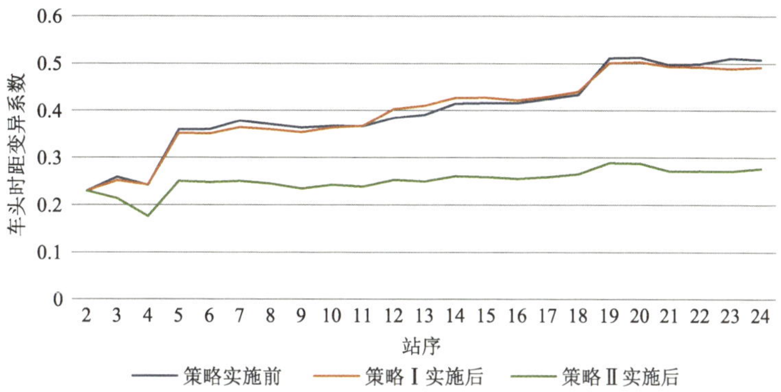

图 6-53　三种情况下公交 378 路各站的车头时距变异系数对比

表 6-16　三种情况下公交 378 路车辆运行相关指标汇总

指标	策略实施前	策略Ⅰ实施后	策略Ⅱ实施后
公交站点停靠总时间/s	1 810	1 711	2 301
驻站总时间/s	—	—	610
公交路段运行总时间/s	28 533	28 371	27 295
公交运行总时间/s	30 343	30 082	29 596

综上所述，从共线路段公交 378 路车头时距的稳定性和运行总时间的角度来看，策略Ⅱ优于策略Ⅰ。

5. 综合分析

表 6-17 是策略Ⅰ和策略Ⅱ实施后各项指标汇总。以公交 391 路作为评价对象，尽管策略Ⅰ比策略Ⅱ对公交 391 路的串车现象改善效果略差，但其余指标显示策略Ⅱ均优于策略Ⅰ。以公交 378 路作为评价对象，除驻站次数与驻站时间以外，策略Ⅱ的各项指标均比策略Ⅰ优。此外，将公交 378 路和公交 391 路共线路段部分作为一个整体的系统考虑，策略Ⅱ实施后两条公交线路的驻站总次数和驻站总时间均小于策略Ⅰ的，策略Ⅱ的公交运行总时间、公交站点停靠总时间和公交路段运行总时间也均小于策略Ⅰ的。

表 6-17　策略Ⅰ和策略Ⅱ实施后各项指标汇总

评价对象	类别	指标	策略Ⅰ实施后	策略Ⅱ实施后	差异
公交 391 路	公交串车改善	平均车头时距变异系数	0.399 3	0.418 2	4.73%
		车头时距标准差	123.988 8	137.417	10.83%
		串车总次数/次	4	5	25.00%
	驻站	驻站总次数/次	225	175	−22.22%
		驻站总时间/s	5 231	3 051	−41.67%

（续表）

评价对象	类别	指标	策略Ⅰ实施后	策略Ⅱ实施后	差异
公交391路	公交运行	公交运行总时间/s	103 009	96 915	−5.92%
		公交站点停靠总时间/s	11 587	10 074	−13.06%
		公交路段运行总时间/s	91 422	86 841	−5.01%
公交378路	公交串车改善	平均车头时距变异系数	0.398 6	0.252 4	−36.68%
		车头时距标准差	247.768 0	171.309	−30.86%
		串车总次数/次	0	0	—
	驻站	驻站总次数/次	0	28	—
		驻站时间/s	0	610	—
	公交运行	公交运行总时间/s	30 082	29 596	−1.62%
		公交站点停靠总时间/s	1 711	2 301	34.48%
		公交路段运行总时间/s	28 371	27 295	−3.79%
公交378路和公交391路共线路段部分（系统）	驻站	驻站总次数/次	225	203	−9.78%
		驻站总时间/s	5 231	3 661	−30.01%
	公交运行	公交运行总时间/s	133 091	126 511	−4.94%
		公交站点停靠总时间/s	13 298	12 375	−6.94%
		公交路段运行总时间/s	119 793	114 136	−4.72%

为了将指标对比更直观地显示在图中，对各指标进行以下标准化操作：将策略Ⅱ的值按一定比例缩小或增大成单位1，策略Ⅰ的指标按照策略Ⅱ相应的比例缩小或增大，并将标准化后的指标绘制成雷达图，如图6-54所示。图中指标的值越小，表明策略实施效果越好。因此，我们可以清楚地看到，除公交391路串车总次数、391路车头时距标准差和391路平均车头时距变异系数以外，其余指标都表现为策略Ⅱ更优。

综上所述，除策略Ⅱ实施后公交391路的串车现象改善效果略差于策略Ⅰ以外，其余指标均表现为策略Ⅱ优于策略Ⅰ。但经过策略Ⅱ改善后，公交391路的串车现象已经得到了极大改善，因此本章认为策略Ⅱ是一个可接受的较好的策略。

策略Ⅱ在策略Ⅰ的基础上考虑了共线路段内不同线路公交之间的相互影响，在策略实施过程中不仅只对单条线路进行控制，同时对共线路段内具有相互影响的公交线路进行协同控制，以降低不同线路的公交车在共线路段内相遇且互相干扰而产生更多的延误。通过两种策略的对比可知，在都能较好地改善公交串车现象的前提下，多线路协同控制的方法削弱了以往基于单条线路的驻站方式对公交车公交运行时间造成的延误影响，同时改善了共线路段内其他线路的运行状态。

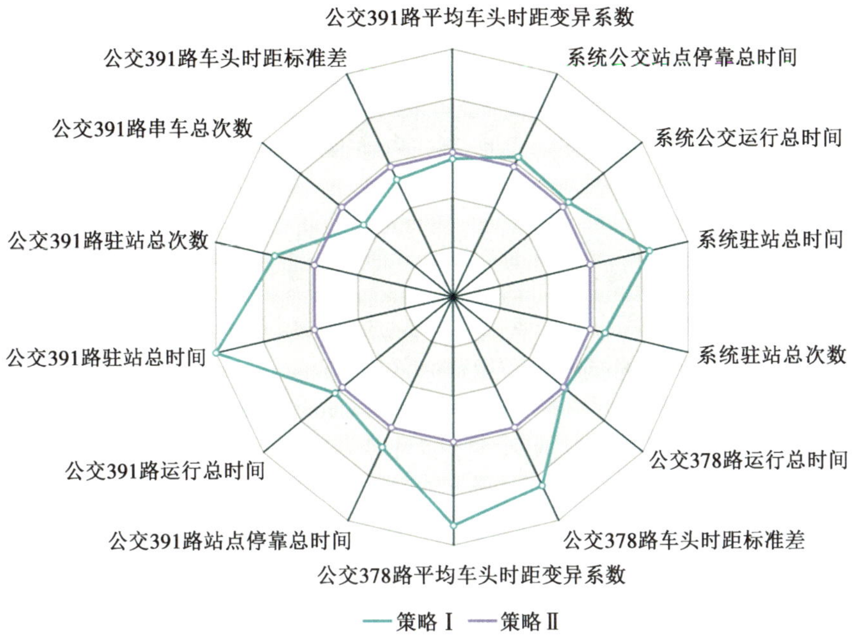

图 6-54　策略Ⅰ和策略Ⅱ实施后各指标对比

6.6　本章小结

本章提出了三种公交运行协同优化调度控制策略，考虑公交线路的系统稳定性，并建立了公交运行协同优化模型，该模型以最小化公交公司运营成本和乘客总出行成本为目标，通过优化发车间隔、动态驻站控制以及实时车速诱导控制，实现对公交运行系统的协同优化。将 NSGA-Ⅱ算法和差分进化算法相组合，设计了 NSGAⅡ-DE 算法来对模型进行优化求解，并应用仿真进行了案例验证。

另外，本章建立了单线路和多线路公交串车协同优化模型和协同驻站控制策略，通过仿真软件模拟公交实时运行状态，在各站点对公交车进行驻站判别并实施驻站策略，再对仿真结果进行对比分析，从而验证了考虑公交共线因素的多线路公交串车协同优化控制具有更好的效果。

参考文献

[1] KHATOUN R，ZEADALLY S. Smart cities：concepts，architectures，research opportunities[J]. Communications of the ACM，2016，59(8)：46-57.

[2] MAYER-SCHÖNBERGER V，CUKIER K. Big data：a revolution that will transform how we live，work，and think[M]. Boston：Houghton Mifflin Harcourt，2013.

[3] 杨晓光，孙剑，徐建闽，等.实验交通工程基本理论(方法)与信息技术[M]//国家自然科学基金委员会工程与材料科学部.建筑、环境与土木工程Ⅰ(建筑、环境与交通工程卷).北京：科学出版社，2005：301-319.

[4] 张启伟.大型桥梁健康监测概念与监测系统设计[J]. 同济大学学报(自然科学版)，2001，29(1)：65-69.

[5] ZHU Fenghua，LI Zhenjiang，CHEN Songhang，et al. Parallel transportation management and control system and its applications in building smart cities[J]. IEEE Transactions on Intelligent Transportation Systems，2016，17(6)：1576-1585.

[6] 谭超英.深度学习法在桥梁健康诊断中的应用研究[D].重庆：重庆交通大学，2017.

[7] 王静霞.基于公交IC卡大数据的公交线路OD推断分析[J].工程建设与设计，2019(5)：167-168，171.

[8] 陆百川，邓捷，马庆禄，等.基于IC卡和RBF神经网络的短时公交客流量预测[J]. 重庆交通大学学报(自然科学版)，2015，34(6)：106-110.

[9] 郭湘，毛磊，王柱.基于开放数据的城市公共交通服务评估研究：以益阳市为例[C]//中国城市规划学会.共享与品质：2018中国城市规划年会论文集.北京：中国建筑工业出版社，2018：830-838.

[10] 曲晓慧，安钢.数据融合方法综述及展望[J].舰船电子工程，2003(2)：2-4，9.

[11] CHOI K，SHIK Y. Travel time estimation algorithm using GPS probe and loop detector data fusion[C]//Proceedings of the Transportation Research Board Annual Meeting，2001.

[12] BACHMANN C，ADBULHAI B，ROORDA M J，et al. A comparative assessment of multi-sensor data fusion techniques for freeway traffic speed estimation using microsimulations modeling[J]. Transportation Research Part C：Emerging Technologies，2013，26：33-48.

[13] FAOUZI N E E，KLEIN L A. Data fusion for ITS：techniques and research needs[J].Transportation Research Procedia，2016，15：495-512.

[14] 李嘉，刘春华，胡赛阳，等.基于交通数据融合技术的行程时间预测模型[J].湖南大学学报(自然科学版)，2014(1)：33-38.

[15] 李华民，吴俊美，孙棣华.基于RFID电子车牌数据的公交行程时间预测方法[J].中国公路学报，2019，32(8)：165-173,182.

[16] 张旭.面向交通运行状态评价的多源异质交通流数据融合技术方法研究[D].北京：北京交通大学,2008.

[17] 孙超，张红军，陈小鸿.基于多源浮动车数据融合的道路交通运行评估[J]. 同济大学学报（自然科学版），2018，46(1)：46-52.

[18] 魏敏燕.异种浮动车数据融合的城市道路交通状态判别及时空分析[D].重庆：重庆大学,2016.

[19] 赵莹.基于多源检测器的城市快速路区间车速融合算法研究[D].北京：北京交通大学,2016.

[20] 张昕，胡金星，尹凌，等.基于实时数据的交通枢纽客流态势研究[C]//中国智能交通协会.第七届中国智能交通年会会议论文集.[S.l.]：[s.n.],2012：252-259.

[21] O'BRIEN R C，ISHWARAN H. A random forests quantile classifier for class imbalanced data[J]. Pattern Recognition，2019，90：232-249.

[22] QU Xiaobo，WENG Jinxian，JIN Sheng，et al. Bus travel time reliability analysis：a case study [C]// Proceedings of the Institution of Civil Engineers-Transport，2014.

[23] CHEN Weiya，CHEN Zhiya. A simulation model for transit service unreliability prevention based on AVL-APC data [C]//Proceedings of the International Conference on Measuring Technology and Mechatronics Automation.[S.l.]：IEEE，2009：184-188.

[24] CHEN Xumei，YU Lei，ZHANG Yushi，et al. Analyzing urban bus service reliability at the stop，route，and network levels[J]. Transportation Research Part A：Policy and Practice，2009，43(8)：722-734.

[25] YU Bin，LAM W H K，TAM M L. Bus arrival time prediction at bus stop with multiple routes[J]. Transportation Research Part C：Emerging Technologies，2011，19(6)：1157-1170.

[26] LI Jiabin，CHEN Xumei，LI Xin，et al. Evaluation of public transportation operation based on data envelopment analysis[J]. Procedia-Social and Behavioral Sciences，2013，96：148-155.

[27] CAMUS R，LONGO G，MACORINI C. Estimation of transit reliability level-of-service based on automatic vehicle location data[J]. Transportation Research Record：Journal of the Transportation Research Board，2005，1927(1)：277-286.

[28] 严亚丹.基于运行可靠性的公交调度控制研究[D].南京：东南大学，2012.

[29] 陈峥嵘,陈学武,陈素平.城市公交车辆到站时间可靠性分析方法[C]//中国城市规划学会.2012中国城市规划年会论文集.[S.l.]：[s.n.],2012.

[30] 张建,丁建勋,龙建成,等.公交线路车头时距特征分析及运行状态研究[J].交通运输系统工程与信息,2015，15(6)：220-226.

[31] EL-GENEIDY A，HORNING J，KRIZEK K J. Using archived ITS data to improve transit performance and management[R]. USA，Minnesota：Minnesota Department of Transportation，2007.

[32] Bullock P，Jiang J，Stopher P R. Using GPS technology to measure on-time running of scheduled bus services[J]. Journal of Public Transportation，2005，8(1)：21-40.

[33] LIN J，RUAN M. Probability-based bus headway regularity measure [J]. IET Intelligent

Transportation System, 2009, 3(4): 400-408.

[34] WENG Jiancheng, DI Xiaojian, WANG Chang, et al. A bus service evaluation method from passenger's perspective based on satisfaction surveys: a case study of Beijing, China [J]. Sustainability, 2018, 10(8): 1-15.

[35] HSU S C. Determinants of passenger transfer waiting time at multi-modal connecting stations [J]. Transportation Research Part E: Logistics and Transportation Review, 2010, 46(3): 404-413.

[36] 冯树民,张桂娥.基于乘客感知的常规公交候车时间可靠性研究[J].重庆交通大学学报(自然科学版),2016,35(6): 105-108,119.

[37] 刘杰,王海龙,张志国,等.模式识别的斜拉桥损伤诊断动力指纹与识别算法[J].土木建筑与环境工程,2016, 38(4): 115-123.

[38] 欧阳江华,刘光万.桥梁结构损伤诊断方法的研究进展[J].广东建材,2009, 25(8): 29-31.

[39] 宗周红,褚福鹏,牛杰.基于响应面模型修正的桥梁结构损伤识别方法[J].土木工程学报,2013(2): 115-122.

[40] 张纯,宋固全,王明华.正则化模型修正法在桥梁损伤识别中的应用[J].南昌大学学报(工科版),2010, 32(4): 394-398.

[41] KIM H M, BANKOWICS T J. An experimental study for damage detection using a hexagonal truss [J]. Computer and Structures, 2001, 79(2): 173-182.

[42] 李乔,单德山,付春雨.桥梁结构损伤诊断的统计模式识别方法[C]//交通运输部,江苏省交通厅.特大跨径桥梁养护管理论坛暨中国桥梁自主创新论坛论文集.[S.l.]: [s.n.],2009: 323-329.

[43] HERA A, HOU Z, NOORI M. Wavelet-based approach for ASCE structural health monitoring benchmark studies[R]. [S.l.]: [s.n.],2001.

[44] HOU Zhikun, HERA A. Progress of phase Ⅱ study of the ASCE health monitoring benchmark data using wavelet approach[C]//Proceedings of the 3rd International Workshop on Structural Health Monitoring, Stanford, 2001.

[45] 高蕾.遗传算法在拱桥健康监测传感器优化布设中的应用[J].信息与电脑, 2016(14): 75-76.

[46] GUO H Y, LI Z L. Structural damage identification based on Bayesian theory and improved immune genetic algorithm[J]. Expert Systems with Applications, 2012, 39(7): 6426-6434.

[47] BEENA P, GANGULI R. Structural damage detection using fuzzy cognitive maps and Hebbian learning[J]. Applied Soft Computing, 2011, 11(1): 1014-1020.

[48] 袁慎芳,梁栋,高宁,等.基于结构健康监测系统的桥梁数据异常诊断研究[J].电子科技大学学报,2013(1): 69-74.

[49] 孙强,杜冰清,江姣姣.基于模糊层次综合评价法的梁桥健康评定方法研究[J].世界桥梁,2017, 45(2): 45-49.

[50] 李丽,刘明军.基于 BP 神经网络诊断桥梁结构故障[J].济南大学学报(自然科学版),2009, 23(4): 334-337.

[51] 张振平,马跃,尹锡军.桥梁健康监测损伤诊断方法研究[J].铁路计算机应用,2010, 19(6): 36-38.

[52] PAN H. Time-frequency-based data-driven structural diagnosis and damage detection for cable-stayed

bridges[J]. Journal of Bridge Engineering, 2018, 23(6): 1-23.

[53] 孙利民，尚志强，夏烨.大数据背景下的桥梁结构健康监测研究现状与展望[J].中国公路学报，2019，32(11)：1-20.

[54] 复才初，罗鑫，郑立煌，等.公路隧道的健康诊断[C]//中国公路学会，四川省公路学.2005年全国公路隧道学术会议论文集.北京：人民交通出版社，2005：379-383.

[55] BARSONM F F, CARROLL W F. Evaluating the service ability of the cracked reinforced concrete space shuttle crawlerway tunnel[J].Cmputers and Structures, 1996, 60(2): 173-179.

[56] BUCKLEY J J, ESLAMI E. Neural net solutions to fuzzy problems: the quadratic equation[J]. Fuzzy Sets and Systems, 1997, 86(3): 289-298.

[57] 陈艳艳，蔡熠文，侯亚美，等.大城市公交线路“健康指数”评价方法[J].长安大学学报(自然科学版)，2015(S1)：1-6，16.

[58] LIN Yongjie, YANG Xianfeng, ZOU Nan, et al. Real time bus arrival time prediction: case study for Jinan[J]. Journal of Transportation Enginnering, 2013, 139(11): 1133-1140.

[59] 汪春.老城区道路交通健康状态评价体系研究[J].城市道路与防洪，2016(12)：143-147.

[60] ZHENG Changjiang, Zhang Yihua, FENG Xuejun. Improved iterative prediction for multiple stop arrival time using a support vector machine[J]. Transport, 2012, 27(2): 158-164.

[61] 柯靖宇.基于改进DEA的公交线路运输效率评价[C]//中国城市规划学会城市交通规划学术委员会.2018年中国城市交通规划年会会议论文集.北京：中国建筑工业出版社，2018.

[62] 陆化普，杨鸣，张永波.综合交通枢纽一体化发展评估与对策建议[J].综合运输，2019(4)：25-30.

[63] 周志华.机器学习[M].北京：清华大学出版社，2016.

[64] 张景奇，史文宝，纪秀娟.机器学习在医疗和公共卫生中应用[J].中国公共卫生，2019，35(10)：1449-1452.

[65] 张润，王永滨.机器学习及其算法和发展研究[J].中国传媒大学学报(自然科学版)，2016，23(2)：10-18.

[66] 赵家英.面向健康评估的机器学习方法研究与应用[D].成都：电子科技大学，2016.

[67] 范旭慧.支持向量机分类算法的研究[D].西安：西北工业大学，2016.

[68] 郑毅，胡祥培，尹进.基于多任务支持向量机的健康数据融合方法[J].系统工程理论与实践，2019，39(2)：418-428.

[69] 朱俚治.一种基于实现K-近邻算法的研究[J].计算机与数字工程，2015(10)：1771-1774.

[70] 张晞伟，王磊，汪西原.基于CART决策树的沙地信息提取方法研究[J].干旱区地理，2019，42(5)：1133-1140.

[71] CHAMPAHOM T, GOODARY R, BEEHARRY R, et al. Evaluating user's satisfaction of bus service in Mauritius: decision tree approach[J]. Lowland Technology International, 2019, 20(4): 478-489.

[72] 肖坚.基于随机森林的不平衡数据分类方法研究[D].哈尔滨：哈尔滨工业大学，2013.

[73] LI Qing, QIAO Fengxiang, MAO A, et al. Characterizing the importance of criminal factors affecting bus ridership using random forest ensemble algorithm[J]. Transportation Research Record: Journal of

the Transportation Research Board，2019，2673(4)：864-876.

[74] 余民杰，王元亮.朴素贝叶斯分类算法研究[J].商情，2012(8)：226-227.

[75] 周晓，唐宇舟，刘强.基于卡尔曼滤波的道路平均速度预测模型研究[J].浙江工业大学学报，2020(4)：392-396，404.

[76] 肖思思，杨宏业.基于公交 GPS 浮动车的交通状态识别研究[J].信息与电脑，2016(3)：126-127.

[77] 胡继华，梁嘉贤.贝叶斯框架下快速公交的站间运行状态推断[J].交通运输系统工程与信息，2017，17(2)：126-135.

[78] 陈功.数据挖掘技术在智慧交通中的应用[D].成都：电子科技大学，2016.

[79] 张海鹏，杨宏业，邬鑫珏，等.基于公交车 GPS 数据的短时交通流预测研究[J].内蒙古工业大学学报(自然科学版)，2018，37(1)：75-80.

[80] WANG Shiqi，SHAO Chunfu. Method of transit signal priority control based on the prediction of bus dwell time at bus station[J]. Advanced Materials Research，2014，1030：2034-2043.

[81] DING Jian，YANG Minyang，CAO Yi，et al. Dwell time prediction of bus rapid transit using ARIMA-SVM hybrid model[J]. Applied Mechanics and Materials，2014，587-589：1993-1997.

[82] XIN Jianxia，CHEN Shuyan. Bus dwell time prediction based on KNN[J]. Procedia Engineering，2016，137：283-288.

[83] YU Bin，WANG Huaizhu，SHAN Wenxuan，et al. Prediction of bus travel time using random forests based on near neighbors[J]. Computer-Aided Civil and Infrastructure Engineering，2018，33(4)：333-350.

[84] MANSUR A，TSUNENORI M，TSUBASA Y. Prediction of bus travel time over unstable intervals between two adjacent bus stops[J]. International Journal of Intelligent Transportation Systems Research，2018，18：53-64.

[85] 王芳杰，王福建，王雨晨，等.基于 LightGBM 算法的公交行程时间预测[J].交通运输系统工程与信息，2019(2)：116-121.

[86] XU Haitao，YING Jing. Bus arrival time prediction with real-time and historic data[J]. Cluster Computing，2017，20：3099-3106.

[87] YIN Tingting，ZHONG Gang，ZHANG Jian，et al. A prediction model of bus arrival time at stops with multi-routes[J]. Transportation Research Procedia，2017，25：4623-4636.

[88] ČELAN，M，LEP M. Bus arrival time prediction based on network model[J]. Procedia Computer Science，2017，113：138-145.

[89] 孙葛亮，邵永青.需求响应式公交到站时间预测研究[J].物流科技，2019，42(2)：118-122，135.

[90] ZHANG Jun，SHEN Dayong，TU Lai，et al. A real-time passenger flow estimation and prediction method for urban bus transit systems[J]. IEEE Transactions on Intelligent Transportation Systems，2017(11)：3168-3178.

[91] 王世兵.城市公交客运量预测[J].汽车实用技术，2018(6)：187-189.

[92] HUANG Zhao，LI Qingquan，LI Fan，et al. A novel bus-dispatching model based on passenger flow and arrival time prediction[J]. IEEE Access，2019，7：106453-106465.

[93] LIU Yang, LYU Cheng, LIU Xin, et al. Automatic feature engineering for bus passenger flow prediction based on modular convolutional neural network[J]. IEEE Transactions on Intelligent Transportation Systems, 2021, 22(4): 2349-2358.

[94] CHEN M, CHAIN S I, LI X, et al. Application of APC/AVL archived data support system carom [C]//Proceedings of the Transportation Research Board 82nd Annual Meeting, 2003.

[95] FAGAN D, MEIER R. Intelligent time of arrival estimation[C]//Proceedings of the 2011 IEEE Forum on Integrated and Sustainable Transportation System (FISTS), 2011. Austria: Vienna.

[96] GONG Jun, LIU Mingyue, ZHANG Sen. Hybrid dynamic prediction model of bus arrival time based on weighted of historical and real-time GPS data[C]//Proceedings of the 2013 25th Chinese Control and Decision Conference (CCDC), 2013.

[97] 周雪梅,杨晓光,王磊.公交车辆行程时间预测方法研究[J].交通与计算机,2002,20(6): 12-14.

[98] RAMAKRISHNA Y, RAMAKRISHNA P, LAKSHMANAN V, et al. Bus travel time prediction using GPS data[C]. 9th Annual International Conference and Exhibition. India: New Delhi.

[99] GLICK T B, FIGLIOZZI M A. Analysis and application of log-linear and quantile regression models to predict bus dwell times[J]. Transportation Research Record: Journal of the Transportation Research Board, 2019, 2673(10): 118-128.

[100] D'ANGELO M P, H. M. AL-DEEK H, WANG M C. Travel time prediction for freeway corridors [J]. Transportation Research Record: Journal of the Transportation Research Board 1676 (1): 184-191.

[101] ISHAK S, AL-DEEK H. Performance evaluation of short-term time-series traffic prediction model [J]. Journal of Transportation Engineering, 2002, 128(6): 490-498.

[102] CHIEN S I, Ding Y, WEI C. Dynamic bus arrival time prediction with artificial neural networks[J]. Journal of Transportation Engineering, 2002, 128(5): 429-438.

[103] ZHU Ying, ZHANG Dong, ZHANG Jiawei. The prediction of bus speed based on Kalman filter[J]. Advanced Materials Research, 2014, 962-965: 2818-2822.

[104] 张欣环, 王瑞萍, 晏克非.基于单线路检测的城市公交旅行时间预测[J].交通与运输, 2016(z1): 52-57.

[105] 周帅帅.城市公交车辆到站时间预测方法研究[D].南昌: 华东交通大学,2017.

[106] 侯真超.基于卡尔曼滤波和指数平滑法组合模型的公交行程时间预测[D].沈阳: 辽宁大学,2018.

[107] DHIVYABHARATHI B, KUMAR B A, VANAJAKSHI L. Real time bus arrival time prediction system under Indian traffic condition [C]//IEEE International Conference on Intelligent Transportation Engineering, 2016.

[108] DHIVYABHARATHI B, KUMAR B A, VANAJAKSHI L, et al. Particle filter for reliable bus travel time prediction under indian traffic conditions[J]. Transportation in Developing Economies, 2017, 3(2).

[109] HANS E, CHIABAUT N, LECLERCQ L, et al. Real-time bus route state forecasting using particle filter and mesoscopic modeling[J]. Transportation Research Part C: Emerging Technologies, 2015,

61：121-140.

[110] 肖冠烽.基于粒子滤波的公交到站时间预测系统的研究与实现[D].呼和浩特：内蒙古大学，2018.

[111] AMITA J，JAIN S S，GARG P K. Prediction of bus travel time using ANN：a case study in Delhi [J]. Transportation Research Procedia，2016，17：263-272.

[112] KEE C Y，WONG L P，KHADER A T，et al. Multi-label classification of estimated time of arrival with ensemble neural networks in bus transportation network[C]//Proceedings of the 2nd IEEE International Conference on Intelligent Transportation Engineering，2017.

[113] Fei Jia，LU Ying，Guo Yunchuan，et al. Predicting bus arrival time using BP neural network and dynamic transfer[J]. Procedia Computer Science，2020，174：95-100.

[114] MORIDPOUR S，ANWAR T，SADAT M T，et al. A genetic algorithm-based support vector machine for bus travel time prediction[C]//Proceedings of the 2015 International Conference on Transportation Information and Safety (ICTIS)，2015.

[115] LI Yao，HUANG Chuanlin，JIANG Jingjing. Research of bus arrival prediction model based on GPS and SVM[C]//Proceedings of the 2018 Chinese Control And Decision Conference (CCDC)，2018.

[116] 熊浩，韩印.基于遗传算法-支持向量机模型的快速公交行程时间算法研究[J].物流科技，2019，42(1)：113-117.

[117] 彭新建，翁小雄.基于萤火虫算法优化 BP 神经网络的公交行程时间预测[J].广西师范大学学报(自然科学版)，2017，35(1)：28-36.

[118] 李江伟.基于 Hadoop 平台的公交到站时间预测算法研究[D].广州：华南理工大学，2018.

[119] 张晓阳，徐韬，张宜华，等.基于 QPSO-RBF 神经网络的混合交通流车速预测模型[J].公路，2019，64(1)：147-152.

[120] 成佳磊.两种算法结合的公交到站时间预测[J].交通与运输，2019，35(1)：9-12.

[121] 杨敏，丁剑，王炜.基于 ARIMA-SVM 模型的快速公交停站时间组合预测方法[J].东南大学学报(自然科学版)，2016，46(3)：651-656.

[122] 陈东，蔡延光，黄柱.基于 K-means 聚类和 SVM 的公交到站时间预测算法[J].工业控制计算机，2017，30(5)：96-98.

[123] NEWELL G F. Dispatching policies for a transportation route[J]. Transportation Science，1971，5(1)：91-105.

[124] YU Bin，YANG Zhongzhen，YAO Jinbao. Genetic algorithm for bus frequency optimization[J]. Journal of Transportation Engineering，2010(6)：576-583.

[125] MARTÍNEZ H，MAUTTONE A，URQUHART M E. Frequency optimization in public transportation systems：formulation and metaheuristic approach[J]. European Journal of Operational Research，2014，236(1)：27-36.

[126] VERBAS İ Ö，MAHMASSANI H S. Integrated frequency allocation and user assignment in multimodal transit networks：methodology and application to large-scale urban systems [J]. Transportation Research Record：Journal of the Transportation Research Board，2015，2498(1)：

37-45.

[127] HAN A F, WILSON N H M. The allocation of buses in heavily utilized networks with overlapping routes[J]. Transportation Research Part B: Methodological, 1982, 16(3): 221-232.

[128] HADAS Y, SHNAIDERMAN M. Public-transit frequency setting using minimum-cost approach with stochastic demand and travel time[J]. Transportation Research Part B: Methodological, 2012, 46(8): 1068-1084.

[129] BOOKBINDER J H, DESILETS A. Transfer optimization in a transit network[J]. Transportation science, 1992, 26(2): 106-118.

[130] CHAKROBORTY P, DEB K, SUBRAHMANYAM P S. Optimal scheduling of urban transit systems using genetic algorithms[J]. Journal of transportation Engineering, 1995, 121(6): 544-553.

[131] SCHRÖDER M, SOLCHENBACH I. Optimization of transfer quality in regional public transit[R]. [S.l.]: Fraunhofer-Institut für Techno- und Wirtschaftsmathematik, 2006.

[132] GUIHAIRE V, HAO J K. Transit network timetabling and vehicle assignment for regulating authorities[J]. Computers and Industrial Engineering, 2010, 59(1): 16-23.

[133] LIEBCHEN C, STILLER S. Delay resistant timetabling[J]. Public transport, 2009(1): 55-72.

[134] DOMSCHKE W. Schedule synchronization for public transit networks[J]. OR Spectrum, 1989, 11(1): 17-24.

[135] DADUNA J R, VOß S. Practical experiences in schedule synchronization[C]//J. R. Daduna et al. Computer-Aided Transit Scheduling. Berlin Heidelberg: Springer, 1995: 39-55.

[136] CEDER A. Efficient timetabling and vehicle scheduling for public transport[M]//S. Voß et al. Computer-Aided Scheduling of Public Transport.Berlin Heidelberg: Springer, 2001: 37-52.

[137] LIU Zhigang, SHEN Jinsheng, WANG Haixing, et al. Regional bus timetabling model with synchronization[J]. Journal of Transportation Systems Engineering and Information Technology, 2007, 7(2): 109-112.

[138] GUIHAIRE V, HAO J K.Improving timetable quality in scheduled transit networks[C]// García-Pedrajas N, Herrera F, Fyfe C, et al. Trends in Applied Intelligent Systems. Berlin, Heidelberg: Springer, 2010: 21-30.

[139] IBARRA-ROJAS O J, RIOS-SOLIS Y A. Synchronization of bus timetabling[J]. Transportation Research Part B: Methodological, 2012, 46(5): 599-614.

[140] TURNQUIST M A, BLUME S W. Evaluating potential effectiveness of headway control strategies for transit systems[J]. Transportation Research Record: Journal of the Transportation Research Board, 1980(746): 25-29.

[141] HALL R, DESSOUKY M, LU Q. Optimal holding times at transfer stations[J]. Computers and industrial engineering, 2001, 40(4): 379-397.

[142] DELGADO F, CONTRERAS N, MUNOZ J. Holding for transfers[C]. Transportation Research Board, the 92nd Annual Meeting, 2013.

[143] ABKOWITZ M D, LEPOFSKY M. Implementing headway-based reliability control on transit routes

[J]. Journal of Transportation Engineering, 1990, 116(1): 49-63.

[144] BARNETT A. On controlling randomness in transit operations[J]. Transportation Science, 1974, 8(2): 101-116.

[145] EBERLEIN X J, WILSON N H M, BERNSTEIN D. The holding problem with real-time information available[J]. Transportation science, 2001, 35(1): 1-18.

[146] ZHAO Jiamin, BUKKAPATNAM S, DESSOUKY M M. Distributed architecture for real-time coordination of bus holding in transit networks[J]. IEEE Transactions on Intelligent Transportation Systems, 2003, 4(1): 43-51.

[147] ZOLFAGHARI S, AZIZI N, JABER M Y. A model for holding strategy in public transit systems with real-time information[J]. International Journal of Transport Management, 2004, 2(2): 99-110.

[148] PUONG A, WILSON N H M. A train holding model for urban rail transit systems[M]//Mark Hickman, Pitu Mirchandani, Stefan Voß. Computer-aided systems in public transport. Berlin, Heidelberg: Springer, 2008: 319-337.

[149] Felipe D, Juan M, Ricardo G, et al. Real-time control of buses in a transit corridor based on vehicle holding and boarding limits[J]. Transportation Research Record: Journal of the Transportation Research Board, 2009, 2090(1): 59-67.

[150] DELGADO F, MUNOZ J C, GIESEN R. How much can holding and/or limiting boarding improve transit performance? [J]. Transportation Research Part B: Methodological, 2012, 46(9): 1202-1217.

[151] FU Liping, YANG Xuhui. Design and implementation of bus - holding control strategies with real-time information[J]. Transportation Research Record: Journal of the Transportation Research Board, 2002, 1791(1): 6-12.

[152] SUN A, HICKMAN M. The holding problem at multiple holding stations[M]//Mark Hickman, Pitu Mirchandani, Stefan Voß. Computer-aided systems in public transport. Berlin, Heidelberg: Springer, 2008: 339-359.

[153] DAGANZO C F. A headway-based approach to eliminate bus bunching: Systematic analysis and comparisons[J]. Transportation Research Part B: Methodological, 2009, 43(10): 913-921.

[154] XUAN Y, ARGOTE J, DAGANZO C F. Dynamic bus holding strategies for schedule reliability: optimal linear control and performance analysis[J]. Transportation Research Part B: Methodological, 2011, 45(10): 1831-1845.

[155] BARTHOLDI Ⅲ J J, EISENSTEIN D D. A self-coördinating bus route to resist bus bunching[J]. Transportation Research Part B: Methodological, 2012, 46(4): 481-491.

[156] CATS O, LARIJANI A N, KOUTSOPOULOS H N, et al. Impacts of holding control strategies on transit performance: Bus simulation model analysis[J]. Transportation Research Record: Journal of the Transportation Research Board, 2011, 2216(1): 51-58.

[157] CATS O, LARIJANI A N, ÓLAFSDÓTTIR Á, et al. Bus-holding control strategies: simulation-based evaluation and guidelines for implementation[J]. Transportation Research Record: Journal of

the Transportation Research Board, 2012, 2274(1): 100-108.

[158] FU Liping, LIU Qing, CALAMAI P. Real-time optimization model for dynamic scheduling of transit operations[J]. Transportation research record: Journal of the Transportation Research Board, 2003, 1857(1): 48-55.

[159] SUN A, HICKMAN M. The real - time stop - skipping problem[J]. Journal of Intelligent Transportation Systems, 2005, 9(2): 91-109.

[160] SIDI M M O, HAMMADI S, HAYAT S, et al. Urban transport network regulation and evaluation: A fuzzy evolutionary approach[J]. IEEE Transactions on Systems, Man, and Cybernetics-Part A: Systems and Humans, 2008, 38(2): 309-318.

[161] CORTÉS C E, SÁEZ D, MILLA F, et al. Hybrid predictive control for real-time optimization of public transport systems' operations based on evolutionary multi-objective optimization [J]. Transportation Research Part C: Emerging Technologies, 2010, 18(5): 757-769.

[162] SÁEZ D, CORTÉS C E, MILLA F, et al. Hybrid predictive control strategy for a public transport system with uncertain demand[J]. Transportmetrica, 2012, 8(1): 61-86.

[163] MUÑOZ J C, CORTÉS C E, GIESEN R, et al. Comparison of dynamic control strategies for transit operations[J]. Transportation Research Part C: Emerging Technologies, 2013, 28: 101-113.

[164] 郑思瑶.车车通信条件下的公交实时调度方法研究[D]. 北京：北京交通大学，2016.

[165] 尹婷婷.车路协同环境下公交车辆到站时间预测及控制策略研究[D].南京：东南大学，2017.

[166] DAGANZO C F, PILACHOWSKI J. Reducing bunching with bus-to-bus cooperation [J]. Transportation Research Part B: Methodological, 2011, 45(1): 267-277.

[167] HE Shengxue. An anti-bunching strategy to improve bus schedule and headway reliability by making use of the available accurate information[J]. Computers and Industrial Engineering, 2015, 85: 17-32.

[168] ESTRADA M, MENSIÓN J, AYMAMÍ J M, et al. Bus control strategies in corridors with signalized intersections[J]. Transportation Research Part C: Emerging Technologies, 2016, 71: 500-520.

[169] 滕靖，金威敏.基于区间车速引导的公交运行控制方法[J].同济大学学报（自然科学版），2015，43(8)：1194-1199.

[170] 郑晨，郑长江.公交车车速诱导研究与应用[J].郑州大学学报(工学版)，2013，34(1)：19-22.

[171] 陈春晓，陈治亚，陈维亚.基于模糊逻辑的单线路公交实时控制方法[J].公路交通科技，2016，33(9)：141-147.

[172] JANOS M, FURTH P. Bus priority with highly interruptible traffic signal control: simulation of San Juan's Avenida Ponce de Leon[J]. Transportation Research Record: Journal of the Transportation Research Board, 2002, 1811(1): 157-165.

[173] CHANDRASEKAR P, CHEU R L, CHIN H C.Simulation evaluation of route-based control of bus operations[J]. Journal of Transportation Engineering, 2002, 128(6): 519-527.

[174] MA Wanjing, YANG Xiaoguang, LIU Yue. Development and evaluation of a coordinated and

conditional bus priority approach[J]. Transportation Research Record: Journal of the Transportation Research Board, 2010, 2145(1): 49-58.

[175] CHOW A H F, LI S, ZHONG R. Multi-objective optimal control formulations for bus service reliability with traffic signals[J]. Transportation Research Part B: Methodological, 2017, 103: 248-268.

[176] HEAD L, GETTMAN D, WEI Z. Decision model for priority control of traffic signals[J]. Transportation Research Record: Journal of the Transportation Research Board, 2006, 1978(1): 169-177.

[177] YANG Min, SUN Gang, WANG Wei, et al. Evaluation of the pre-detective signal priority for bus rapid transit: coordinating the primary and secondary intersections[J]. Transport, 2018, 33(1): 1-11.

[178] ANDERSON P, DAGANZO C F. Effect of transit signal priority on bus service reliability[J]. Transportation Research Part B: Methodological, 2020, 132: 2-14.

[179] KAPLAN E D, HEGARTY C J .GPS 原理与应用[M].北京：电子工业出版社，2007.

[180] 亓秀贞，邹静.常规公交高峰运行可靠性评价方法研究[J].科技信息，2013(10)：171-172.

[181] CHAWLA N V, BOWYER K W, HALL L O, et al. SMOTE: Synthetic Minority Over-sampling Technique[J]. Journal of Artificial Intelligence Research,2002, 16: 321-357.

[182] 王俊，陈学武.影响城市公交车辆运行时间的因素分析及改进措施[J].城市公共交通，2004(1)：6-7.

[183] 顾天鸿，吴世迪.公交专用道对车辆间隔时间的影响分析[J].石家庄铁道大学学报(自然科学版)，2013,26(1)：97-100.

[184] HUA Xuedong, WANG Wei, WANG Yinhai, et al. Bus arrival time prediction using mixed multi-route arrival time data at previous stop[J]. Transport, 2018, 33(2): 543-554.

[185] 许秀华.公交车在公交停靠站的停靠时间研究[D].北京：北京交通大学，2015.

[186] 中华人民共和国住房和城乡建设部.城市综合交通体系规划标准：GB/T 51328—2018[S].北京：中国建筑工业出版社，2019.

[187] 赵鲁.短期交通流深度学习预测模型及其并行训练[D].北京：北京交通大学，2019.

[188] 苏荣霖.站点设置及客流对公交行程时间可靠性的影响研究[D].福州：福州大学，2017.

[189] KANUNGO T, MOUNT D M, NETANYAHU N S, et al. An efficient k-means clustering algorithm: analysis and implementation[J]. IEEE Transactions on Pattern Analysis and Machine Intelligence, 2002, 24(7): 881-892.

[190] CUI Xiaoli, ZHU Pingfei, YANG Xin, et al. Optimized big data K-means clustering using MapReduce[J]. Journal of Supercomputing, 2014, 70(3): 1249-1259.

[191] 雷英杰，张善文.MATLAB 遗传算法工具箱及应用[M].西安：西安电子科技大学出版社，2014.

[192] ZHANG Qingfu, LI Hui. MOEA/D: a multiobjective evolutionary algorithm based on decomposition [J]. IEEE Transactions on Evolutionary Computation, 2007, 11(6): 712-731.

[193] 王莹莹.基于实时客流数据的公交车辆调度优化研究[D].北京：北京交通大学，2015.

[194] 曲文良.允许超车条件下基于组合策略的公交动态调度方法[D].哈尔滨：哈尔滨工业大学，2018.

[195] 叶之放.基于多源公交数据和 LSTM 的公交到站时间预测研究[D].广州：华南理工大学，2019.